禅と陽明学

【新装版】

上

安岡正篤

人間学講話

プレジデント社

安岡正篤――人間学講話

禅と陽明学 上

禅の六祖・慧能《えのう》が懇々と教えている大事な要点は、佛というものは決して人間を超越した存在ではない、ということである。信仰者は佛を超越的存在に持ってゆきたがるが、佛というものは、自身、吾、心、衆生を離れては決して存在しない。

一方、儒教は、どこまでも人間と現実に徹して、情熱をもってこれを改めてゆこうとするもので、必ずしもその成功を求めない。良心、真理、道を旨とし、実践に徹してゆこうというのがその真面目である。

儒教、道教、佛教は違うというけれども、世間一般に言うような差異ではない。儒教でも、「命《めい》に従う」とか「運を啓《ひら》く」という問題になれば、浄土門の佛にすがるというのと同工異曲である。だから現れる形は違っても、少し奥へ入れば真理は一つ。諸教は帰するところみな同じである。

禅と陽明学【上】目次

禅と陽明学【上】

第一章　禅の先駆「ヨーガ」

学問というものは始めなく終わりないものでありまして、本当の学問は必ずどこかでみな連なっているものです。これからしばらく「禅と陽明学」と題して、インド宗教を振り出しに、どういう過程で禅というものが起こってきたかお話ししていきたいと思います。

インド思想、インド宗教から禅に入ってきますと、自然まず老荘との関連が問題になってくる。それから少し下ってくると宗教との関係がはっきりしてくる。そうして王陽明《おうようめい》の出現あたりに到達する。そうすると今度は日本に返って、まず鎌倉以来からの交渉に入って、インド、シナ、日本の精神の発達の大きな流れに触れて、我々の思索を深めることができますから、だいたいそういう順序でお話を進めていきたいと思います。

佛教の兄弟「ヨーガ」

業《ごう》とか輪廻《りんね》という問題を取り上げると、儒教も道教も関連してくるけれども、まず考えつくのは佛教思想である。ところが佛教というものは、決して釈迦（Gautama Siddhartha 佛教の開祖。釈迦牟尼《しゃかむに》と尊称、略して釈尊、釈迦という。前五六〇頃〜前四八〇頃）によって初めて開かれたものではない。よく間違える人がありまして、釈尊が当時のインドになかった何か新しい宗教、したがっていろいろの思想だの、いろいろの行《ぎょう》を始められたように錯覚する人が多いのですけれども、そういうものではない。道というものも始めなく終わりなきもので、釈尊出現の前にインドに源流があって、その大きな流れの中で釈尊という偉大な存在が生まれたのである。業、輪廻の考えもそのとおりでありまして、やはりインドの釈尊以前からあった問題です。

　お釈迦さんが出られたのはキリスト紀元前六世紀の半ばである。これは不思議で、春になったら花が咲き、秋になったら紅葉するというようなもので、あの頃に妙に偉大なる哲人が世界に現れた。お釈迦さんの六年ばかり下の弟が孔子（前五五二〜前四七九）です。これは考証学者によって一、二年の相違はありますが、要するに、歴史でいうならほとんど時を同じうして孔子が出た。それからやや遅れてソクラテス（前四六九頃〜前三九九頃）が出た。それからだいぶ遅れてキリストが出た。孔子の時代には老子《ろうし》（春秋時代末期の思想家。前五七九頃〜前四九九頃）、あるいは墨子《ぼくし》（戦国時代の思想家。前四八〇頃〜前四二〇）というような人が相前後して現れた。釈尊の時代には、実はジャイナ教というものがありまして、釈尊と同じようにマハーヴィラ〈Mahāvira〉という偉大な教祖がいた。

そういうふうに、その当時は、むやみに世界的な偉い人物が出たのですが、お釈迦さんが出られた頃、著しく目につくものにヨーガ〈yoga〉というものがあった。それから数論《すうろん》というものがあった。これは佛教の兄弟です。ヨーガは「瞑想する」というような意味をもっている。そのヨーガがこの頃妙にはやってきている。易《えき》がはやっており、それから催眠術だの心霊現象がはやりますね。ところがこのヨーガというものを日本人一流の、まことに簡単に便利に取り扱って、中にはヨーガというものは健康法の一種である、美容体操であるなどと片づける人があるが、実はそんな簡単なものではない。これはいわゆる禅の先駆をなすもので、坐禅と離るべからざる関係にある。

そもそも坐禅というものは、何も禅から始まったものではない。坐禅というから禅の独特のものだと思っているが、そうではない。坐禅というものは、その昔のバラモン（婆羅門。インド四姓中の最高種族の僧族で、バラモン教の祭祀・教法を掌る。その修行法の一つに座禅瞑想がある）もみなやっていた。それを特に取り上げて、これに新たなる魂を入れて普及させたのがいわゆる禅宗であります。これはインド宗教には古くからあったものであり、名を変えて世界いずれの民族の古代の思想や行事にもみなあったものであります。インドにももちろんあった。これは非常に深遠で厳粛なものです。「この頃どうも身体の調子が変だから坐禅でもやってみようか」などという安直居士《こじ》がいるが、そう簡単なものではない。

古代インドの宗教

お釈迦さまが出現するずっと前に遡れば悠久でありますが、アリアン人種、アーリヤ人というものが、インドのインダス河の流域に沿ってパンジャブ地方（パキスタン北東部から北西部にかけてのインダス川流域の肥沃な農耕地帯。古代インダス文明発祥の地）へ入って、そこで発展したのが紀元前一千年頃であります。その後に彼らはインドに入って、あの荘厳で偉大な大自然に驚嘆して、これに心底から畏敬の念を覚え、あるいは時に恐怖を覚え、この偉大なる自然は即ち偉大なる神霊によって営まれているのだということを、古代民族共通に痛感しまして、その偉大なる自然と、これを営む大いなる神の徳、力というようなものを畏敬し礼讃するところから、自然に、厳粛な祭祀、これに伴う文学、詩歌のようなものを生み出した。これが名高いリグ・ヴェーダ〈吠陀、Rg-veda〉（バラモン教の根本聖典）というものであります。

ヴェーダの思想や教示を見ますと、非常に日本に似ている。一般の人が考えているように、当時はインドにおいても、後の佛教に伴っているような厭世観、その暗い翳《かげ》というものがない、きわめて楽天的、率直である。これは著しい特徴です。日本古代民族が一番自然で明るくて楽天的で、これに続くものが韓民族であり、インドはこれに反して非常に暗いものがある。ペシミズム、厭世観がある。それがキリストになると、罪、原罪というような観念が生じて、ますます暗いというように考えられているのですけれども、それは間違いでありまして、インドの思想や宗教は紀元前一千年頃、すでに立派にできていたヴェーダあたりをみると、そういう暗い翳がない。日本と同じように非常に楽天的です。

そうしてすでに多神教的なところもあるが、明らかに一神教的な特徴もありまして、例えばアビティというような神が礼拝されている。これは無限神などと訳されている。絶対無限そのものの神である。面白いのはそのアビティの神は、ヴェーダによると女性である。それが七柱の神を産んでいるというようなところが、わが古神道とよく似ている。こじつけることの好きな人に言わせれば、アビティの神は天照大神《あまてらすおおみかみ》のことだと言いたくなるほどよく似ているんです。

宗教の哲学化

ところがそのヴェーダがだんだん発達しまして、ブラフマン〈Brahman〉いわゆるバラモンという聖典になります。これを訳してブラーフマナ〈Brahmana 梵書〉といいますが、この時代になってくると、擬人化が薄れて理性的な宇宙万有の創造変化を営む神聖な力、あるいは原理というようなものになってきている。ちょうど東洋の「天」とか「道」とかいうのと同じことです。これが西洋と際立って違うところの特徴です。西洋民族の場合は、宗教の神は擬人化され、非常に人間化される。例えばジュピター（ローマ神話の最高至上の神）なんかもその一つです。

この梵書を発展させたものが有名なウパニシャッド〈Upanisad 優婆尼薩土〉（インド古

代の宗教哲学書。一名「奥義書」。のちインド哲学の源流となる）というものです。これにショーペンハウエル（Arthur Schopenhauer ドイツの哲学者。一七八八〜一八六〇）が心酔したので、西洋に知られるようになりましたが、このウパニシャッドになると非常に哲学的な要素、思索が発達してきております。つまり宗教の哲学化が進んできました。そしてこれに理論と同時に行《ぎょう》が加わり、こうしてできたものがウバゲンというものです。これを当時の言葉でいうとヨーガです。ユージ〈Yuj〉、瞑想に伴う生活様式です。身体の持ち方です。これは非常に古いもので、釈尊が出現した頃にすでにこういうものがちゃんとできておりました。釈尊もこういうものを修行して十分採《と》り入れているのです。

このヴェーダから梵書、ウパニシャッド、ヨーガというものが今日までずっと続いておりますが、このヨーガはなかなか深遠複雑であり、禅というものもこれと離れることのできない関連にある。いま言いましたように、これはユージ〈Yuj〉、瞑想からきており、瞑想に伴う身体の持ち方、動き、その洗練されたものをいうのでありまして、ヨーガには、したがって反面に深い瞑想を含んでいる。単なる形や動作の問題ではない。したがって観法、哲学がある。こういうものをだんだん言葉や文字に表したもの、いわばお経というものをスートラ〈Sutra〉といいます。そしてその中に含まれているものをダルマ〈Dharma〉という。つまり教理である。

インドに征服民族が入ってきて、次第に原住民を征服し、その征服者と被征服者との間に牢乎たる、しかも厳酷な階級制度、いわゆるカーストというものを生んだ。即ちその第一が、専《もっぱ》ら祭祀を司る梵＝ブラフマンに奉仕するものを司ったバラモン〈婆羅門〉階級であり、これを奉じた王族、武士階級、これがクシャトーリヤ〈刹帝利〉。お釈迦さまはその出身です。その下に商工階級ともいうべきヴァイシャ〈毘舎〉というのがあって、その次に農工、労働に従事したのがスードラ〈首陀羅〉、クリット・スードラ、またその下に、許されざる階級の掟を破って賤民と雑婚してできた子供のことをセンダラ〈旃陀羅〉という。この階級制度を打破して、つまり一切の人間を解放した人、その代表者がお釈迦さまであります。その親戚のアナン〈阿難〉もそうですが……。この階級の掟というものは非常に厳酷であった。

ヨーガの五段階

ウパニシャッド、スートラ、ダルマを見ますと、ヨーガというのは、深い瞑想とか、心を修めることから離るべからざる行《ぎょう》です。心と切り離したヨーガなどは全くない。

ヨーガであればあるほど深い心がある。ヨーガをやるのには必ず五つの心を感じなければならない。人間の心は五つあると彼らは考えていた。

第一は「散乱心」、散らばっている取りとめもない心、これを散乱心という。これではヨーガにならない。たいていの人間はいろいろの仕事や刺激に追われて心が散乱している。これを去らなければならない。散乱心の反対のものを「昏沈心《こんちんしん》」という。これもいけない。こういう人もかなり多い。いわゆるおっちょこちょいというのは散乱心の人間ですが、反対に陰気な人間がいる。なんだか考えこんでしまって、何を言っても懐疑的、否定的で、「しっかりせい」と怒鳴りつけたくなるような陰気なのがいる。こういうのを昏沈心といいます。それから散乱も昏沈もしていないけれども、どうも落ち着かない。落ち着いたように見えても何かあるとすぐ動揺するというのが「不定心《ふじょうしん》」。これもだめ。

この散乱心も解脱《げだつ》し、昏沈心も解脱し、不定心も解脱して、何か一つに取りつき食いついたら懸命になって、これだというのが「一心」。一心不乱。これはだいぶ物になってきた段階ですけれども、これはまだ凝るところ、固いところがある。不自由なものがある。そうではなくて、純粋な統一と安定を保っている心を「定心《じょうしん》」という。ヨーガは少なくともこの定心へ到達しなければならない。一心になって結定《けつじょう》してヨーガをやる。散乱心や昏沈心や不定心でやったのではヨーガにならない。

無明・欣・厭

そこでこういう散乱心、昏沈心、不定心など、人間にいろいろの性格があるが、これはそもそも何によるかというと、真理をわきまえない、スートラを学ばない、ダルマを解さない、物の真理がわからないからである。これを「無明《むみょう》」

（人生や事物の真相に明らかでないこと。一切の迷妄・煩悩の根源。貪欲、瞋恚《しんい》と合わせて三毒という）という。真理を知らない、したがって神がわからない。大自然がわからない。小さな自我にこだわる、我執というものに捉われる。これではヨーガにならない。

面白いのは、こういうつまらない物が面白くてそれに夢中になる。反対に厭うべからざるものをしております。これを厭（離）という。大事なもの、大切なことをいやがる、そういう心が人間にある。そして無闇に生に執着する。これを厭という。これを解脱しなければならない。なるほど我々の日常の経験に徴してもそうですね。何だってそんなくだらんことが面白いのかと思うのに、つまらないことを追いかけて貴重な時間をつぶしているのがいるかと思うと、せっかくいいことを教えてやっても、とんと嫌がってやらない者がいる。

この間も、私の中学時代の同窓の集まりがあった。みなびっくりするほど年を取っている。「どうだ、この頃」「いや、ちょっと心筋梗塞でね」とか、いや糖尿がどうだの、前立腺がどうの、血圧がどうだとか、「酒はどうだ」「この頃は止《や》めてウイスキーを少しなめておる」とか、ワインに替えたとか、どうも情けないことばかり言っている。「あんた、どうしてそんなに元気なんだ、何か秘訣があるのか」なんて、世の中に秘訣なんてそうあるものではないのに、そう言う。実にどうも情けない。

人世の苦難を経て、ますます溌剌としてこそ老いの値打ちがあるのであって、ぼけてしまったのでは値打ちはない。子供を産んでしなびてしまった女と同じことだ。女というものはいくら子供を産んでも瑞々《みずみず》しくなければいけない。と同時にいくら苦労しても、ますます活々《いきいき》しなければ本当の意味の老いではない。

そうなるための秘訣は二つ三つある。その一つは真向法《まっこうほう》です。真向法をやってみせると、みなびっくりしていた。中には「それくらい、おれにもやれるだろう」なんてやってみたら一つもできない。みな驚いて「お前もやれ」「痛い痛い。こんなことはとてもやれん」なんて、これではだめです。せっかくいいことを教えられても、痛いからやれないというのは、これはいわゆる厭というもので、こういう心ではだめなんです。痛ければ、それは身体が悪いから痛いのであって、痛いということは、しっかりやれということだから、ありがたく痛がらないといけない。こういう心懸けがない。そのくせ生きたい。だから人間ドックに入ったとか、何かいい薬はないかと言いながら、せっかくいいことを教わっても実行しない。「毎朝梅干し番茶をやれ。これは医者殺しといわれるくらいいいんだ」「いや、あんな酸っぱい物は聞いただけで胃液が出る」なんて、たいてい人間の言うことは決まっておりますね。どうも小欲があるくせにだめだ。これは止めなければいけない。これを解脱することが即ちヨーガなのであり、そのために坐禅をやり、その他いろいろ修行をするわけです。

こういう心が浄化され静まると、これはいろいろ名称がありますが、例えば一番よく使われよく知られておるサマパッティ〈Samapatti〉。これは散乱、昏沈した心が静まって、心が結定していかなることがあっても安定を失わない。平衡を保った状態を、ヨーガではサマパッティといっております。これは三昧《ざんまい》というのと同じ状態であります。そのために坐禅ばかりでなく、いろいろやっているのでありますが、最もよく知られているのは、「オンアボキャ……」という、あのオン〈唵〉（唵＝サンスクリット語 om の音写。ヴェーダなどで呪文のはじめに用いられた祈禱語。これを唱えることは、我《が》〈アートマン〉に梵〈ブラフマン〉を得しめよとの意であるとする〈岩波佛教辞典〉。密教ではこの一語を誦すれば無上の功徳が得られるという）というもの、これはヨーガでは最もやかましいものであります。これは梵、ラーマ〈Rāma〉、つまり梵神の象徴です。言霊《ことだま》です。これを念ずるということは、つまり梵の神、絶対神というものを常に念ずることです。

梵神の象徴〈唵〉

そういうサマパッティ、心の落ち着いた平衡を得た状態に入っていろいろの修行をやる、その立場からいいますと、人間の小智慧・小才というものはかえって邪魔になる。そこでヨーガでは軽薄な知識や議論を解脱することを力説します。小智慧、小才、小理屈にかかり合っていてはいけない。唵《おん》にならない。それは一人ではでき

師資相承

ない。そこで師から教えを受ける「師資相承《ししそうしょう》」ということを重んずる。一人天狗ではいけない。良い師について、正法を受けなければいけない。独善を排して敬虔《けいけん》謙虚である。これはヨーガの特徴であります。ところが、こういうことをやる人はじきに一派を開きたがる。自分が師になりたがる。良くないことであります。まず敬虔な弟子になって正しい教えを受け取らなければならない。その心持ちはまさに嬰児でなければならない。

玄牝

こういうことはどこの教えも同じですね。例えば『老子』の中にもしきりに嬰児の徳を説いている。それだから、こういう思想、教育がシナに入ってきて、真っ先に共鳴したのは老荘家であります。さもあろうと思われる。考えが共通だからである。老荘はこれと同時に女性というものを非常に重んじて、これを「牝《ひん》」という字で表しております。

このあいだ面白い話を読みました。ある小学校の卒業式に、ＰＴＡの会長が祝辞を述べて、「今日のめでたいのも、あなた方のお父さんやお母さんのおかげである」と言って、前に並んでいる四年生かに、「君は親の恩を知っているのか」と尋ねたら、立ち上がって、「はい、知っています。親のおんはお父さんです」。妙なことを言うなと思っていると、「親のめんはお母さんです」と言ったのでたいへんなことになったという。これも落とし話みたいな実話であります。それが新聞で問題になったところ、その県の大学教授、昔の師範学校の先生がそれを評して、「こういう子供が、いわば偉い人から質問されて、すぐ立って堂々と自分の考えを言うようになったのは、現代教育の大いなる進歩である」と礼讃しているというのだから、まあへんな子供や先生が出てきたわけですね。

これは余談として、嬰児の徳は純真であり、無我である。女性がやはりそうです。これに玄をつけて「玄牝《げんぴん》」と『老子』に書かれております。やはり女性というものは一番造化《ぞうか》に近い。どんな英雄豪傑、聖賢君子といえども、子供を産むことだけは絶対にできないのであって、子供を産むということくらい造化的なことはない。これは女性の特権である。それだけ女性は造化に近い。

女性の身体は、暑さ寒さとか、いろいろの刺激に対する順応力において非常によくできています。男は順応性がない。だから暑さとか寒さとか、あるいは境遇の変化にすぐ参る。案外、男はだらしがなくて弱い。それから痛覚。痛みなどというものは女性の方がよほど少ない。痛がるのは女の誇張表現というものであって、本当は男ほど痛くない。男ほどの痛覚があったら絶対子供は産めぬそうです。子供を産むために痛覚を少なくしている。本質的に言いますと、まさに『老子』のいうところの玄牝であります。男は玄に対して明である。例えば感覚だとか、理知だとかいうものは、男は発達している。しかし直観などというものになると、男は女に及ばない。だから女の修養した人にはかなわないですね。

私の亡くなった友人の夫人に茶道の名人がありました。御主人が夜遅く宴会などから帰ってきたりすると必ずお茶を黙って点《た》てる。すると「あなたは今日料理屋へ行ってきた」とかなんとか、ちゃんと当てる。「いや、事務所から帰ってきた」「いや、それは絶対嘘だ」。なんでわかるかというと、何かわからないがちゃんとわかる。しまいにはお酌（酌婦、仲居）が何人いたというようなことまで当ててしまって、すっかり弱って悲鳴をあげておりましたが、これはやはり一種の行《ぎょう》であり、一種のヨーガですね。そういう感覚は男はよほど修行しないと得られない。その代わりに女性は自然ですから、作為、つまり人工を加えられたらこれはどうにでもなる。だから悪い教育を受けたり、悪い環境に育ったりすると、女性の方は非常に早くそれに汚れる、染まる。

そういうわけで、ヨーガでは母の徳、嬰児・童児の徳を重んじて、我々は嬰児のような、童児のような、純真無我な心を持たなければならないということを力説しております。これがずっと師資相承で伝わって、禅では特にこれを発展させた。禅宗では師資相承、つまりどの師について法を受けたかということを大切にする。したがって師の恩、道の恩ということを尊重する。親に対しても、国土に対しても、朋友に対しても、恩義ということを非常に重んずる。ところが野狐《やこ》禅になりますと、そういうことは人間くさい、そういうことは一切超越することが悟道だというふうな悪悟《わるざと》りをする者がおりますが、まあ何の道にもそういう外道《げどう》がおるもので、そういう外道が自然科学だとかなんとかいうものを借りて、科学教育とかなんとか称して、せっかく純真な子供にとんでもないことを教えて、その結果が今の〝親のおんはお父さん。親のめんはお母さん〟というような教育になってしまう。

十二因縁

このように見てまいりますと、ヨーガというものは厳粛かつ深遠なもので、釈迦の教えの原始佛教というものはウパニシャッド、ヨーガ、スートラなどというものをよく研究し、取り入れたものであります。決して釈迦の独創の思想でも宗教でもない。例えば小乗佛教、原始佛教の人生観、世界観の根柢となるものは「無明」観。これはヨーガにも、したがってウパニシャッドにもみな最初から存在している考え方ですが、これにショーペンハウエルがインスピレーションを得た。そして彼は、生に対する盲目的意志、生きんとする盲目的な意志、これを彼の人生哲学の根本においた。これは無明思想からとったのであります。人間の根本に無明、即ち盲目的意志、ひたすら生きようとする意志がある。もっと人間を離れて根本的に申しますと、人間の理性だの感性だのというものを超越した、わからない働きがある。これが無明、これが人間に発動して今のような盲目的意志になる。無明というのはそういう人間の盲目的意志というようなものよりもっと深くて広い意味です。これは単なる観念ではなく、働きであり、活動である。無明は即《そく》「行《ぎょう》」である。これがいろいろに表れて人間の行動生活になる。これを「行」という。

これは同時に、単なる働きではなくて、そこに知覚を持っている。それが「識」である。物を知るというような単なる知性の働きということではありません。もっと根本の知覚あるいは統覚の働きです。無明は行であると同時に、それは覚、つまり知覚、統覚といったような、いわば心といったようなものを持っている。

そしてこれが我々の実存をつくる。形だの色だの音だの香りだの味だのというような、そういった実存世界をつくるのである。その実存を「名色《みょうしき》」という。無明は行であり、その行は同時に識である。知覚統覚作用を含んでいるものであり、それが実存をつくる。

そうしてこの働きが実存に伴って我々のいろいろな器官、感官をつくる。この代表的なものをとって、眼即ち視覚、耳即ち聴覚、鼻即ち嗅覚、舌即ち味覚、身体即ち触覚、それからいろいろそれに伴う意識、眼、耳、鼻、舌、身、意の「六入《ろくにゅう》」、つまり我々の感覚器官、感覚体というものをつくる。

無明、行、識、名色、六入、そこに経験というものが始まる。これを「触《しょく》」という。つまりいろいろの経験が始まる。

ところが人間の眼も耳も、あるいは鼻も舌も身体、眼、耳、鼻、舌、身、意、そういうものの経験作用というものは決して無限ではない。必ずそこに限度がある。限定がある。他動物に比べると人間は特にその範囲が狭い。犬が見るだけの、見えるだけの視覚を持っていない。オットセイほどの嗅覚を持っていない。触覚にせよ何覚にせよ、識域というもの、つまり範囲がある。一定限度しか受け取ることができない。これはいくら視界が続いていても、いくら音が出ていても、いくら味があっても、ある範囲しか受け取ることができない。これを「受《じゅ》」という。つまり人間が受け取る感覚です。

そういう経験から感覚を生ずると、それに感情が加わる。これを「愛」という。そしてこういう感覚を受け取って、それに感情が伴ってくると、それに対する欲求というものが生ずる。これ即ち意欲。これが「取《しゅ》」である。これは実存といった方がいいだろう。

無明、行、識、名色、六入、触、受、愛、取、ここに有漏《うろ》とか有情《うじょう》とかいう「有《う》」、即ち実存という我々の実世界、実存在が開けてくる。そうしてこれに人生というものが営まれる。そうして年をとったり死んだりする。即ち「老」「死」。そうしてまた無明に帰する。これが輪廻する。これがいわゆる「十二因縁」という佛教の根本思想の一つであります。

四諦

これを人生に照らして、こういう因縁によって実人生というものは限りなき苦の世界であると観ずる。即ち「苦諦《くたい》」。そういうものの諸々《もろもろ》の結集から生を観ずる、これが「集諦《じったい》」である。そういうものをいかに滅するか、解脱するかというものが「滅《めっ》諦《たい》」。それにはこうしなければならないという真理実践の考察が「道諦《どうたい》」で、苦諦、集諦、滅諦、道諦と四つあるからこれを四諦《したい》という。
　この辺から佛教というものは少し陰気だという感じが出てくるんです。リグ・ヴェーダの始めからウパニシャッドの始めにかけてはこういう深刻な感じがない。もっと朗らかで単純であります。ウパニシャッドも後になってくると、佛教と釈迦の教えや何かと相俟《あいま》ってこういう考え方が出てくる。この無明などという、いわゆる原始佛教の根本観はやはりヨーガなどと一致してバラモンから取り入れているのです。こういうものが日本にもだんだん伝わるとともに、古神道の考え方にもいろいろの考え方が生じてまいりました。

三学

　そこでこういうものを処理し、解脱していくのに三学《さんがく》、六度《ろくど》、八正道《はっしょうどう》などという実践徳目が生まれてくる。例えば三学というのは、修行し解脱していく上に「戒《かい》」というものを守らなければならない。かくすべし、かくすべからずという掟、ルールが生ずる。これが戒です。そしてかの散乱心、昏沈心、諸々の俗心を去って安定に達しなければならない。これが「定《じょう》」。かくすることによって初めて智慧「慧《え》」というものが生ずる。戒、定、慧。定、慧を通らぬ戒というものはないし、また戒のない定、慧もなければ、戒、定のない慧もない。

六度

　あるいは六度と申しまして、これは六つの済度《さいど》のことである。第一に「布施《ふせ》」。あまねく施すことで、これは非常に大事なことである。人間は必ず自分のものを分《わ》かたなければならない。我執で取り入れることばかり考えてはいけない。天地造化というものは必ず有無《うむ》相通ずるのである。天は、ラーマン、神は無限の物を養育する。だから本当の修行は天の神の、造化の万物を養育するのに自ら参加しなければならない。ということは常に自分の何物かを人に捧げることになります。

そして戒を持つ――「持戒」。そして「精進《しょうじん》」。日本人はこういう専門用語を実によく取り入れて、こなして、ポピュラライズ、即ち民衆化している。例えばこの精進ということは、日本語の通常語になっていますね。肉だの何だのというしつこい物を取り去った菜食を「お精進」というのは、これから名前をつけたものです。

それから「忍辱《にんにく》」。これがまたヨーガの厭（いとう）、人間の厭の心を取り去ることと通ずるものである。我々はこの人間の中に生きて自分を完成し、衆生に供養し衆生を済度していくためには、どうしても布施と同時に忍辱が要る。これは人生の体験を積むほど感じますね。辱《はずかし》めを生ずる、恥を生ずる、馬鹿馬鹿しいな、いやだな、つまらないなというようなことを我慢しなければいけない。それにいちいち腹を立てていたら何もできません。大業を成そうと思えば思うほど、真実の生活をしようと思えば思うほど、俗人に交われば交わるほど、恥を忍ばなければいけない。これは実に骨身にこたえることです。布施くらいはまだできる。しかし忍辱ということはなかなかできぬことです。

布施、持戒、忍辱、精進、そうして「禅定《ぜんじょう》」、そうして初めて「智慧」ができる。ヨーガではこれを神通力といっております。

こういうふうに哲学と修行と併せてやっていかなければならないのですが、これはことごとく大きな精神の流れ、道脈、心脈というものがあってできてきております。それでヨーガも真剣にやれば、これはすぐ佛教に連なるものであります。

諸教帰一

こういう根柢から綿密に入っていったならば、いつの間にか佛教でも老荘でも儒教でも自然に連なってくるもので、いつの間にか真諦《しんたい》、要諦《ようたい》を会得していくことができる。どうしてもこういう大きな思想精神の流れを追っていかないと学問にならない。本当の智慧にならない。そうすると、また些細なことでも深い意味を発見することができる。したがってこういうところから入っていけば、禅というものはどういうものであるかということを正しく学ぶことができます。こういう流れに遡らずに、いきなり禅にとび込むと、たいてい外道禅、野狐禅になる。この講座（註・照心講座）も長らくいろいろの精神の王国の風光を見てきたわけですから、この辺で流れの根源に遡って、頭を整頓し、心を深めていきたいと思います。

これまでに見てきたように、アーリヤ民族が紀元前千五、六百年も前にインドに入って、インドの偉大な自然に感動し、その大自然とその神秘な神業に限りない驚異をもってヴェーダを生み、ウパニシャッドを生み、次第に独特の哲学や社会をつくっていった。そうしてそこに生まれたものがヨーガである。佛教というものは釈迦によって突然にできたものではなくて、インドの歴史伝統から自然に生まれたものである。そのヨーガが禅の先駆である。

禅心

ヨーガにおいて最も大事なところは内観である。そこでヨーガをやる人びとが考えたことは、まず心というものを観じて、心に三つの性質のあることをつかんだ。その一つは、我々の心の中には何となく心が明るくなる、心が弾んで歓喜を生ずるような軽快な心の動きがある。これをサッタ〈薩埵、sattva〉、ボダイサッタ〈菩提薩埵〉という。それから何となく心を落ち着かなくして、心を散乱させ、疲労させる働きがある、そういうものをラジャ〈羅闍〉という。それから心を重苦しくして、なんとなく無気力にして心を暗くするような動き、こういうのをタマ〈答摩、あるいは多磨〉という。我々の心の中にはこういう動きがある。ある時は我々の心を明るく気持ちよく、なんとなく嬉《うれ》しくする。その反対に何か落ち着かないで心がそわそわし、心が散らばって、疲れてしまう。あるいは重苦しくなって無気力になり、暗くなってしまうというような動きがある。

そこで彼らはこういう心の働きに基づいて、五つの心を立てている。

一つは「散乱心」、心が散らばってまとまらない。それからどうも心が暗く滅入ってしまう、これは「昏沈心」。それから「不定心」。これは定まらない心。――散らばる心、沈む心、落ち着かない心、それではならないので、心を何物かに打ち込む。これを「一心」という。そうして環境と心、これがぴったり一つになって無念無想になる。これを「禅心」と申します。その辺からすでに禅という考え方が出てきたのです。達磨《だるま》大師がつくった言葉ではない。ヨーガの時代、つまり原始佛教の前からある。

三昧と神通

そうして、そうなることによって人間の精神が統一され、環境ともぴったりと一つになって、我々の中に潜んでいたところの純粋な心が生き生きと働く、そういう状態を「三昧」という。この三昧に入るようになると、散乱、昏沈、不定の心の時に表れないものが出てくる。それを「神通《じんつう》」といいます。これをヨーガでは五つ挙げている。

第一は「天眼通」――つまり三昧に入ると心が散乱している時には見えないものが見えるようになる。それから「天耳通《てんじつう》」――普通なら聞こえないようなものが聞こえるようになる。それから「宿命通」――宿命がわかるようになる。言い換えれば自分の前生がわかるようになる。それればかりではなく、人の心がわかるようになる。それが「他心通」。それから「如意通」――自分の意の如く自分が思うように動けるようになる。

これを五通といいます。原始佛教ではもう一つ加えて「漏盡通《ろじんつう》」。漏というのは生老病死のいろいろの世の中の有為転変《ういてんぺん》の世界をいいます。そういうものがすっかりなくなってしまう。生死、変化、浮世のさまざまの問題に少しも心を動じない。自由自在を得ることを漏盡通といいます。つまり、いわば奇蹟が現れてくる。

そこでヨーガをやる者はだんだん自分の心を修めることから出発して、こういう通力を得ることに興味を持って、しまいには通力を得るため、奇蹟を現ずるために修行する。奇蹟を重んずるようになった。自分を修めることよりも、そういう人の持たない能力を持つことが目的になった。そうなると少し堕落してきて、異端、外道に入ってくる。お釈迦さんはこういうことを一応受け取って、その誤りを正したということもできる。その辺までのことはみな小乗仏教、原始佛教に取り入れられている。

例えば小乗原始佛教から「止観《しかん》」というようなことが出てくる。止というものは止まるという文字の示す如く、我々の散乱、昏沈、不定といったように心を止める、不動心のことをいう。不動心によってこういう精神的能力が働いてくる。いわゆる智慧の慧というものが出てくる。これを「観」という。天台宗などはこれを特に尊重しますね。そして三昧を尊重します。

三昧ということは、日本では佛教とともに民衆生活に入りまして「〇〇三昧」などと熊さん、八っつぁんもよく使う言葉になっております。例えば水なら水というものがある。南画の大家なんかによくありますが、八大山人（十七世紀、明末清初期の画僧。軽快磊落な画風で知られる）であるとか、倪雲林《げいうんりん》（元末の画家。四大家の一。一三〇一～四七）であるとか、終日水のほとりにいてじっと水を見ている。心ない人間からいうならば、あいつおかしな奴だ、少し気が狂《ふ》れているんじゃないかと思われるが、そうではない。水に見入っているんです。そういうのを水三昧という。そこであんな立派な水が描ける。画家が水を描くのではない。画家と水とが一つになって、水そのものが表現される。これが水三昧である。

もっと動的な言葉で言いますと、獅子が跳躍して獲物に跳びかかるように、ある目的のために全身全霊を打ち込んで努力することを「獅子奮迅三昧」などという。要するに、あるいは散乱心、あるいは昏沈心、不定限りない、取りとめもない現実を解脱して、真の自己をつくり、真の自由を得ようというのがその意味であり、目的である。

不浄観と安般念〈数息観〉

そのためには、なんとしても、現実においてくだらない自分というものから解脱しなければならない。そのために原始佛教——小乗佛教の人たちがもっぱら努力したものは、いくつもあるが、大きなものを挙げると二つある。

一つは「不浄観」というもの。これは我々の心を刺激し、欲望を掻き立てるような物をすべて不浄とみる。例えば、これは東洋でも西洋でも同じことと見えて、東洋なら一休《いっきゅう》禅師などで有名でありますが、「美人白骨の図」などというのがそれである。美人を白骨と観ずる。美人の仮の姿であるところの美しい表現をかなぐり捨てて、その奥にあるところの白骨を観ずる。これを不浄観という。

私がベルギーに行った時、あそこの世界的に特異な画家でありますが、ウィールスという人の名画に、豊満な裸体美人が鏡に対している絵があった。これは実に傑作であります。その美人が実によくできているのですが、美人が鏡の中に白骨になって映っている。こういうのは非常に気のきいた不浄観である。あるいは人間を一皮むくと、汚《きた》ならしい血管やリンパ腺や、内臓などいろいろなものがぶら下がっている。それを観ずると、人間の正体がつくづくいやになる。こういうのが不浄観。

それともう一つは「安般念《あんぱんねん》」。安般念というのは通俗の言葉でいうならば「数息観《すそくかん》」というもの。息を数える。安というのは吐く息、般というのは吸う息です。最初は息を数える。するとだんだん無心になる。そして息そのものになる。これが安般念・数息観。坐禅を組んで静かに息を数えて、だんだん雑念を解脱すると、息そのものになる。そうすると何ともいえないいい気持ちになる。これは行者《ぎょうじゃ》がみな体験することであります。とにかく呼吸というものは確かに大事で、何をするにも呼吸が整ってこなければできません。息が乱れるようなことではだめであります。

息には四通りあります。小乗佛教では息を四つに分けております。一つは「風」という息、これは鼻息が荒い。側にいる人に聞こえるような息だから、こういう息はいけません。その次は「喘《ぜん》」という息がある。これは息に断続がある。つかえがある。ハッハッハッと喘ぐような息の仕方、息が穏やかに整っておらない。それがおさまったものは「気」であります。これは音がしない。なだらかであるけれども、まだ微妙ではない。微妙なのは出る息吸う息が共に全く純一で無である。無意識であります。側にいても全然音なんか聞こえないというのが、初めて本当の「息」であります。

警視庁に捕まったスリの話で、すれ違って鼻息の聞こえるような奴の物は簡単に掏《す》れる。けれども、息を感ずることのできないのは怖い、これはちょっと手出しができないという。これは武道でも芸道でもそうです。一般でもそうですね。「あいつ鼻息が荒い」などというのはだめです。何事があっても呼吸が乱れないというのは確かに大切な境地です。

私が非常に興味を持っている研究所が世界に二つある。一つはシカゴ大学にある夢の研究所、その研究のレポートを読むと、我々は時々夢を見るように思うが、そうではない。我々はしょっちゅう夢を見る。我々が寝るのは大部分が夢である。本当に眠る時間は六十分か七十分しかない。それから眠りが浅くなってうとうとと夢を見る。眠るということは夢の連続である。ただ忘れてしまい、記憶に残らないものだから、覚めて「ああ、昨夜は夢を見ないで寝ておった」などというが、これは嘘だ。ほとんど大部分夢を見ている。時々それが意識に残って、ああ、夢だったというような自覚を生ずるのだが、そうではない。たいてい夢ばかりだそうです。「人生夢の如し」というが、夢の如しではない、「人生は夢なり」だ。秀吉のいうように「なにはの事もゆめの又ゆめ」であるに相違ないのであります。

それからロンドンに呼吸の研究所がある。そこは西洋人のことですから、科学者が科学的に息の研究をしているわけですが、息の科学的研究の一つの結論として、吐いて吸わなければいけないといっている。呼吸でなければいけない。吸呼ではいけないというのは、我々の肺は常息では六分の一ぐらいしか吐いておりません。六分の五は後に残っている。だから時々全部吐いてしまわないと本当に新鮮な空気が入らない。そこで深呼吸を時々する必要がある。吸うてしまうと、それは中に混濁したものが残っているわけですから、そうではなくて一ぺん吐いてしまわないといけない。

呼吸ばかりではない、人間の生理というのはみなそうです。出すということが大事です。排泄が大事です。宿便というものをなくさなければ、栄養を取っても何にもならない。人間はだいたい、この宿便と宿業でみな死ぬんです。だから時々下剤をかけてお腹の掃除をする。なるべく自然な下剤で宿便の掃除をして、同時に宿慝《しゅくとく》（慝は隠れた雑念、妄想、罪、悪事）・宿業も懺悔したり反省してみんな洗ってしまう。そうしたら恐らく百や百五十まで生きることは何でもないだろうと思う。

禅観

そういうふうにして我々の心身を禅三昧に導いて、人間とは何であるか、我とは何であるか、生とは何であるかという、こういう問題に智慧を開き、それによって生活を革新していく、そういうことを小乗佛教では禅観と言いますが、当時のインドの宗教というものはほとんど禅観に始まり禅観に終わる。

ところが社会的にもそれが純真に深遠に行なわれれば問題はないが、だんだん浅薄になり、形式に堕するに従って弊害を生じてくる。それを習静の病という。つまりこういう静かな生活は習静の病的な病いを発してくる。だんだん人間の活動というものから遠ざかってきた。この弊害の最も現れたのはバラモンである。インド四階級の首位を占めたバラモン階級、つまりインドの最高支配階級です。

人生の四期

そこで当時のバラモンの僧侶、その行者はどういう生活をしていたかということを簡単に説明しますと、バラモンは一生を四期に分けております。

第一期は梵志《ぼんし》期。これは修学期で、親の元を離れて師に就く。そして師の教えを聞いて、例えばヴェーダを習い、神に仕えて祭祀の勉強をする。いろいろの戒律を教わり、これを習練する。そういう時代が第一期です。それが一通りできると、今度は家へ帰る。つまり第二期・家居期である。自分の家に帰って親の元で家事に服す時期です。嫁ももらい子供もこしらえ、その間にバラモンの神（自在天神などというものがある）に仕えていろいろお祭りするというようなことを家庭でやる。

それから子供が成長してある年齢になると、今度は家を子供に任せて、お釈迦さんが菩提樹の下に身をおいて悟りを開いたというが、それと同じように林の中に入って生活する、これが第三期・林棲期。この時期には学生時代に教わったことを今度は本格的に勉強する。家の問題なんかに捉われないで、人世のことを了して、酒肉を断ち、あらゆる人間の欲望、煩悩を断って、バラモンの神を信仰し、あらゆる解脱の修行をやる。そういう時期であります。

そして最後の第四期・遁世期になると初めて町に出て、口にヴェーダを唱えるほかは一切口をきかない。経文を誦すること以外は世俗の人間と口をきかない。極端に身を持するだけの粗衣粗食に甘んじて、一切の所有を捨て、自分の心から一切の害心を捨てる。そして托鉢雲水の生活をやる。ガンジーのアヒムサ〈Ahimsa〉というのもこれであります。そして俗に不殺生である。生そのものに徹し、生きとし生けるものを何によらず害するということはない。これはバラモン以来のインドの徹底的な信念です。

これは未だに伝わっている。ニューデリーあたりでも町の中を牛がのそのそ歩いている。人間が牛を避けて歩く。牛の方が人間より威張っております。この間千葉（三郎）さんがインドから帰って来られて報告談の中にありましたが、例えば毒蛇が出てくると、日本人だったら、蛇だというので叩き殺すんですけれども、そんなことをしたらたいへんです。インドのアヒムサに反する。不殺生ということが徹底的な信念であり、風習になっておりますから、あっちでもこっちでもホーッホーッといって蛇に逃げてもらう。驚いたものです。逃げてくれなければ人間が逃げるよりしようがない。蚊も叩きつぶさないで、そーっと吹いて逃げてもらう。蝿でもそうです。小乗佛教の国では本当に虫一匹殺さない。

バラモン階級の行き詰まり

ところが、天下泰平の原始的社会ならばこういう生活でよかったんですが、それがだんだん固定し生命を失ってくると、いろいろ矛盾を生じてきて、バラモンの末期、釈迦の出た当時になると、表向きは平和であるけれども内情はめちゃめちゃであります。第一こういう思想信仰生活に疑惑を持つ懐疑思想が出てくる。そうしてその反動で、今日でも同じことですが、アプレだのダダだの、実存主義者《エキジスタンシャリスト》だの、ビート族だのがその頃も同じように飛び出してきました。不羈《ふき》奔放自由主義者、快楽主義者、こういう思想も議論もどんどん出てくる。そうかと思うと、これを口惜しがって極端な禁欲主義、例えばその一例はジャイニズム〈ジャイナ教〉というもので、これは極端な禁欲主義的宗教であります。その他いろいろの主だったものを拾い上げてインド六派思想、あるいは六派哲学などの思想的、社会的混乱が起こってきました。

そうして社会の表面には例の四姓、階級制度があった。バラモンが一番威張っていて、その下にお釈迦さんの出たクシャトーリヤという武士階級があって、その下にヴァイシャという農工商の階級、その下に奴隷階級スードラがある。なおこの下に、階級を超えて通じて子を産んだなどというのは最も賤しまれて、これはセンダラ〈旃陀羅〉と称して人間扱いされない。そういう人間の不当なる差別を打破した偉大な人がお釈迦さんであります。かるが故に日蓮上人は「われはセンダラが子、日蓮なり」という声を上げた。つまりインドで一番賤しめられたセンダラ、わしはそれだから、お前たちいかなる者もおめず憶せず、嘆き悲しむことなく、みな我が許に来れということです。まあそういう状態で、精神的にも実生活上も、社会的にも、あらゆる行き詰まりと矛盾と混乱に陥った。そこに現れた偉大なる救世主が釈尊、釈迦牟尼である。

第二章　釈迦が徹見したダルマ〈法〉

釈迦《しやか》というのはお釈迦さんの一族の姓であります。源氏とか平家とか藤原とかいったような姓であります。牟尼《むに》というのは賢者、偉人、神秘な偉大な力を持った人をいう賛美の言葉であります。そうして釈尊。どこの民族でも偉大なる人を礼讃する心が生み出す共通の言葉です。キリストでもそうです。ジーザス・キリスト、イエス・キリスト〈Jesus Christ〉。ジーザスというのはヘブライ語のヨシュア〈Joshuah〉の変化したもので、「神の助け」「神の恩寵」を表す。キリストというのはメシア〈Messiah〉のギリシャ語化したものです。この救世主とは神の恩寵によってこの世に福音をもたらすもの、ヨシュア、メシア、これが転訛してジーザス・キリスト。お釈迦さんも同じです。

この人は中部インドの、当時まだ辺境の開けたばかりのカピラという所の領主であったシュドダナ（浄飯王《じようぼんのう》と訳してお経の中に出ております）の子供で、お母さんはマヤ〈摩耶夫人〉

という。かわいそうにお母さんは釈迦が生まれて七日目に亡くなった。そこで浄飯王の第二夫人、実はマヤ夫人の妹、つまりお釈迦さんからいうと叔母さんに当たるプラジャーパティの手で育てられた。

彼はあらゆる教育を、それこそ文武両道の徹底的教育を受けて非凡なる才能を示した。また瞑想を好んで、常に思索にふけり、たえず解脱《げだつ》に憧れた。つまり天性自然にこういう偉大な宗教家になる素質をもって、どういう運命だか、領主の家の跡取りに生まれた。父王を初めとしてみなが大いに望みを嘱したけれども、王子として明るく華やかに振る舞わないで、暇があれば沈思黙考し、坐禅しているから、みな心配でしようがない。早く良い嫁を持たしたらというので、名高いヤショダラ姫というのを娶《めあわ》せて、子供までもうけたけれども、改まらない。そしてついに十九歳、あるいは二十九歳ともいう、私はどうも十九歳が本当だろうと思うが、ついに意を決して愛馬のカンタカに乗って城を脱出した。

この時に彼の心境を讃えたのは、あの有名な「妻子珍宝及玉位臨命終時不随者」。即ち妻子もいかなる珍しい宝も王位も、命の終わる時に臨んでは随《したが》わざるところである、ということをしみじみと感じてついに城を出てしまった。

釈迦の大悟

それから林中に入って樹下石上に不浄観、安般念《あんぱんねん》〈数息観《すそくかん》〉をやってバラモンのように専《もっぱ》ら瞑想と解脱に没頭したのかというと、そうではない。よくそう思っている人がいるが、そうではない。彼はお経によく出てくる毘舎離（カピラ城から東南に当たる）へ行って、バールガヴァという当時のバラモンの名僧をはじめとして宗教界、社会の尊崇帰依を受けていた偉い人の所を歴訪して教えを受け、問答して歩いた。こういうことを禅の言葉で「遍参《へんざん》（あまねく参ずる）」という。彼はあまねく諸国の大家を遍参した。その間に自分の修行もすると同時に、信念や学問、智慧を戦わせた。ところがどうも釈然としない。彼に安心立命を与えるものはない。

　父王は非常に案じて五人の従者を付けております。その中の最もお経に有名なのが憍陳如《きょうちんにょ》、これが侍従長だ。こういうことは普通にはあまり知られていない。達磨《だるま》大師もそうです。達磨というと、何か乞食坊主みたいな恰好をして飄然と現れたように思うが、そうではない。これはインドの貴族でして、たくさんのお供を連れて堂々と中国に乗り込んできた。それだから梁《りょう》の武帝《ぶてい》（中国、南朝梁の初代皇帝。四六四～五四九。後出）は非常な敬意を払って接待した。塚原卜伝《つかはらぼくでん》（戦国時代の武芸者。一四八九～一五七一）などもそうです。塚原土佐守の子ですから、お釈迦さんと同じことだ。これは家来を連れて、鷹まで連れて諸国を練り歩いた。食い詰め浪人がぶらぶら歩いておったのとは違う。

　そうして釈迦は諸方を遍参して廻ったが、どうしても悟りが開けない。つくづくと因習的、形式的な、真生命を失った当時の思想、信仰、修行、行法というものに愛想を尽かして、心身ともに疲労困憊《こんぱい》し、うつらうつらしている時に、ほのかに霊感を得るところがあって、彼は「これではいけない。吾れ吾が道を往く」という新たな霊感を得た。そこでたまたま与えられた牛乳を飲んで心気を恢復したわけです。これを見て、付いていた連中は、太子が堕落した、修行を捨てたと考えて、太子を離れて行ってしまった。そんなことにお構いなく、釈迦はこれから本当に、在来の因習的な思想だの信仰だの修行だのということを脱却して、独自の思索、独自の修行を始めて自主的な主体性を持って思索修行をしたのです。そうしてついに菩提樹下において豁然《かつぜん》として大悟するに至った。つまり非常な霊感を持って確信に到達した。こういう心境は表現することはできない。表現するほど面白くなくなる。

このとき釈迦は、いったい幾つだったろう。あるいは三十といい、あるいは三十五と称する。偉いものです。

孔子は「吾れ十有五にして学に志し、三十にして立つ」と言っておられるが、これはひとり大宗教家、大哲学者ばかりではなく大科学者もそうです。およそ前人未到の科学的な発明とか研究とかいうものは、だいたい二十代、二十五、六歳から三十歳そこそこです。それからだんだん経験を積んで研究を進めていくということはできますが、そういう非常なインスピレイショナルというか霊感的な業績や心境は二十五、六歳から三十歳前後ですね。だからその時期をうかうかと通り過ぎたような人間は大したことはない。生まれ変わるよりほかはない。「三十にして立つ」であって、三十にして立たないような人間は仕方がない。といっては悪いから、まあ今からでも遅くはないと、「六十の手習い」ということもあるが、できるならばその頃までにやっておかなければならない。若いのに感心だというが、そうではない。若いから感心なのです。若くなくてはできません。年を取ってきたら、全身全霊を打ち込むような修行はできない。散乱、昏沈《こんちん》、不定《ふじょう》で、いわゆるボヤボヤしてしまってなかなかやれない。若い時にねじり鉢巻でワッショワッショとデモなどやってもどうなるもんではない。こんなのは学生の悲劇だ。いや喜劇といってよい。鞭でも持って行って、尻っぺたを引っぱたいて、「家へ帰って坐禅を組め」と言いたくなる。

とにかくお釈迦さんは大覚されたわけです。父王も非常に喜んで彼をカピラ城に迎えた。彼はヤショダラ（出家前の妃）をはじめ一族や家来の教化《きょうげ》に

階級の否定

従事しました。こうして自分の領地を中心に、中部インド地方のいろいろの人物、教団、民衆に教化を広めていった。その一番偉大な事蹟は、階級制度のやかましいインドにあって、四河海に入ってまた本名なく——河は海に入れば元の隅田川だの何々川といった本名がない如く、みな一つの大海である如くに、バラモンもクシャトーリヤも、ヴァイシャもスードラも、あらゆる階級の者が我が門に入れば一釈子と称す、何も差別はないという。

つまり階級的差別の鎖から全民衆を解放した。これが釈迦の偉いところです。

これはキリストも同じことです。キリストも、あの当時のユダヤにはわけのわからないバラモン階級みたいなものやらいろいろのものがあって、その連中は常に人間を階級的に見ていたが、それをすっかり解放解脱させた。こういう偉大な宗教家はみなそうであります。

釈迦の達観

その頃、インドでは、社会的に非常な変化が生じてきている。バラモンが今まで威張っていたが、これがだんだんだめになって、地方の武門が実力を持って勃興してきた。日本でいえば、あたかも京都でふやけておった公卿階級が実権を失って、彼らが田舎猿のように思っていた地方武士が台頭してきたのと同じことです。武士階級が頽廃してくると、そこに富裕な商人階級が勃興してきたのと同じことで、バラモンが堕落し、無力になるにつれて、彼らが目下に見ていた武士階級や、あるいは産業人、いわゆるブルジョア階級が新しく勃興してきた。これをいわゆる長者という。国王あるいは長者が強大な社会的実力を持ってきて、釈迦の教えに熱心に帰依するようになった。これは従来のバラモン教徒をはじめ、いろいろと教団を指導していた人びとにとってはたいへんな脅威であります。それから釈迦に対するあらゆる猜疑《さいぎ》、嫉妬、迫害、いろいろなものが集まってきた。

その最も有名なものは提婆達多《だいばだった》（釈尊に従って出家するが、釈尊を妬み、ことごとく敵対した）です。これは彼の甥といい、あるいは母方の叔父といい、いろいろ説がありますが、これなどは非常な妨害圧迫を加えて、最後は悶死しますが、お釈迦さんはお経の中でお馴染みの王舎城（あるいは舎衛城）に行って専《もっぱ》ら教導した。

ところが、例えば舎衛城の王子であったルリ（瑠璃王。ヴィルーダカ。中インド古王国コーサラ国の王）などは釈迦を憎んで、釈迦族を滅亡させようと非常な攻撃を加えた。その頃カピラ城の釈迦の一族は沈滞し、無力になりまして、ついにこの敵のために亡ぼされるのですが、そこで弟子の一部や一族の者が、釈迦に奮起して敵を撃退し釈迦族を救うことを嘆願しました。けれども、すでに深い信念と独自の偉大な哲学を抱いておった釈迦は、もうそういう闘争の中に身を投じなかった。彼は切なる一族の願いも拒否して、いわゆる生者必滅《しょうじゃひつめつ》、『平家物語』の冒頭にある

「祇園精舎《ぎおんしょうじゃ》の鐘の声、諸行無常の響あり、沙羅双樹《さらそうじゅ》の花の色、盛者必衰《しょうじゃひっすい》の理《ことわり》を顕《あらわ》す。驕《おご》れる者久しからず、ただ春の夜の夢の如し。猛き人も遂には滅びぬ。ひとえに風の前の塵に同じ……」

あのとおりが釈迦の心境で、ついに釈迦の一族は亡びた。釈迦は達観していわゆる業というものに徹したのでありますが、しかしこれは釈迦の信念であり哲学であって、現実の

釈迦はさすがに非常な苦悶をされたことは阿含経《あごんきょう》（原始佛教経典。釈尊直説の経典を多く含んだ経蔵のこと）を見てもわかる。非常に苦しみながらも、ついに闘争場裡に自ら立たなかった。

佛法と王法

ここにたいへんな問題がある。聖徳太子が佛教を日本に入れるに当たって、最も煩悶されたのはそこだと想像される。わが国の場合は、太子は敢然としてインドの出家佛教を捨て、在家佛教を取られた。民族の栄枯盛衰を超越して人間の根本理法に生きようとする出家佛教に対して、どこまでも佛法と王法とを一致させて、自覚・覚他〈自ら覚り人を覚らしめる〉の精神と同時に鎮護国家とも合致せしめる在家佛教を取られた。これが日本が佛教によって亡びなかった所以《ゆえん》であります。これがなかったら、あるいは日本はインドと同じように佛教で亡んだかも知れない。そう思われることがしばしばある。そこでインド佛教がシナ佛教となり、朝鮮を経て日本に来る間に非常に変化してきている。この過程を辿ると実に深遠でかつ興味がありますが、それは他日の機会に譲ります。

釈迦の本領

そういうふうにして釈迦は身を以て真理を体得し、その真理を以てまた社会民衆を教化しつつ、ついに名高いクシナガラ城外、当時マッラ族の国の林中の沙羅双樹の下で、弟子の阿難たちに取りまかれて寂滅《じゃくめつ》された。年は七十九歳といい、あるいは八十歳という、あるいは八十四歳という。いずれであるか、とにかく八十歳前後で亡くなりました。

お釈迦さんたる所以は、決して単なる哲学の大家である、あるいは形式道徳、通俗的教訓というようなものを押し立てたのではなく、実に批判を絶した渾然たる一大人格であります。即ち人とは何ぞや、生とは何ぞや、我とは何ぞや、自ら覚り他を覚らせる、自覚・覚他の大精神に燃えた偉大なる指導者であった点に彼の特色があるのです。よく経典に引用するように、矢傷を負っている者を前にして矢を論ずる学者でもなければ、それに対してろくな手当てもできないへぼ医者でもない。「佛これ大医王」といいますが、例えば偉大なる医者の王様である。あらゆる意味における大医王であった。

そして釈迦は、人間には愛と同時に敬というものがあって初めて進歩向上するのであるが、世の中に敬すべき何物をも持たないということの禍《わざわい》を釈迦は常に論じた。人はどうして堕落を免れ、どうして解脱することができるか。常に自分が尊敬し帰依する何物かを持たなければならない。それを持たないということが人間の一番の禍である。そこで釈迦は人間に向かって、常に何を尊敬し、何に帰依すべきかということを説いている。

しからばこの釈迦の光明、偉大なる光の拠《よ》りどころは何であるかといえば、

ダルマ〈法〉

それはダルマ〈法、dharma〉である。ダルマ〈法〉にはいろいろの意味がある。存在あるいは実在あるいは現象といってもよい。これは複雑微妙な十二因縁（二五

頁参照）からできている。法華経に、如是相、如是体、如是力、如是因、如是縁という、是の如きのいろいろの因縁から存在している。存在はすべて縁起だ。因縁より始まるその現象の世界、これをそのままに観じて「法」という。その法に徹すると、そこに厳粛なるルール、いわゆる法則がある。因果、これは複雑微妙限りなき原因と結末の錯綜したもので、そこに厳然たる因果のルール、規則がある。これが法則である。これを釈迦が徹見しました。

と同時に、そこには西洋哲学でいうならば価値、例えば真と偽、あるいは善と悪、美と醜といったような価値というものがある。こういうものはすべて法である。こういうものを徹見して、人間いかにあるべきかという、我々の往《ゆ》くべき道（これが法の大事な意味です）、釈迦はこれを明らかにした。これから入っていくと佛教学になる。これはたいへんなことで、何十年、何百年説いても窮《きわ》まりない問題であるが、とにかくこれが一番根本である。

十二因縁の初めに「無明《むみよう》」というものがあります。明無し、つまり盲《めしい》。ショーペンハウエル（前出。一六頁参照）によると、「生きんとする盲目的意志」

三欲・五濁

というようなものだ。人間は、およそ生きとし生けるものはみな生を求めて止《や》まない。ひたすらに生きようとする。盲滅法に生に執着するが、この無明の一つの実体は「欲」というものである。釈迦はこの欲をいろいろ説いておりますが、特に三つの根本的欲、それは

「愛欲」、それから「有欲」、我々の存在に関するあらゆる欲望。生存欲・生活欲。それから名聞権勢を求めるところの「名欲」。愛、有、名という三欲があるが、人間はこの盲目的な欲望のために自ら汚れ世を汚す。これを「五濁《ごじょく》」と申します。

劫濁

その第一は「劫濁《ごうじょく》」である。歴史というものを通観してくると、そこに時代というものがある。長い目で見て人間として非常に純であった時代と、汚れた時代とがある。時代が汚れてくるのを「劫濁」という。これは西洋哲学でも多くの学者が言っておりますが、ロシア革命の時にアメリカに亡命し、ハーバード大学の社会学の教授になって国際社会学会の会長をもしていたソローキン（P. Sorokin ロシア生まれ、アメリカの社会学者。一八八九〜一九六八）という人がいる。この人は一面非常に東洋的なものを持った人ですが、この人などは、人類が純朴で、偉大なる自然、神というものに憧れて、まだ人間的な汚《きた》ならしいものをあまり持たなかった時代をアイディアル（ideal、理想的な時代）といっております。

その中にだんだん人間が反省自覚、つまり個人的ないろいろな思惟思索が発達するようになって、理想というものと現実とを分けて考えるようになった。ある意味において純一が破れて少し複雑矛盾的になってきた。しかしながら、なお神を信じ、偉大なる自然に憧れて理想というものを失わなかった。アイディアルからアイディアリスティック（idealistic、理想主義的）な時代。

そのうちに現実生活が厳しくなって、これに打ち負かされるようになると、だんだんアイディアル、アイディアリスティックを失って感覚的、肉欲的になってくる。これをセンセイト（sensate）官能的という。これを推し進めると動物的と同じことになって、人間は堕落頽廃してしまう。どうしても人類が進歩向上するためには新しく向上しなければならないということを説いております。これはショーペンハウエルもニーチェもカントも言っておるが、確かに劫濁という時代がある。まあ戦後の近代なんていうものは実に時代そのものが汚れている劫濁の時代である。

衆生濁・命濁

その時代の衆生、民衆というものはみな汚れている。これを「衆生濁《しゅじょうじょく》」という。汚れたる民衆だ。東京に住んでいると実際「衆生濁」ということを感ずる。身体も汚れ、心も汚れる。蒸しタオルで顔をふいてみると恥ずかしいくらい真っ黒になる。顔だけではなく心もああいうふうに汚れるわけだ。そこで人間の生命（単なる命ではなく、複雑な意味を持っている）までが汚れる、これを「命濁《みょうじょく》」という。だから至るところ変な病気が流行し、「病気ではないが健康ではない」というA・カレルの言葉があるように、みなの生命が実際汚れる。そこにあらゆる煩悩がある。これを「煩悩濁《ぼんのうじょく》」という。

人間はどんな煩悩にもがいているかということをお釈迦さんが教えた有名な「煩悩濁の五濁」というものがある。

煩悩濁の五濁

第一に、貪って止まない「貪欲」である。

それから「瞋《しん》」、いかり。昔の人は偉いですね。目に角立てて瞋《いか》りという字だ（「瞋」は目の枠いっぱいに目をむき出すこと。かっと目をむく）。瞋恚《しんい》の炎《ほむら》などという。私心私欲で腹を立てる、神経を尖らせるのを瞋という。これは最もいけない。世界最古の医書といわれる『素問靈樞《そもんれいすう》』の開巻第一頁に上古天真論というのがある。そこで人間のあらゆる病気の一番悪い原因は怒りだということを説いている。それがアメリカの医学者によって究明されて、我々の息を冷却装置の試験管に入れたら息のカスができる。その息のカスの中の凶悪犯人の息を取って調べたら、栗色のカスができて、それをモルモットになめさせたら頓死した。その毒を調べると、アメリカのあらゆる薬局方の毒薬の中で一番の猛毒だったという話をしたことがありますが、お釈迦さんもそれをちゃんと知っておられたと見えて、貪欲の次に「瞋」ということを説かれている。

それから非理性的になってしまう「痴」、ばかげたこと。貪、瞋、痴。

そうしていい気になって横着になり、大事なことをいい加減にする「慢」。

大切な真理、道、教えを素直に聞かない、なんとかかんとか疑いを持つ「疑」。

貪、瞋、痴、慢、疑、これを特に「煩悩濁の五濁」という。

見濁五見

それから「見濁《けんじょく》」というものがある。これは人間は他の動物と違って、だんだん大脳が発達して物を考えるようになった。そこから思惟、思考というものが発達する。これを見《けん》という。これにまた五濁がある。この物の考え方、見方にさらに五つの汚れがある。

一つは「我見」。人間は虚心坦懐に無心になって考えられない。つまらない自我に執着して物を見る我見。

次に、物を仔細に観察しない、一面一辺をとってじきに結論を出す。そういうものを「辺見」という。つまり一辺倒です。しばしば私が言いましたように、物を見、物を考えるのに三大原則がある。これは①できるだけ長い目で見る、目先に捉《とら》われないこと。②できるだけ物を多面的、全面的に見る、一面的に堕してはいけない。それから③根本的に考えて枝葉末節に走ってはいけない。これは思惟思考の三大原則である。

その一辺だけを取る。これを辺見という。偉大なる人物、あるいは難しい問題、何でもない物のようでも、とくと調べてみると意外なる面を持つものである。その一辺を見てあれはだめだとか、これはいけないとかいうのは辺見というものである。

それから邪《よこしま》な心、ねじけた心を持って物を考える「邪見」。

この頃こういう邪見の徒が多いですね。今まで大切にしてきたものにけちをつけて喜ぶ。例えば日の丸。「あれは帝国主義を表現していていけない」とか、「君が代なんてけしからん。あれは封建的な独裁者に対する奴隷的な服従を表すものである」とか、「君が代なんていうけれども、わが代でもあるのに君が代とは何だ」「千代に八千代にさざれ石の巌《いわお》となりて……、そんな馬鹿なことがあるか、さざれ石が巌になるか、非科学的も甚だしい」というような批評をしている。そういう頭は文学ということの全然わからない頭であって、おのれの石頭、おのれの邪心を表現するに過ぎない。そういう思想が非常に多い。

『高き屋に上りて見れば煙立つ、民のかまどは賑ひにけり』（仁徳天皇）などというのはけしからん。これは搾取者の天皇なるものが、高い宮殿の上から民家を見下ろして、あそこは煙が立っておるからまだ余裕がある。あそこへ行って搾取して来いという搾取の歌である」「奈良の大佛なんて何だ。これは大勢の民衆に奴隷労働をさせて、莫大な民力を費消して造った、民衆の恨みの結晶である」などという。これはみな邪見という。

それから「見取見《けんしゅけん》」。これは今日の言葉でいうとイデオロギーの誤りであります。一つの先入観、一つのイデオロギーにこだわって、すべてその型にはめていこうという、マルキシズムとか何々イズムというものです。何でもそういうふうに理屈をつける。自分の主義理論というものにこだわって、その型にはめて見ていこうという見取見。左翼の思想家などの言うことは、判子を押したように決まりきっている。

それから本当の真理がわからないで、無闇やたらに形式的なタブーばかりを振りまわす。こうしてはいけない、ああしてはいけないと、やたらに、べからず、べからずをやる。これを「戒禁取見《かいごんしゅけん》」という。つまり機械的、形式的、独断的な考え方、いわゆる教条主義、ドグマということ。こういうのを見濁五見という。

以上の「五濁」は人間の心を鈍らせるから鈍という字を使い、また人間を支配しますから「鈍使」という。これで人間は何もわからなくなってしまう。いわゆる無明になってしまう。したがって真理を眠らせてしまう。それで原始佛教では「煩悩濁の五濁」と「見濁五見」を「十随眠《じゅうずいめん》」という。

釈迦佛教の大眼目

これが人間の業《ごう》となる。つまり遺伝的な作用、営みになる。これが無限に廻る。始めなく終わりなし。循環する、輪廻《りんね》。この汚れたる愚かなる宿業という意味で、宿業の輪廻のために人間は解脱できず、因果の法則に徒《いたず》らに支配されて永劫に迷える衆生《しゅじょう》となる。これを徹見しこれを解脱するのが聖者の道、救世の道である。そうして自ら覚り人を覚らせる、自覚覚他して世界を、人類を救おうというのが釈迦の徹底的な修行となり、大精神、大理想となり、その後の大覚悟、捨て身の働きになった。そして無明の人類社会に偉大なる光明と偉大なる拠りどころとを与えた。それが釈迦の佛教の大眼目であります。

そこで釈迦によって初めてバラモン以来のインドの習静的な道、要するに個人主義的な非活動的な信仰、その宗教というものが俄然活気を得て、人類世界に対する救済の福音となった。そこに佛教の真生命があるので、単に禅観に耽って坐禅に止まるものは釈迦佛教の真精神ではない。

そこで原始佛教を見ますと、釈迦の高弟というようなもの、例えば後世一つの宗教になった禅宗では、禅のそもそもを釈迦に結びつけて、釈迦と釈迦の弟子の摩訶迦葉《まかかしょう》〈迦葉〉（佛十大弟子の一人）、あるいは有名な阿難（釈尊の従兄弟《いとこ》で、十大弟子の一人）、こういう人はほとんど形式的な戒律生活というようなものにこだわっていない。非常に活動的です。禅の歴史、したがってヨーガの歴史を調べてみると、釈迦の弟子もこれに通じたものがたくさんいますが、そういう人は釈迦の弟子の中の代表的な地位をあまり占めていない。これが小乗佛教から大乗というものに分かれてくる所以です。小乗は小さな乗物だ。自分だけ乗せる乗物――それではいけない。自分と同時に衆生を乗せてこれを救いに導かなければならぬ――これが大乗。この大乗の精神が釈迦そのものに初めて発揮された。それが後になってこのように発達したのであります。

第三章　大乗と小乗――「大学」と「小学」

拈華微笑

　この前は禅の先駆をなすものといってよいヨーガから説き起こして、バラモン、それから現れました釈尊の一代のお話をして終わったわけであります。

　釈尊が亡くなられるとすぐにマハーカーシャパ〈摩訶迦葉尊者《まかかしょうそんじゃ》〉が中心となって「三蔵の結集《けつじゅう》」が始まった。禅家は迦葉尊者をもって禅の誇りとするのです。それは釈尊が大雄弁を振るわれた後、悟道、真理の極意の段階に達して、言葉で表すことができない。そこで大梵天王の捧げた蓮華を受け取って、これを拈《ねん》じながら言葉に苦しんでおられた。これをじっと見ていた迦葉が思わず顔をほころばせて、にやっと笑った。――これを「拈華微笑《ねんげみしょう》」という。それを目ざとく見つけた釈迦が、「そうだ、自分に教外別伝《きょうげべつでん》・不立文字《ふりゅうもんじ》〈言葉では伝えられない、文字を立てず、文字にならない真理〉、直指人心《じきしにんしん》、見性成佛《けんしょうじょうぶつ》〈直ちにその心を察して自己を徹見し、そのまま佛になる〉の微妙な法門がある。即ち筆だの口だのを超えた、そういうものに托すことのできない真理がある。これをお前に伝授する」と言われた。禅はそこから始まるというのが禅の坊さんのご自慢でありますが、これは少し手前味噌と言っては悪いが、まことによくできた話であります。

三蔵の結集

この迦葉は佛弟子中の一番上座、長老であります。この人たちが代表になって、お釈迦《しやか》さんの説かれた原理原則、この真理、教えを体得していく上に大事ないろいろの掟、戒律、理論――経、律、論〈これは人間に大事な蔵であるというので、これを「三蔵」という〉を集めようということになった。お釈迦さんがどういう原理を説かれ、どういう掟を定められ、またいかに自ら生きられ、いかなる論を成したかということを、その人たちが集まって、経、律、論とだいたい三つに分類して、みなが釈迦の説を聞いてそれぞれ心に印しているものを持ち寄った。これを「三蔵の結集」という（結集とは、いわば聖典編纂会議のこと）。これが第一回の三蔵結集である。

この頃は、まだみなが釈尊というものをそのまま崇拝して、釈迦の言われたことをそのまま受け取って、そのまま行なおうと努力していた。佛教用語でいいますと、一器の水をそのまま別の器にあけるように伝授されてきていた。それがだんだん年がたつうちに、釈迦が亡くなられ、直弟子も次第次第に亡くなられ、二転三転してくるうちに、釈迦の本心とか、釈迦が説かれた経、律、論というものがだんだんわからなくなったり、間違ったりして、その間にいろいろの異見が生じて岐《わか》れてきたわけであります。こんなことではいけないというので、釈尊が亡くなられて百年たった時に、第二回の三蔵結集がお釈迦さんの最後の説法の地であるヴァイシャーリーで行なわれた。ヤシャダーが中心になりまして第二回の結集をやりました。それからまたしばらくして、佛教史上名高いアショーカ王〈阿育王〉（インド、マウリア朝第三代の王。在位前二六八～前二三二頃）が第三回の結集をパータリプトラ〈華氏城〉で行なった。この時は紀元前約三世紀の半ば頃です。

この頃すでに文字が使われ出しました。そこで『古事記』と同じように口伝え、口伝《くでん》を基にできたのが文字で書かれた経典、典籍であります。その文字は、北インドに広まったのがサンスクリット文字、南の方に発達したのがパーリ語である。パーリ語はセイロンを中心としている。そこで佛典がサンスクリット語で書かれたものと、パーリ語で書かれたものと二種類出てきた。そして紀元一世紀の終わり頃には南方佛教と北方佛教というものに岐れまして、紀元八〇年頃に第四回の北方佛教の結集が行なわれるというふうに、たびたび釈迦の教え、それから生じたいろいろの思想、典籍というものが吟味され、分類され、検討されている。

大乗と小乗

その間に釈迦の教え、佛説からだんだん大乗と小乗というものが分かれてきた。これが今日に至るもなおやかましい大乗と小乗の由って来《きた》る所以《ゆえん》であります。乗というのは乗物である。これに人を乗せて目的地へ運ぶこと、あたかも衆生《しゆじよう》を悟りの道、救いの道に運ぶのと同じことでありますから、乗物という文字を当てはめて、佛教理論、佛説をあるいは大乗といい、あるいは小乗という。その至れるもの（最も優れたもの）を一乗という。いろいろ分かれると二乗となり、三乗、四乗となる。

元来キリストでも孔子でも釈迦でも、その点は同じでありますが、これらの祖師は自分を中心にして一宗一派を立てている人ではない。みなそういう自らを限定するようなことはしなかった。誠であり、無心であり、真実である。ただ応病与薬——医者が悩める患者を診察し、病に応じて薬を与えて治療するように、慕って道を問うてくる人に、その人びとの機根に応じて教え導いたのである。そこに自分は何イズムであるとか、何イストであるとか、自ら限定するようなことはなかった。

ところが、そうして釈尊に接し、あるいは教えを聞き、あるいはこれを伝える人、またそれに学ぶ人と、だんだん広がり、伝わってくるにつれて、人それぞれの機根に応じて、「これが釈尊の教えである」「これが釈尊の説かれた真理である」「これが釈尊の行《ぎよう》じられた道である」というふうに、それぞれ自ら得たものをもって然《しか》りとするようになってきた。そこで派閥というものが岐れてくる。まず岐れたのは大乗と小乗です。

ここで一つ注意しなければならぬことは、大乗論者は「大乗でなければならぬ、小乗はだめだ」と考える人が意外に多いのですけれども、それは間違いであります。小乗なき大乗などというものは大乗ではない。大乗なき小乗などというものは小乗ではない。しかし大乗・小乗ともに一乗であるが、そこが対照、対聯の妙でありまして、深く中に入れば一つであるけれども、外に表れるところを見れば、明らかに大乗・小乗というものはコントラストを成している。

小乗の形式主義

しからば小乗というものはどういうものかと言いますと、これはそもそも釈尊を尊崇し、釈尊を信仰し、釈尊の言葉、行ないすべて釈尊に学ぶ、ことごとく釈尊の模倣をする、釈尊の言われなかったこと、なされなかったことは受け付けない。ことごとく釈尊によって考え、釈尊によって行《ぎょう》ずるというように、だんだん形が決まってくるというか、限っている。つまり釈尊というものに限っている。そうするとそこに一つの形式が生ずる。形に捉われるという悪いが、いわば形式主義的である。これは小乗の一つの特徴であります。そういう意味からいうと、小乗はどちらかというと形式を重んずる。

上求菩提・下化衆生

それに対して大乗の方はこう考える。つまり釈尊は深遠なる徹底した自覚とともに、限りなく広いところの覚他——自ら覚るとともに他を覚らせる「自覚覚他」、あるいは別の言葉でいえば「上求菩提《じょうぐぼだい》」〈覚りの道、救いの道、菩提を求める〉、「下化衆生《げけしゆじよう》」〈下、衆生を教化《きようげ》する〉である。これが釈尊の教えであり、これが釈尊の精神である。だからこの釈尊の「自覚覚他、上求菩提、下化衆生」の大業を生かしていけばいいので、何も釈尊の真似ばかりするのではなく、釈尊の精神を受け取ってこれを活用しなければならぬ。いわば前者（小乗）を形式主義というならば、自由な考え方で行なうものがだんだんとできてまいりました。これが大乗・小乗の岐れになってきている。

出家道に徹する小乗

したがって小乗の方では、あくまで釈迦に従って、出家道に徹することを眼目とします。釈尊は出家され、出家に徹底して現実を超越された。釈迦族が敵国から攻められて滅亡して釈迦に救いを求めた時にも、釈尊は（いろいろの経だの律だのを見ますと、その中にはっきり出ております）自分の同族の人に因果の法則というものを諄々と説いて、「釈迦族は宿業のために亡ぶのだ。善因善果、悪因悪果、因果は厳粛である。釈迦族は情においては忍びないけれども、理において止《や》むを得ない。自業自得である」ことを教えておられる。そこまで徹底し超越している。

聖徳太子の英断

そこで問題が起こってくる。また、そこから日本の佛法とインド佛法が岐れてくるのですが、インド佛法のままでいくと日本はもたないと聖徳太子は考えられた。これではいけない、あくまで佛法は王法でなければならない。出家佛教ではいけない。苟《いやし》くも真理に参ずる者、佛法を学ぶ者は同時に王法、国法を重んじて、自ら救うとともに下化衆生、まず以て国を救い国を守ることができなければならぬ。いわゆる鎮護国家のできないような佛法では困るということを決断された。そこに聖徳太子の偉大さがある。この太子のおかげで日本は佛教によって国を亡ぼさずにすんだと言っても過言ではない。

とにかく釈迦の方は国を亡ぼした。釈迦は敢えて救おうとしなかった。つまりどこまでも出家に徹底されたわけであります。したがって弟子たちの直系は目的手段を出家においた。あくまでも釈迦に従って教えを聞き、出家道に徹することを眼目とした形式主義の小乗は従って出家道であります。

ところが出家した者だけが救われたのではしようがない。出家たると在家《ざいけ》たるとを問わず救われなければならない。自覚覚他の大精神に生きなければならない。そこで手段を出家におかずに、出家・在家両方に自在に応用することを主張する声がだんだん高まってきた。これも大乗、小乗の岐れる所以です。

釈迦の神聖化

第三の特徴を言いますと、小乗の人びと、つまり常に釈迦を師として、ことごとく釈迦にならって出家の道に徹していくという人びとは、次第に釈迦を偉大なる超越的存在にもっていってしまった。これは当然人間の心理の中にある働きです。尊敬し、崇拝するにつれてだんだん理想化して、それを神聖化して、超越的なものにしてしまう。

日本国家でいうならば、天皇というものは、最初は天皇と同時に人皇といった。「人間天皇」という考えは、古代ではそんなことをいわなくてもちゃんとあったのです。ところがその人間天皇を次第次第に超越的・神聖的存在に高めていった。キリストも同じ、孔子も同じ、孔子もだんだん聖人にされてしまった。老子も太上老君とか何とかいうように、だんだん神様にしてしまった。カピラの城主・シュドダナの息子さんであった悉達多《しつだった》（釈迦がカピラ国の王子であった頃の名）、ゴータマ（釈迦の姓）その人を佛陀、釈尊という超越的な理想的なものに崇《あが》める傾向が強くなった。そしてここに佛陀という偉大な信仰の対象が出来上がった。これは小乗において特に強い。

釈尊を心の中に生かす

それに対して釈迦の教えは、そういう超越的存在、理想的なものを崇めることではなくて、いわゆる自覚覚他の大精神で佛というものを自ら心の中に、体の中に体得して、つまり釈迦というものを自分の胸の中に内在せしめる。釈迦を自分の心の中に生かす。「キリスト我に在って生けり」というのと同じことだ。「釈尊我に在って生けり」というふうに内在的にする考え方が発達してきました。またそれが、大乗・小乗の著しい相違です。

そこでいろいろ分析解説しますと、これは非常に深遠な問題であります。

なお大乗・小乗の著しい特徴を申しますと、そういうわけですから、小乗の人びとは出家道に立って釈尊というものをことごとく目標にして、釈尊の直接の教え、直々《じきじき》の行を一歩も違《たが》えない。それが、だんだん二伝、三伝、四伝と降ってくるに従って、何が釈尊の本当の教えであるかということが専門的、各論的に研究されてきた。釈迦の教えを自分の機根に応じて自分相応に徹底して追究していくという専門的、各論的研究、これが小乗の特徴を成すようになってきた。

灰身滅智

それに対して、部門部門に入っていかずに、というよりは入っても、それと同時に常に総論的、全体的に、つまり釈尊の真精神、釈尊の真理というものをどうして解明していくかという総論的、精神的、原理的な研究信仰というものが同時に岐れてきた。これが大乗である。

したがって悟りの極致である涅槃《ねはん》の問題についても、涅槃というもの、人間悟道の極致、出家道の極致、佛道の極致というものは、小乗の方では、「いかに死するか」ということであります。いかに死するかということを現身《うつしみ》にとらえて、我々の煩悩というもの、錯覚というものを一切排除して、無心・無我になって現身に寂滅《じゃくめつ》させる。これを「灰身滅智《けしんめっち》」という。身を灰にし、智を滅する。人間の免れがたいいろいろの複雑な心理、煩悩というものを一切除去して、冷えきった灰のように、人間の熱い煩悩、生々《なまなま》しい心理といったようなものを除去して、無我無心そのものになって終わることを涅槃とする。

ところがそうではない、現身のまま、生身のまま、現在の我々の心理・精神そのままを何物にもとらわれない自由自在の境地におく、つまり大自在三昧に磨き上げる。現身があろうがなかろうが、そんなことは問題ではない。現実に即して心の自在三昧を得る、これを涅槃とするという考え方がまた生まれた。これが大乗の考え方です。そこでもまた大乗・小乗が岐れてきたわけであります。そういうコントラストを言いますと、いかにも両方が違うようだけれども、しかしもう一歩入って行ったならば、敬虔《けいけん》に小乗を理解し、小乗を学ばずして大乗に至れるわけはない。

心の自在三昧こそ涅槃

形式と生命・自由というものでもそうです。形式というものを無視して本当の生命とか自由とかいうものは有りはしない。生命というものは必ず何かの形を生むものである。形式を通じて生命があるのです。また自由というものは何らかの形に即して自由がある。

国民で言ってもそうであります。自由人であるということは、日本人でもアメリカ人でもドイツ人でもイギリス人でも何でもない人間になることではない。そんな人間は有りはしない。いかなる自由人も、日本人としてイギリス人としてドイツ人として、何らかの国人として初めて到達し得る。だから本当に大乗に至るには、小乗というものに拠《よ》らなければならない。小乗を無視し、小乗を排して大乗というものは有り得ない。

ただし小乗に偏っていくと偶像崇拝、偶像礼拝になる。それはだめだからといって、「キリスト我にあって生きておる。釈尊はわが胸の中にあるんだ」と言うことはやさしいけれども、本当に釈尊を、佛陀を内在せしめるためには、やはり釈尊というものを尊敬し、信仰し、本当に釈尊に自己を没入させていく小乗がなければ、とても内在させるなどということはできるわけのものではない。もしこれが矛盾すれば、大乗と称する独善、あるいは空論になってしまう。

大乗と小乗は違うけれども、しかしよく小乗を解しなければ大乗に生きることはできない。また小乗を正しく行なえば必ず大乗に通ずる。ところが大小という言葉に迷わされて、小乗はだめで大乗でなければならない、ということをよく言うんですけれども、それは間違いである。

「大学」と「小学」

これは儒教でも根柢はやはり同じことであります。『大学』と『小学』ということを申します（『大学』は儒教の基本経書の一つ。個人の人格修養から治国の法、政治哲学を説く。『小学』は儒学の基礎を学ぶためのテキスト。個人の修養法を具体的に説く）。よく『小学』はだめで『大学』でなければだめだというが、これは同じことである。修身・斉家は『小学』の常に説くところ。『小学』というのは、いかに自ら修め、いかに身を持するかという道を主としたものである。『大学』というものはそれに基づいて、いかに人を治め、いかに世を治めるか、これが『大学』である。しかし自ら修めることをしないで人を治め世を治めるなんてことはできるものではない。『大学』という時は『小学』がその中にある。『小学』というときは『大学』がその中にある。

佛教においても、小乗の方は戒律や規則に拘泥して動きのとれない、融通のきかなくなる傾向が顕著であることは事実であります。その代わりに大乗の方も、大乗と称してとかく独りよがりの空理空論をもてあそぶ生意気な軽薄なものになりがちであります。何事も釈尊の教えを聞いていくというのが「声聞《しょうもん》」声聞乗。そして修身が自然に斉家になるように、縁に随《したが》って周囲と道を行《ぎょう》じていく、周囲を化《か》していくというのが「縁覚《えんがく》」、これが小乗の内容。これを今のような大乗でいく時に「菩薩」というものが現れてくる。菩薩乗。この声聞・縁覚・菩薩を三乗という。大乗といえば菩薩、菩薩乗、小乗といえば声聞、縁覚の道。これは一連のものであって対立抗争すべきものではない。小乗もいろいろに岐れ、みなさんが一番手に取りやすいお経でいうならば阿《あ》含経《ごんきょう》が小乗の代表的なお経です。これに対する華厳《けごん》、天台《てんだい》、あるいは法華《ほっけ》などはみな大乗です。

声聞・縁覚・菩薩

諸法空相

この大乗の中にも大きく分けると少なくとも三つあげられる。一つは「諸法空相」を説く諸法空相派です。この派は、人間が本当に覚りに至るためには、どうしても現実の錯覚というものを解脱《げだつ》しなければならないと説く。

我々にはいろいろの心理作用、いろいろの感覚、感情があり、そういうものによって真実ならざるものを真実なるものの如く錯覚する。その虚しきもの、仮の存在に過ぎぬものを虚仮《こけ》という。こけという日本語はここからきたんですね。「うそこけ」などという。虚しきもの、仮のもの、真実でない永久的でないものを、真実なるもの、永久的なものの如く錯覚するのが虚仮である。

この虚仮を覚《さま》さなければならない。金あるいは地位、名誉といったものに憧れて、人生はこれだなんて考えて金と心中するような者がよくあります。株が下がったら精神に異常をきたしたなんていうのは虚仮の甚《はなは》だしいもので、株だの金だのというものは使ってしまえばなくなるものであり、あてにならない、実に虚仮なものである。地位にしてもそうだ。地位を得て無性に喜び、地位を失ってしょげてしまうなどというのは実に虚仮だ。こんなものはいつどうなるかわからない。

釈尊をして言わしむれば、妻子珍宝および王位も、命の終わる時に臨んでは随わざる（ついていかない）者である〈妻子珍宝及王位臨命終時不随者〉。少しも我にとって真実なるもの、永遠なるものではない。だから本当の自己とは何だ。真に、これが我だというものは何だ。それを知る一番早い方法は、虚仮なるものをマイナスして何が残るかを見ればよい。その人間から金、財産、地位、名誉、あるいはもっと徹底して、妻・子・親、とにかく現世的なものをみなマイナスして何が残るか。それが本当の自己であることは間違いない。金がなくなったとたんに手を上げた。地位を失ったとたんにペシャンコになった。女房、子供が亡くなったら神経衰弱になった、首をくくった、というのが世間にざらにある。そんなものを一切引いてしまう、自分というものから一切を失った時に何が残るか、それが本当の自分である。そういうことに徹底していく。これが諸法空相。

般若経

般若経《はんにゃ》というものがある。般若というのは智慧ということである。般若経というものは諸法空相の理論を縦横に説いたものです。その注釈書である『大智度論』などというものを読んでみると、これは実に驚くべき哲学だ。こういうものをちっとも読まずに、いきなり西洋哲学のカントだのヘーゲルだのを読むから、すっかり惑ってしまうのです。佛教の般若の哲学、智度論とか華厳、天台などの佛教哲学を少しやったら、西洋哲学なんていうものは何でもない、といってはおかしいけれども、少しも驚かない。また少しも難しくない。というよりもむしろ甚だ物足らないですね。自然の食物を食べるのと、インスタントラーメンを食べるのとくらい違うような感じがする。

しかし、この空論だけ、諸法空相だけでは実は救われない。今度は空に即して「諸法空相」というものが出てくる。我々の身体はいつ病気するやらわからないし、また病気すれば死んでしまう。ちょっと息絶えればじきに命がなくなってしまう。まことにはかないものであるが、しからば肉体というもの、あるいは親というもの、兄弟というもの、妻というもの、子というもの、あるいは財というもの、あるいは地位というもの、そういうものはすべて虚しきもの、虚仮なものであって、意義がないかというとそうでない。そういうものは真実ではない。虚仮なものである。永久的なものでも何でもないということがわかれば、今度はそれに即して逆にその空なるものすべてが実になってくる。その空に即して、そのままにそれが実であるという、今度は実の法を説くものが諸法空相である。これが実に大乗の大乗たる本質になってきます。これを説くものが維摩《ゆいま》であり、法華であり、特に法華経なるものはその代表的なものである。

諸法実相

諸法空相、例えば金《かね》なら金というものは、そのままではつまらないものである。金なんていうものに少しも捉われないという、金の空相に徹すれば、今度は初めて金というものが自由に使えるようになる。金はそうなってくると実相になってくる。金というものを本当に生かして使えるようになる。つまり死金《しにがね》が生金《いきがね》になってくる。

地位でも名誉でも何でもそうです。例えば大臣なら、大臣などというものはつまらぬものだ。そんなものはまことに虚しきものであるということが本当にわかって、こういう地位、権力に少しも執着を持たなくなってきたときに、初めて大臣という地位・権力・名誉というものを生かすことができる。死んだ位を生きた力にすることができる。

そこでこの空相、実相に徹して、あらゆる佛教の哲学、理論、佛の教えというものを現身に、生身に体現する。西洋の言葉でいうとインカーネイト(incarnate)またはエンボディ(embody)、つまり肉付けする。生身に体現をする。即ち「即身成佛」、生身に即してそのまま佛になる。そこに佛法の秘密があるという心を把握して、それを求めたものが密教というものである。日本では弘法大師が一番有名でありましょう。

即身成佛

この間、私は奈良へ行きまして、生駒《いこま》を通ったのでありますが、生駒山宝山寺というお寺がある。これを開かれた開祖は湛海《たんかい》(一六二九〜一七一六。伊勢の出身)という密教の和尚ですが、この人は不動明王を念じ、不動明王を体観して、不動明王を自分に内在せしめ、生身を不動明王と一致させる。つまり、即身不動明王なる秘密を修めた人です。この湛海という和尚は、本当に不動明王のようになってしまった。紅蓮の猛火の中に立つ不動明王経というお経がある。明け暮れ不動経を読誦《どくじゅ》して、不動経を体得し、これを行ずることに徹底していった。そして生き不動になった人です。

これは非常な美僧で、密教はよく加持祈禱《かじきとう》するものですから、宮中に迎えられて加持祈禱したことがある。その時に和尚に恋をした女官が付け文《つぶみ》（ラブレター）を和尚に渡そうと思って側へ寄ったら、全身を焼かれたように感じて気を失ったという話がある。接する者が猛火に触れるような威厳を感じたという。そうもなれるわけです。観世音なら観世音菩薩、不動明王なら不動明王というものをひたむきに信じなければいけない。そんなものあるやらないやらわからないという懐疑主義者ではだめです。

小乗の悟力

人間は信が大事です。これを失った人間は困ったものです。子供といったって、果たしておれの子供かどうかわかるもんか、ということになったら、人生などというものは実に怪しげなものです。女だけは自分が産んだ子だということは、どんな者にでもわかる。男はかわいそうにわからない、ただ倅《せがれ》だと信ずるほかはない。信《しん》唵《おん》〈信なるかな〉。そして努力する。人間は本当に信から入るのであって、信ずることができないということは人間の悲劇である。いわんや何物をも信ずることができないなどという懐疑主義者、それからいわゆる実存主義者、ビート族だとかいうもの、これは何をか言わんやで、全く悲劇です、時には漫画になる。信唵。

そして念ずるのだ。これは言い換えれば、四六時中、心に置いて忘れない。「あっ忘れた」などというのはだめだ。徹底的に忘れない。生まれ変わり死に変わり、この恨み晴らさで置くべきか、などというのは念である。これを念ずる、念力。あそこへいかなければならない。そしてそこへどっかり腰を据えれば、これが定《じょう》だ。そして初めて本当の智慧というものが出てくる。これが小乗の悟力である。

大して信心もできぬ、努力もしない。忘れっぽくてガサガサした者などは智慧なんかありはしない。こういう者は妄想・錯覚しかありはしない。本当の智慧というものは、命がけで取り組んで、化けて出るくらい徹底しなければ出てくるものではない。観世音、不動明王、釈尊、何でもそうです。そこまでいったら偉いものです。小乗もそこまでいかなければ嘘です。

徳川の中期に片倉鶴陵《かくりょう》（江戸後期の医師。一七五一〜一八二二）という日本の医学界の大先《せん》達《だつ》がある。この人はどちらかというと無神論者です。漢方医学の研究に入って『傷寒論』というものを学んだ。漢方医学というものは、『傷寒論』に始まって『傷寒論』に終わる。漢の張仲景という偉い学者で政治家でお医者さんの著したものであるが、そういう古いものので、非常に難しい。その『傷寒論』と取り組んで心魂を打ち込んだ。ところがどう研究してもわからないところが一カ所ある。百計尽きた彼は、もうこの上は大昔の伝説中の人にも等しい著者の張仲景先生に直接教えを受けるより解釈のしようがないというところへぶつかってしまって、へとへとになっているとき、夢ともなく現《うつつ》ともなく張仲景先生が現れて、「お前の熱心に感じて教えてやる。これはこういう意味である。ここはこういう意味である」とはっきり教わった。「ああ、わかりました」と思ったとたん、張仲景先生が見えなくなってしまった。

それから彼は無神論、唯物主義を放棄した。人間もそこまでいけば信であり、念である。信じて念ずる――これを信念という。妄想に過ぎないようなものを「私はこんな信念を持っている」などとよくいうが、本当の信念というのは物凄いものです。ヘナチョコなんかに信念なんてあるものではない。今の不動明王などもそうで、本当に信じて念じたら湛海のようになると思います。それだけ小乗の方には凄い人が多い。軽薄な大乗主義者などとは比較になりません。

儒教でもそうです。『大学』と『小学』があるが、『大学』は書生でも、かれこれ議論しますが、本当に『小学』をやって初めて『大学』をやる資格があるので、『小学』を立派に修めた人は、それだけで見事です。やはり『小学』をやらなければいけない。

そういうのがだんだん大乗・小乗を通じて初めて、いわゆる一乗妙法になる。

一乗妙法

一乗というのはどれか一つということです。こういう戒律を根本に徹底して、深い統一に達した救いの道、覚りの道を一乗という。そういうのが最上乗である。一上乗だとか、最上乗だとか、いい名前をつけるが、さっぱり最乗でも一乗でもない輩が多い。

こういうふうにして、釈迦の教えが佛教となって発展していったのです。そこで大乗だとか小乗だとか、バラモンだとかいうけれども、本当に入ってみると、歴史的に大生命が続いてきておって、これが大乗、これが小乗、これが佛教、これがバラモンとなかなか分けられない。渾然としたものです。だからこういうものを浅薄に取り扱うくらいいけないことはない。

驚くべきことには、佛教がシナから朝鮮を通じて日本に入ってまいりまして、日本人が受け取って実によくこれを消化した。優れた人が受け取って消化したばかりでなく、これを衆生に与えて、実によく衆生を化道《けどう》した。これを下化衆生といいます。日本の庶民が、熊さん、八っつぁんに至るまで、儒教も老荘もそうだけれども、佛教も実によく取り入れて生活化したということに、しみじみ日本人を見直すところがある。日本の庶民階級が使っている言葉を分析してみると驚くべきものです。どこの国民でもこんな豊かな文化、豊かな教養を取り入れている国民はない。

須弥山説

この佛教の伝来、それから大乗・小乗を通じての民衆の教化《きょうげ》に大きな役割を演じたものに須弥山説《しゅみせんせつ》というものがあります。これなどは、日本において一番よく生かされ、しかもそれを日本の庶民階級が最もよく生活の中に溶けこませている。須弥という言葉を訳すと、「妙高」とか「善積」などという言葉になる。長野県に妙高山という山があるが、須弥の訳語です。

梵語で天文学的な距離を測る単位で由旬《ゆじゅん》という言葉を使う。一由旬は、六町一里で十六里（約一〇・五キロメートル）とも四十里（約二六キロメートル）ともいいますが（一節に一由旬は七キロメートルとする）、須弥山という山は蓮の実の形をした山ということになっている。インドの蓮は見事です。日本の蓮のような小ぢんまりしていない。実に大輪で、佛さんがよく蓮華台上にござるが、インドの蓮を見たら本当にそれがわかる。その蓮の実の形をした山でありまして、高さが八万由旬、深さ八万由旬、周囲が三十二万由旬、たいへんな山です。金、銀、瑠璃といった宝石で山ができており、香水の海上に屹立《きつりつ》しておる。日月がこれをめぐっている。

この須弥山を中心にして七つの海がめぐっている。その一番外側の海が持地海、その中に四つの大陸と付属島嶼《とうしょ》がある。その持地海の外に鉄囲という山脈がある。お釈迦さん、インドの人たちがいる大陸は、この中の閻浮提《えんぶだい》。南閻浮提、あるいは南閻浮州とよくお経の中に出てきます。ちょっと世界地理に該当している。想像力というのは偉いものです。

この間、若い人に連れられて「妖星ゴラス」という映画を見て面白かった。これは要するに、ゴラスという妖星が現れて、地球と衝突し、地球が壊滅するというので大騒ぎになって、やっと免れたという。この映画を見ながら、仮にああいう核兵器でやり合って人類が破滅するというような詩がないものかと考えてみました。そこで、ふと思い出してその夜、本を引っくり返してみたら、あった。土佐の絶海和尚（絶海中津《ちゅうしん》。臨済宗夢窓派の禅僧。五山文学を代表する一人。一三三六〜一四〇五）、これは偉い坊さんで、同時に大詩人です。この人が死際に見事な臨終の偈《げ》をつくっている。これを見たらこれ以上の詩はない。

「虚空地に落ち、火星乱れ飛ぶ。筋斗を倒打して、鉄囲を抹過《まっか》す」

「虚空地に落ち、火星乱れ飛ぶ」。核兵器でやり合ったら、鉄囲、つまり須弥山の外にあるところの奈落の海の果ての持地海の外にある鉄囲山《てっちせん》が、真っ逆さまにとんぼ返りをして、鉄囲をこすって落ちるというんです。実にすごい。私は兜を脱いで、「お前さん、先に生まれてつくったからわしゃ止めた」というわけで詩をつくるのをあきらめました。

この頃ときどき嫌になるんですが、こちらが何も知らなければそれまでだが、書物を渉猟してみると、ほとんど全部といってよいが、昔の人がみなつくっている。困ったものだ。これは余談でありますが、とにかく鉄囲などという佛教の伝説中の山を、禅の高僧が臨終の偈で使っている。

この持地海・南閻浮提の人間が住んでいるところの北、千由旬北に地獄というものがある。地獄は百三十六通りあると書いてある。だから百三十六通りの地獄に落ちる可能性があるわけだ。地獄の解説なんて面白い。昔の人はこれを聞いている中にこれを信じこんで、そういう気になってしまって、死んで地獄に落ちたらたいへんだと思うようになる。これは好い教化方法ですね。

四天王

この須弥山は香水海から屹立しているのですが、この須弥山の山腹に地上の人間からいうところの天がある。ここに四人の偉い佛様がいる。これを四王天という。あるいは佛様といわずに四天王。東の方に、国家を護持してくれる持国天《じこくてん》。西の方に広目天《こうもくてん》。南の方に増長天《ぞうちょうてん》。北の方に毘沙門天《びしゃもんてん》、あるいは多聞天《たもんてん》。毘沙門さまと多聞さんとは同じです。この四天王の四王天がある。

奈良や京都へ行ってお寺で佛像をごらんになると名作があります。この四天王といわれるいずれを見ても、あるいは利剣を持ち、あるいは拳《こぶし》を固め、すごい形相だ。これが佛法および人間世界を護持している。そこで人間の理想とか真理とか、そもそも人間というものを守るために、この佛たちがみな剣を抜き、拳を固めて眼を怒らせている。にやにやしているのは一人もいない。甘ったれた平和主義者というようなのは佛像の中に一人もいない。これはどうも考えさせられることですね。そして変な化物みたいな奴を足で踏まえてふんぞり返っています。

この四天王とか四王天ということは民衆生活、民衆信仰に滲透していますね。人の苗字《みょうじ》にまでなっている。この間大阪から一人若い人が来ましたが、珍しい四王天という苗字の人であります。四王天といえば、陸軍に四王天中将という、ユダヤ問題を研究している人がありましたが、その人も四王天。「四王天という苗字の意味を知っていますか」と聞いたら、「いや、何も知りません」という。「どうしてこんな変な苗字がついたんでしょうか」と、自分の苗字の意味をちっとも知らない。そういう人がよくありますね。せっかくの姓名の意味をよく知らない。自我どころではない、自分の姓名もわからないなどという情けないのがずいぶん多いんだが、迂闊《うかつ》といえばこれくらい迂闊なことはない。

天主閣

この四王天のもう少し上へ上っていくと、須弥山の頂上に至る。その頂上に三十二天がある。真ん中に善見城という城がある。その中央の天を入れると三十三天になるわけです。四王天は山腹、山上にいくと三十三天がある。中央に善見城という城があって、これに帝釈天《たいしゃくてん》がござる。これは須弥山の頂上の三十三天の天主である。これが人間世界を睨んでござる。善見城で見通しておられるわけです。そこでお城にみな天主閣というものを置くんです。そういうことを知ってつけたんですが、後世の人が大事な意味をみんな忘れてしまって、その言葉だけを使っているというのは惜しいことです。

柴又《しばまた》にも帝釈さま（東京都葛飾区の柴又帝釈天）がある。楠木正成は多聞天、毘沙門天に祈って得た子だというので、幼名を多聞丸といった。その須弥山の頂上ですが、その上に、宇宙は無辺ですから無限に天があるわけです。その何段階か上に初禅天という天がある。ここにござるのが梵天である。大梵天。この大梵天がやはり佛法を尊重して娑婆世界を監督してござる。三十三天のことを忉利天《とうりてん》という。忉利というのは梵語で三十三をいいます。娑婆という言葉を知らない人間はないでしょう。「ぼつぼつ娑婆ともお別れか」などというが、娑婆というのは小乗佛教でしばしば使われる言葉で、人間世界ということ。これを大梵天が監督し、護持してくれている。これが初禅天という所におるのであります。

有頂天

それから「非想非非想天」などというものがある。「想に非ず、非想に非ず〈想うに非ず、想うに非ざるに非ず〉」非想非非想天、これを有頂天《うちょうてん》という。須弥山説の用語であります。これなどもすっかり民衆化している。「あいつこの頃有頂天になっている」などという。これは須弥山の上の方非想非非想天のこと、つまり想うに非ず、想うに非ざるに非ずだ。だから上がってしまって、わくわくして訳がわからなくなったのをいうんで、民衆がすっかり慣用したわけです。

日本の民衆というのは、難しい言葉を実によく解釈し、引用している。この須弥山説などを仔細に点検してきますと、日本の庶民、一般民衆の佛教信仰というものが、どういうふうに行なわれて、どういうふうに生活に浸潤していったかということがよくわかって、微妙な民衆心理が味わわれる。そういうことを知るだけでも、政治からいっても、教育からいっても、非常に参考になると思う。

とにかく、こういうふうに片鱗をみなさんにお話ししてもよくわかりますように、大乗、小乗が実によく咀嚼《そしやく》されて、それがエリートに咀嚼されたばかりでなく、それがよく民衆に普及して、それを民衆がまた生活の中に溶けこませておること、驚くべきものがある。それを失なってしまったということは一体なんたることか。これだけ日本にたくさんお寺があって、坊さんもたくさんいるのに、この佛教という偉大なる信仰学問、教育の宝をすっかり人間の現実から遊離させてしまって、空しく観光の名所旧跡的存在になって、生きた教化の力を持たないなどということは、これくらいもったいない話はない。一体坊さんたち何をしているかと言いたくなる。

この坊さんたちがそれぞれ大乗・小乗の教えを生かして民衆を教えたならば、西洋の思想や宗教に接するのと違って、長い歴史的な日本の民衆生活の中に溶けこんでいるのですから、たちまち民衆は忘れていたものを得たように、あるいは渇していた者が水を得たように、すぐ民衆の生活、民衆の心の中に生きてくるに相違ない。これからの新しい思想は、やはり儒教とか、佛教とか、老荘とか、神道とかいう、民族伝来の歴史的な三蔵（佛教典籍の総称。経蔵、律蔵、論蔵の三つをいう）、光明蔵、これから出てこなければいけない、借物ではだめだということをつくづく思う。

第四章　佛教と老荘思想

前回、釈尊が亡くなられたあと、釈尊の直接の伝道あるいは説教等を検討し、ここに三蔵——三つの道の蔵、即ち経と律と論——の結集《けつじゅう》、いわばシンポジウムが行なわれ、佛教が単に思想・信仰・道徳としてでなく、思想・学問としても発展していったこと、そしてその結果は大乗と小乗を生むようになっていったというので、大乗・小乗のお話をいたしました。

これは儒教でいうと『大学』と『小学』に相応するもので、後世になるに従って、とかく小乗を軽んじて大乗を重んずる風が出てきましたが、これは『小学』を軽んじて『大学』を重んずるのと同じことである。しかしながら小乗を閑却しての大乗というものは有り得ない。あれば必ず空理空論、あるいは独断、独りよがりになる。これは『大学』また然《しか》り。『小学』を抜きにした『大学』というものは、必ず空理空論でなければ独りよがりの夜郎自大になる。ただ小乗は、これに拘《こだわ》って小乗の大乗的発展というものがなければ、つまり大乗というものを含んだ小乗でなければとかく窮屈になる。拘泥する。しかしどちらかというと、小乗を失った大乗よりも、大乗から離れた小乗の方が間違いがないということができる。『大学』『小学』も同じことであります。

今日はその大乗・小乗が次第に中国に伝播してきて、シナに禅という特殊な宗門が開けてくる方向へ話を移していこうということであります。

佛教伝来時の中国社会

前回も話しましたように、釈尊の寂滅《じゃくめつ》後、アショーカ王、カニシカ王というような人びとによって佛教が擁護されて、次第にインドに発展するようになりましたが、特に中インドから起こった佛教が次第に北の方に発展して罽賓《けいひん》、今日で言いますとカシミールの方に発達して、それから中央アジアに延び、一方はイラン、メソポタミアあたりまで、一方は転じて天山南北路、それから一方はチベット、一方は新疆《しんきょう》から陝西《せんせい》の長安へ伝播していった。よく書物を読んでおりますと、アルチョクラという佛教語があるが、これは今日のイランからメソポタミアにかけて発達したパルティア王国〈安息国〉（前三世紀中頃〜二二六）、それから月氏、大月氏（秦漢時代、中央アジアに拠《よ》ったイラン系・トルコ系の民族・国家）、これも新疆あたりまで発展した。それからキルギス平原にかけて出てきたのが康居《こうきょ》（向こうの言葉でつかみ食い。漢・魏《ぎ》時代の中央アジアの古国。トルコ系遊牧民の建てた国）、亀茲《きじ》、亀茲国（中央アジアの古国。現名クチャ〈車庫〉。天山南路の都城で、佛教が盛んに行なわれた。鳩摩羅什《くまらじゅう》もこの国の出身）、こういう所へ佛教が広がっていった。

歴史の伝えるところでは、後漢《ごかん》の明帝の永平十年（六七年）に初めて僧が洛陽に来て、明帝が白馬寺を建ててこれに居らしめたようなことがあるのですけれども、その後の地理的・考古学的研究によると、もっと古く漢の初め頃、したがって西洋紀元前に佛教は西北シナから中央アジアにかけて広がっていたようです。しかし、まだ佛教として独自の活動を開始するには至らなかった。ただこういうものがあるということが伝わってきている程度で、はっきり佛教として大乗・小乗ともに入ってきたのは後漢末で、桓帝《かんてい》・霊帝《れいてい》の頃（一五〇～一九〇）、紀元二世紀頃であります。

桓帝・霊帝といいますと、誰もが思い出すのは諸葛孔明《しょかつこうめい》（三国時代の蜀《しょく》の政治家。一八一～二三四）の出師表《すいしのひょう》であります。出師表の中に桓帝・霊帝が政治を誤まって漢の政治を取り返しのつかぬことにしてしまったと嘆息している。つまり賢臣を斥《しりぞ》け、つまらない人間を近づけて政治を誤まったがために、取り返しのつかぬことになった。その代表の天子として桓帝・霊帝が挙げられている。さしもの三百年も続いた政権が混乱崩壊を始め、収拾のつかぬことに急速になっていったその時代に佛教が入ってきた。これは社会哲学・歴史哲学、いろいろの方面から考えると面白いことであります。

その桓帝・霊帝の時代、その次の献帝、シナの歴史はその頃から漢という統一政権が倒れて三国時代に入る。魏の曹操《そうそう》、蜀の劉備《りゅうび》と諸葛孔明、呉《ご》の孫策《そんさく》・孫権《そんけん》兄弟といったような人物が一斉に出て、名高い「三国志」が始まるわけです。その三国がまず諸葛孔明の主人の劉備が亡くなり、曹操が死に、孫権が倒れて、そして曹操の部将であった司馬氏が天下を取り、ここに晋《しん》という国を建てた（二六五年）。

ところがその頃になって中原、即ちシナ本部が動乱している間に塞外民族、つまり国境にいろいろの異民族、野生的な民族がいた。これを五つに分けて五胡十六国といいました。つまり東方に匈奴《きょうど》というトルコ族、それから羯《かつ》、これもトルコ系、鮮卑《せんぴ》、氐《てい》、羌《きょう》、これらはチベット族、これらを称して五胡という。こういう塞外《さきがい》民族がだんだん中原の動乱に乗じて進出してくる。それから国内の動乱を待って自分たちの野望を発揮する機会とする、いわゆる乱を好んで革命建設の時期を待っている不穏分子、野心家、そういうものがこれらに呼応しまして、西晋の政治が少しゆるんできた頃、揚子江北、華北一帯、五胡十六国を加え、目まぐるしい反乱革命が勃発し、朝に夕に建設・顚覆を繰り返す惨憺たる乱世を現出した。そこへ佛教が入っていった。これは実に面白いことであります。

こういう動乱時代に、どうしてそういう正反対の佛教のようなものがどんどん入っていったか。これは佛教ばかりでなく、道教、孔孟儒教や老荘系統、道家の思想もこの時に活発になるんですが、これはそういうふうに政治が頽廃して社会が不安に陥り、社会の秩序や道徳が破壊されて混乱頽廃していきますと、どこの国のいつの歴史も同じことだが、定まった現象が起こってくる。当時も同じことであります。つまり人民大衆は生活を破壊され、あっちこっちへ避難し、亡命する。かわいそうな流離の生活が始まります。民衆があっちへ追われ、こっちへ逃げるという、ちょうど今日東独や香港、中共、あるいはヨーロッパでも東独ばかりではなく、ハンガリーでもチェコでもルーマニア、ブルガリアでも同じことであります。この頃は彼らの政権が落ち着いて、よその国はそれほどでもなくなりましたが、これは民衆の力が尽きて縮まっているというだけで、そこまで至らないところは盛んに民衆の生活は混乱動揺、いわゆる流亡という流民が増えている。

現実逃避

そういう時にやはり一番苦しむのは支配階級、指導階級である。この連中が一番打撃を受けるわけであります。それらの中に、民衆と一緒に時勢の波にもまれて他愛もなく没落していく無抵抗階級がある。長いものには巻かれろ、強いものには負けろというので、まあこれは仕方がない自然現象というもので、腑甲斐なく多くの者が降参し滅亡していく。それから一部の指導階級、知識階級の人びとは、それらの中にあって乱を避けて平和な天地、つまり亡命先を求めて移動する現象が始まる。つまりエスケイピズム〈escapism 逃避主義〉だ。シナは歴史的に始終そうであります。その逃避も優れた人物になると、自ら逃避の先を求めるわけであります。自分の頼るべき相手や土地を探して、そこへ別の天地をつくろうという要望が盛んになってくる。

例を挙げますと、清朝の末期に江南の揚州（江蘇省の中部、揚子江の北の市）の張積中、これは非常な長者です。この人が清朝末期の長髪族の乱（太平天国の乱。一八五一～六四）、つまり洪秀全《こうしゅうぜん》（太平天国の指導者。一八一二～六四）の革命行動に非常な興味をもって、場合によってはこれを迎えて協力してもいいというので、むしろある種の期待をもって彼は落ち着いていた。ところが洪秀全が南京を攻略して以来、彼自ら天皇と称してすっかり好い気になって、節度が乱れてだらしがなくなってしまった。

人間というものは権力を握るまではみな、たいへんな努力をする。ところが苦心惨澹して権力を握るとたいていだめになる。これも歴史の共通の現象です。そういうたいへんな革命建設を除いて、普通の人間の成功もそうだ。「成功は常に苦辛の日にあり」といって、一所懸命苦しんで努力して成功する。ところが成功したとたんに得意になる。そして失敗する。「敗時多く得意の時による」というが、そのとおりであります。成功するにつれてだんだん得意になって、そこから堕落する。案外もたぬものです。政権・軍権でも同じことであります。だからよくいう名士というのは無名士の時が名士なのであって、名士になるにつれて、迷士になってくる。太平天国、即ち長髪族の時もそうで、南京に来て革命建設に成功してからはだめだ。

こんなことをいうと悪いですが、中華民国でもそうでありまして、孫文《そんぶん》（一八六六〜一九二五）という人は今、国父といわれて非常に偉い人であります。しかし、やはり南京で大総統になってからは、だらしのないもので、ずいぶんそれで失望した者が多い。そのうちに亡くなってしまったが、とかくそうである。

黄崖教の乱　張積中先生すっかり失望しまして、山東に移って山の中の黄崖《こうがい》という所へ引っ越して宗教生活を営んだ。すると楊州地方の張積中を慕う人たちが家族連れで続々山東の黄崖に移ってしまった。そして山東の山の中の村落が一大教団になった。そこでまた革命を企てる者があって、そのために清朝は大兵を動員して、これを討伐したことがある。これを黄崖教の乱という。ところが討伐軍がみな驚きかつ感嘆した。それは女子供の果てに至るまで殉教した。一人も逃亡したり降服したりする者はなく、全部運命を共にした。人間の力、教えの力というものは偉いものです。こういうことは決して珍しい例ではない、シナの歴史には大規模か小規模かでしばしばあるんです。その極端な例が桃花源の物語です。

桃源郷

ある田舎の漁師が渓流に沿って山深く迷いこんで行くと、思いがけない景色のいい平和な別天地に出くわした。そこで村人に歓待されて話を聞いてみると、これは秦《しん》の時代に乱を避けた移民で、その後天下はどうなっているか全然知らない。そこで非常に考えさせられて複雑な気持ちでやっと帰ってくる。絶対にこのことを他言してはいけないと言われたけれども、あまりに珍しいことなのでついしゃべったら、ぜひそこを突きとめたいというので案内役にさせられて、また谷を遡って行ったら、今度はどうしてもそこへ辿りつけなかったという有名な桃花源の話がある。これを桃源郷という。名高い故事熟語になっております（原典は陶淵明の「桃花源記」）。こういうのが諸所にある。日本でも飛騨の白川郷だとか熊本の椎葉村とか、阿波の奥深い祖谷《いや》村などにあったものですが、これがシナに非常に多い。乱世になると、そういうエスケイピズム（現実逃避）が行なわれている。

竹林の七賢

もう一つはデカダンが起こってくる。「世の中は明日はどうなるかわからない。明日は明日の風が吹く。今日は楽しめ」という徹底的な享楽頽廃主義—デカダニズムが起こる。それがこの場合には、後漢から三国を経て、例の「竹林の七賢」というのが始まったわけです。この竹林の七賢というのは、みな当時の有力な指導階級、あるいは代表的な知識人で、それが一切の世間的な仕事、礼儀作法、道徳、いろいろの世俗的な享楽、そういう人間臭いものは無視して徹底的に自然に生きよう、徹底的に自己に生きようという、つまり今日でいうビート族です。ビートでも今日のビートは無鉄砲な青年男女だが、晋のビート族はみな堂々たる大人だ。そこが面白いところです。

同じデカダンでも、東洋のデカダンと西洋のデカダンとは歴史的に違う。東洋のデカダンは徹底的に人間を無視して自然を重んずる。『世説新語』の講義をしたことがありますが、嵆康《けいこう》（魏・晋の思想家。竹林の七賢の一人。二二三〜二六二）などは、よく素っ裸になって一糸もまとわず、客が来ると平気で出てくるので、さすがに客があきれて、「あまりに無礼も甚だしいじゃないか」と言ったところが、彼は悠然として「わしは天地を以て身体としてある。この家などはわしの褌《ふんどし》のようなものだ。汝は何の必要があってわしの褌の中に入って来たか」などと言って煙に巻いた。

阮籍《げんせき》（魏の文人。竹林の七賢の一人。二一〇〜二六三）にも「大人先生伝」が残っているが、これを見ると、「君子のやかましくいう礼儀作法、道徳などというものは、古褌の縫目を道と心得て、虱《しらみ》がぞろぞろと這っているようなものだ。道々と思っているうちに焼きすてられたら死んでしまう」というような奇想天外なことを言って、君子・道徳を冷笑している。ある者は酒に浸って、かの大伴旅人《おおとものたびと》（万葉歌人。?〜七三一）が例の十三首の讃酒歌をつくっているように、もう徹底的に酒に浸った劉伶《りゅうれい》（晋代の文人。「酒徳頌」を著す。竹林の七賢の一人）というのがいる。そういうつまりデカダンスにいくのがある。

それから、さきほど言いましたようにエスケイピズムが、単に生命財産を托する別天地を求めるばかりでなく、精神的解脱《げだつ》を求める、つまり単純にいえば、浮世の外の方外の天地、宗教的世界を実現しようという要求が非常に強くなる。宗教的世界をつくろうということは、人間くさい俗世間を解脱して、人間を離れた清く深い風景のいい大自然、それからその自然にふさわしい偉大な解脱した人格者・宗教的人物を求めることになる。

これはどこでもそうですね。だから日本の歴史を見ても、昔から名僧智識というような人は、言い合わせたように深山幽谷を訪ねて、心霊の世界をつくる。中国でもそうであります。こういうことは乱世になると必ず現れてくる一つの必然的動向です。

それからもう一つは、その乱世に乗じて従来のような組織と規則、即ち固定した社会組織の中で息つくこともできなかったような人間が、この乱世に乗じて新しい世界を建設しようという野心を持った（つまり革命建設の人物）非常な器量・力量を持った者が現れる。つまり一面に乱を好んで乱に乗ずるところの革命家的人物の活動、一方ではそれを超越した精神的世界を現実に建設しようとする人物と両方出てくるわけです。

この後漢末の桓帝・霊帝の時代から三国時代、五胡十六国時代へかけて、乱世がやがて収まって隋《ずい》となり、唐《とう》、殊に唐の太宗《たいそう》が出てきて偉大な統一をやる。ちょうど家康のような仕事をするんですが、それにかけての中国に最も劇的な時代を展開した。そこに入ってきたのが佛教であり、その佛教と非常に早く共鳴というか反応を起こして、ぐんぐん台頭してきたのが老荘系の道教であります。だからこの乱世がインド佛教を迎え、孔孟および老荘で精神的な基礎をつくってきていたシナにおいて、そのうち特に老荘系がまず非常な反応を呈して、ここにシナ佛教とシナ道教とができた。

安世高・支讖・康僧会

この桓帝から霊帝にかけての時分に、パルティア〈安息〉から安世高（西北インド・ペルシア地方の王国・安息の王位を捨てて佛教に帰依し、アビダルマと禅に精通したといわれる。一四八年、洛陽に来て、佛典の翻訳に従事した。一七〇年頃没）という坊さんが洛陽に来ている。それから支婁迦讖《しるかしん》、略して支讖《ししん》（後漢の僧、月氏の人。佛典を翻訳）が新疆地方の月氏から来た。この安世高がシナに初めてはっきりと小乗佛教を持って来た。それから支讖が大乗佛教を入れた人です。そしてどんどん説教もすると同時に、大乗・小乗経の翻訳をやりました。名高い大安般《あんぱん》守意経などを安世高が訳した。支讖が楞厳経《りようごんきよう》を訳した。この弟子に支謙というのがいる。この支謙が南に入って揚子江を渡って呉に行き、呉の孫権に帰依され、呉の地方に佛教を広めた。特に支謙と相前後して康僧《こうそう》会《え》（康居国〈西域の古国〉の人。代々インドにいたが、父の代から交趾に移り、二四七年、呉に入り、孫権の帰依を受けて佛典翻訳に従事した）も呉にやって来た。

孫権という人は非常に偉い人です。これは孫策の弟ですが本当の政治家です。孫策という人は天才的な人で、織田信長をもっと人間的にしたような人だ。孫権は家康を大陸的にしたような人です。この孫権は約三十年政権を握っていた。政治、文化の上からいうと、孫権は非常な業績を挙げております。その点では、ドラマティックで有名な劉備よりは優れている。曹操というのは実にスケールの大きい人間だけれども、これは秀吉的な人物である。この康僧会は支謙と同じように、孫権の朝廷にも非常に崇敬を受けて感化を与えたが、特に注目すべきことは庶民教化《きょうげ》に乗り出したことです。したがって民衆の信仰を集めたが、この頃すでに佛教は、特殊の宮廷および知識階級から民間に入っていった。ただいわゆる淫祠《いんし》邪教と違って、みな人格や教養、学問も非常にできた人であったことは幸福であった。

曇摩迦羅・朱士行

ところがこういう乱世ではとかく道徳は乱れがちである。その道徳の頽廃に痛烈なお灸をすえ、これを引き締めようとしたのはむしろ小乗であります。これはほとんど日本人は知らないが、日本人の悪い癖で取り上げないで忘れてしまっているが、曇摩迦羅《どんまから》（中インドの人。二五〇年、洛陽に来て、白馬寺僧祇戒心を翻訳し、羯磨《かつま》法〈授戒の作法〉を制定し、授法を行なった）という人が中インドから来ている。これはシナ佛教では逸することのできない人で、これが洛陽にやって来まして、その当時の爛《ただ》れ果てた乱脈なシナの知識階級・支配階級の間に非常な警告を与えて戒律というものをやかましく伝えた。

この人の弟子に朱士行《しゅしこう》という人がいる。初めて受戒して僧侶になった。これはシナの歴史上、探せばまだあるだろうけれども、とにかく正式に取り上げられて記録に残っている、シナで初めて僧侶になった人です。そしてこの朱士行が天山南路を通って于闐《うてん》（漢代の西域の国。今の新疆ウイグル自治区和田県の地）に入って初めていろいろの大乗・小乗経典、なかんずく般若経《はんにやきよう》の原典を持って帰って、般若経の布教を始めた。こういう意味でも朱士行という人は忘れることのできない人です。

竺法護・佛図澄

それからこの月氏、新疆方面から入って来て甘粛の名高い敦煌《とんこう》にいた人で竺法護《じくほうご》（インド北方の古王国・月氏の出身で敦煌の僧。梵語佛典を持って長安・洛陽に来て、その漢訳と教化に尽くした。二三一～三〇八？）という、これがまた非常な大乗佛教の宣揚をした。

しかしなんといっても、インド佛教が東方に伝来してシナ佛教となる上に画期的な足跡を印したというか、教化を振るった人は佛図澄《ぶっとちょう》（中央アジアのクチャ出身。三一〇年、洛陽に来て後趙王・石勒《せきろく》の信奉を受け、顧問として軍政に参画し、佛教を弘布した。？～三四八）です。これは東洋佛教史上に偉大なる存在であり、まあシナ佛教は佛図澄から起こったといってよいくらいの人で、また人間的にも非常に偉人であります。とともに、非常に神秘的な異常な霊能のあった人です。

これはカシミール〈罽賓〉――この罽という字は、毛布の模様のような毛織物の形象文字だと思う――より来たとある。これはよく「佛は大医王」――佛は医者の王様――だというが、医薬にも通じて、病める者を救うなどということはもちろんのこと、観相術に長《た》け、催眠術もできたようだ。シナの本には凝視術と書いてあるが、この人に見つめられると、みなこの人のいうとおりになったとあるから、これは催眠術に相違ない。そしてよく人の真実を看破して、非常な教訓を与えた。つまりそういう霊能を良い方に用いた人です。これが洛陽にやってきた。

その頃洛陽におりました西晋の末期の皇帝が懐帝《かいてい》です。このとき塞外民族、つまり五胡の中に劉淵《りゅうえん》という者が、たまたま劉姓を名乗っていたために、これが塞外民族とこれに呼応する者を集めて後漢という一つの革命王朝をつくった。この倅《せがれ》に劉聡《りゅうそう》というのがいて、これがなかなかの英傑である。その劉聡が親族の劉曜《りゅうよう》という者とその部下の石勒（五胡十六国、後趙の建国者。二七四～三三三）という豪傑を使って洛陽を攻撃し、これを陥落させて懐帝を捕らえ、西晋はここに亡びておる。

そこで晋の亡命者は洛陽から揚子江を渡って南京に落ち、ここに西晋に対する東晋をつくった。その始まりが東晋の元帝であります。その時に一部は長安に逃げたんですが、長安に行って長安を陥落させたのが劉曜、洛陽におって洛陽を抑えたのが石勒であります。

この石勒というのは、もともと北支で行商人をやったり、小作人をやったりしたいわば無頼《ぶらい》の徒であるけれども、これは機略に富んだ豪傑です。これがめきめき頭角を表し、ついに劉曜を亡ぼして石勒が天下を取って趙《ちょう》という国を建て、自ら天皇と称した。「大丈夫磊磊落落、日月も恟然《きょうぜん》たるが如くなるべし」という、彼の言葉が伝わっている。非常に男らしい人物だったようであります。かつ同時にこの石勒が佛図澄に参った。佛図澄にすっかり帰依し大和尚という尊号を奉った。万事この佛図澄の教えを受けて彼は政治活動、革命行動をやったようです。

そしてこの石勒のあとは石虎《せきこ》という、これも東洋史の有名な人物でありますが、これが洛陽から東の方にある鄴《ぎょう》（河北省臨漳県）――かつて曹操が漢の献帝を迎えて袁紹《えんしょう》を抑えた有名な所です――に都を移すとともに、佛図澄にここで当時としては人目を幻惑するような、至れり尽くせりの尊崇をした。「従う者数百人、門徒一万と号す。寺を建つること八百九十三」とあるから偉いものだ。佛図澄はお寺を八百九十三建て、何万という信者を擁し、何百という従者を常に従えて石勒・石虎から崇《あが》め奉られて偉大なる勢力を振るい、偉大なる佛法の布教をやった。ちょうど紀元四世紀の半ばになるわけです。生きることも生きて、永和何年かに百十七歳で死んだと史書に書いてある。日本、朝鮮、シナ、蒙古の歴史を通じて、佛図澄のような人は類例がありません。全くこれはむしろ偉人というよりは、神異と書いてあるが、まさに神異の人だ。

この鄴の都の佛図澄がまた老荘にも通じている。そして非常に大乗佛教の宣揚にも力があるのですが、この佛図澄に憧れて鄴を訪れた中に、また一人の非常に偉大なる人物が現れた。道安（河北省正完の儒家に生まれ、佛図澄の門に入り、佛教の弘布に大功があった。三一四〜三八五）という。これが非常な天才であり偉人である。この人は佛図澄が大乗を説くのを聞いて非常に霊感を得て悟りを開き、それから去って山東の衡山という山に入った。

シナに五嶽というものがあって、これがシナの精神・文化の淵藪《えんそう》になっている。北嶽が恒山、南嶽が湖南の衡山、中嶽が嵩山《すうざん》、嵩嶽、西嶽が陝西省の華山、泰山《たいざん》が東嶽である。これが五嶽。道安はこの衡嶽、すなわち南嶽に入って佛教の講義をし布教をいたしました。それから江北の襄陽《じょうよう》、諸葛孔明の出たこの襄陽でも、その頃から地方の有力者がみな道安を尊崇しまして、あらゆる寄付をし、これを守《も》り立てた。そのうち襄陽という所に初めて実に金碧燦爛たる佛像、本尊を安置した大寺院を建設しました。

第五章　梁の武帝の狂信

前回は佛図澄《ぶっとちょう》あたりから始まりまして、一方は山東の泰山《たいざん》を中心にして北方に佛教が広まり、一方は佛図澄のあとに道安が出、慧遠《えおん》が出て、廬山《ろざん》（江西省北部、九江市の南西にある名山、佛教の霊跡）を中心にして三方に次第に佛教が普及していった。その頃に大乗佛教の経典ももたらされて、非常な佛教の流通が始まったというお話で終わりました。

その時も言いましたように、廬山という所が地の利を得ておりまして、これを通じ特に揚子江に出て反対側とも自由交通が出来、海路を通って一方は北鮮へ、一方は黄河へ出て、西安即ち長安を通って西域へも通ずる交通の便利な地点です。長安の都、廬山、それから泰山、これがシナ佛教の始まった頃の三つの偉大なる中心地であった。その頃の中国社会は動乱の時代でありました。歴史的にいうならば魏晋《ぎしん》南北朝時代というのが正しい呼び方であります。

シナを考える時にいつも三つに分けて考えられる。黄河の流れ、これが一つの境、それから揚子江が一つの境、その間に淮河《わいが》〈淮水《わいすい》〉という流れがある。この辺が一番広い。大きくいうと、つまり両分すると揚子江、三分すると黄河と揚子江が境になる。

魏晋南北朝時代

これを中心に考えれば三国時代には諸葛孔明《しょかつこうめい》が劉備《りゅうび》を戴いて蜀《しょく》に、それに対して孫策《そんさく》・孫権《そんけん》兄弟は呉《ご》に、曹操《そうそう》が北方の魏《ぎ》に勢力を振るった。これをいわゆる三国時代というが、諸葛孔明が五丈原《ごじょうげん》で亡くなった年は、西暦紀元でいうと二三四年である。諸葛孔明が倒れたあと、劉禅すなわち劉備の息子は不肖の息子で、とても国家を維持していくことができない。どんどん衰微して、ついに魏に降ってしまう（二六三年）。諸葛孔明が死んで十八年たって孫権が亡くなるとともに呉もだんだん衰えて、結局、晋《しん》に合併される。つまり魏に代わった晋（西晋）が全国統一（二八〇年）するわけです。その当時、すでに魏の曹操は亡くなって、その後は長男の曹丕《そうひ》が天下を取ったけれども振るわず、例の「死せる孔明、生ける仲達を走らす」という司馬《しば》仲達《ちゅうたつ》（司馬懿。字《あざな》は仲達。西晋朝の祖。一七九〜二五一）、即ち家老が実権を握り、魏の帝位を簒奪してつくったのが晋である。これが絶えず周辺の塞外《さきがい》民族から圧迫されて、ついに揚子江を渡って南京（その頃建康といった）へ落ちている。

魏を亡ぼしてせっかく晋をつくった（二六五年）けれども、司馬氏は都の長安を捨てて南京に逃れた。その揚子江を渡る前の長安に都していた頃の晋を西晋（二六五〜三一六）と称し、江を渡って建康〈南京〉に移って以降は東晋（三一七〜四二〇）といった。晋が二つに分かれたわけです。この東晋が亡び、宋となり、斉となり、梁《りょう》となり、陳となる。最初西晋、それから東晋となり、その後が宋（四二〇〜四七九）、斉（四七九〜五〇二）、梁（五〇二〜五五七）、陳（五五七〜五八九）、これを五代の南朝という。

それに対する北支政権を北朝といい、これをシナ史上の南北朝時代という。その晋がまだ江を渡って逃げのびるより先に、長安に都していた頃の西晋を入れると六朝《りくちょう》になるわけです。北の方は晋のあと北魏なんていうものもできたが、これを「魏晋南北朝時代」という。

五胡十六国

晋が南へ移って以後、江北は政権争奪が続発する。これは主として北方民族が目まぐるしい栄枯盛衰を繰り返した。これを「五胡十六国」という。

魏晋南北朝、言い換えれば南朝と五胡十六国の激しい興亡の歴史は、曹魏（曹操の魏だから曹魏という）が亡んで司馬氏の晋になって以来、即ち南北朝の始まる晋から勘定しますと、だいたい三世紀半以上、四世紀足らずの間のことです。その三百五、六十年の間というものは、シナ全域にわたって目まぐるしい動乱と興亡を繰り返した。そういう時代に佛教が非常な普及をし、勃興した。なぜこういう動乱の時期に佛教が盛んになったであろうかということについては、前にお話をいたしました。

玄儒文史

ここで我々としては徹見し、把握しておかなければならないことがある。それは、この時代に春秋戦国以来の一つの思想や信仰、文化の華が開いたことである。これはひとり佛教に限らない。

遡って秦《しん》の始皇帝の秦以前、先秦時代四百年ばかり戦国が続いた。その前の春秋末期から戦国へかけての五世紀ほどというものは、天下は大動乱であった。その大動乱の時に「諸子百家」という思想文化の華が開いた。

それから秦の始皇帝になり、前漢・後漢を経て、魏、呉、蜀の三国時代になる。その三国から南北朝、五胡十六国時代になるんですが、精神史、思想史という点からいうと、その間はある意味において割合に単調というか単純というか、あるいは素朴である。しかしながら、とにかくずっと統一政権が相次いで交代してきていた。ところが魏晋南北朝、五胡十六国時代になって、即ち諸葛孔明とか曹操とか孫権というような偉い人びとが亡くなって大動乱がまた始まり、それが三世紀以上も続いたわけです。その動乱の時期に春秋戦国以来の思想文化が大発達をしました。春秋戦国時代の諸子百家と、この魏晋南北朝時代に開いた盛んな思想文化というものとを比べてみると、それが非常な教訓と思索を我々に示しています。

この両時代は、とにかく非常に質が違っている。しかし形としては、この時代に二度目の文化の華が開いたと言ってよろしい。佛教はその最も新しい要素である。その前に儒教がまた盛んになり、老荘思想が非常に発達し普及した。これを「玄儒・玄学」という。それから老荘や儒教に基づいて、当時の知識階級の間に思想教養が非常に豊かになった。いわゆる文学の華が開いた。そうしてこの盛んな思想文献に基づいて、歴史の研究が盛んになった。これを「玄儒文史」という。

あたかも先秦時代、春秋戦国時代の「諸子百家」に該当する、この魏晋南北朝時代の言葉が「玄儒文史」というものである。玄学（老荘の学問）、儒学、文学、史学、こういうものが盛んになって、ここに指導者階級、エリート階級の文化が出来上がった。

佛教が伝来して、中国に普及するのにあたって直接交流したもの、受け入れ態勢が最も活発に行なわれたものは儒に対する玄である。つまり老荘派である。「老荘」という言葉はだいたいこの時代にできた。後漢の末から魏晋時代にできた言葉で、それまでは「老荘」といわずに「黄老」といった。魏晋以後「老荘」という言葉ができて非常に発達をした。我々をして言わしめると、中国の大きな思想学問の潮流であるところの黄老が、あの時代にいつの間にか老荘になったということにまた非常な意味がある。

この老子系統、即ち道家の系統、儒に対する玄、別名は道、玄学、道学、これが後に宗教化して道教になるのだが、それまでは道家といった。その玄学・道家の潮流が、黄老より老荘に移ったということ。これがちょうど「諸子百家」から「玄儒文史」に移ったのと同じような意味を持っているのであって、探究してみるといろいろ考えさせられ、教えられることが多い。

驚くべきことでありますが、この五胡十六国時代というのは、実に殺伐な、塞北諸民族の実力者が戦闘攻伐の限りを尽くして目まぐるしい政権の争奪をやったのでありますが、この連中が中国文化に憧れて戦闘攻伐の間に真剣に文化の保護をしている。文化の保護をするばかりではなく、自ら身を以てその文化を学び取っている。これが西欧の歴史と非常に違うところです。

この晋を亡ぼしたもの、特に長安を取ったのは劉曜《りゅうよう》、これを倒したのが石勒《せきろく》という豪傑であります。この劉曜にしても石勒にしても、一面において実に敬虔《けいけん》な求道者であり、文化の保護者であって、石勒などは佛図澄、道安、あるいは鳩摩羅什《くまらじゅう》、慧遠《えおん》などに心から帰依して、ありとあらゆる奉仕をしている。佛教ばかりではなく老荘の思想学問に対しても、あるいは儒教に対しても、真剣に参じている。その後、江を渡って南朝になりまして、「玄儒文史」を重んずる風はますます盛んになって、知識人・文化人がたくさん輩出するようになった。

梁の武帝

その典型的なものは、（南朝）宋を亡ぼして斉をつくった蕭《しょう》氏の一族でありますが、梁をつくった武帝も同じ蕭氏の一族であります。その梁の武帝ではなく斉にも武帝があります。文帝、武帝というのはあらゆる王朝にありますが、斉の武帝の頃に竟陵《きょうりょう》という所に封ぜられた竟陵王、蕭子良《しょうしりょう》という人がいる。その諡《おくりな》を見てもわかるように、非常な文化人、教養人である。この人の兄に文恵太子がいる。その諡を見てもわかるように、非常な文化人、教養人である。この文恵太子は早く亡くなって、宰相に任じたのが竟陵王。その竟陵王のサロンに、竟陵王を取り囲んで、当時第一流の文化人、知識人、教養人たちが集まって、玄儒文史の華を咲かせた。特に竟陵王を取り囲んだ八友というのがいて、当時の代表的文人であった。

そういうわけで音楽とか絵画とか彫刻なども同時に非常に発達したのですが、例えば音楽、音韻学で名高い沈約《しんやく》（南北朝時代、梁の学者。四四一～五一三）は後に梁の武帝にも仕えて重んぜられた人でありますが、これなどは六朝第一の知識人である。しかし人間はあまり感服できない。それから李白も頭を下げたという謝眺《しゃちょう》（南北朝時代、斉の詩人。四六四～四九九）などは代表的な人でありますが、こういうのが八人いた。この人びとの当時の文章や詩歌が有名な『文選《もんぜん》』に収められている。この『文選』は梁の時代にできた。

この竟陵の蕭子良のサロンに集まっていた八人の末席を汚《けが》した者が、蕭氏の一族の蕭衍《しょうえん》であります。これが天下を取って梁の武帝（南朝梁の初代皇帝。四六四～五四九）となる。だから梁の武帝は革命建設の君主であるけれども、普通の革命家と違ってすぐれた思想家であり、文人、学者としても優に当時第一流の人である。こういう例はシナの革命史上にありませんね。これは群を抜いた進歩的文化人です。

この武帝のアドバイザーにはこれらの竟陵八友の人たちが挙用されて武帝のブレインとなり、こういう知識人、文化人が天下を指導した。初期の宰相は沈約や范雲《はんうん》（南北朝時代、斉の詩人。四五一～五〇三）である。この范雲というのはなかなか偉い人です。学問文芸にも通じていたが、特に政治にも練達していた。この後にまだ二人ばかり偉い宰相が出るんですが、これらの人びとが武帝の側近にあって、武帝の前半生はすばらしい政治をやっている。

即ち武帝の前半生を支配したものは、玄儒文史の玄・儒である。特に玄である。しかし玄儒というけれども、もう漢代からは玄と儒は多分に相融合していた。そこにできたものが『易』であり『中庸』である。

この武帝自ら立派な本を書いている。大部分焼けて散逸してしまったが、目録を見ると驚くべき著述だ。その中で特に有名なのが『中庸講疏』。これは『中庸』を講義し注疏したものです。それから『周易』に関するいろいろの講義や著述があります。ずっと後に朱《しゅ》异《い》という、この人は宰相として晩年の武帝を助けて武帝と運命を共にした人物でありますが、その宰相・朱异が、ある時に武帝の『中庸講疏』を武帝に代わって皆に講釈したこともある。その当時、建康〈南京〉の講堂に朝野の志ある名流が常に千人、二千人と集まって、熱心に聴講をしたということが記録されている。

つまり皇帝自ら著述し、自ら講義した。これは実に盛んなものであります。ほとんど『易』『中庸』および『老子』です。老子の講疏も出している。前半生の武帝の教養、武帝の哲学、武帝の文芸というものはほとんど『易』『中庸』『老子』です。『易』だの『中庸』だのというものは、当時すでに玄・儒が混融しておるものでありまして、『易』と『中庸』とは内容を照らし合わせてみると共通したところが多い。

武帝の狂信

ところがそのうちに、これらと相伴うて佛教が入って来て、どんどん広まってゆきました。梁の武帝・蕭衍は最初は佛教に批判的でありましたが、佛教が広まってくるにつれ、だんだん佛教に傾斜していき、やがて佛教を信じ、佛教を愛好し、佛教に淫するようになっていった。その頃から武帝の政治が変質してきている。特に佛教に偏向するようになってからの武帝は、熱心というか、あるいは狂信と言ってよい。

その狂信ぶりは異常でありまして、建康の都の中だけでお寺を五百以上つくり、僧尼を十万人以上もつくっている。これはたいへんな力の入れ方です。そして六朝時代は封建制で、要所要所に藩を置いて子供や重臣を封建しておる。武帝は子供が八人ばかりいたが、それぞれ重要な所に封ぜられている。それらがみな競うて都の、つまり朝廷の真似をするわけです。だから平安朝から特に徳川時代になって諸藩の藩主が争って菩提寺をつくったように、諸方にお寺ができて、ものすごく坊さんができた。寺を建て、坊さんをつくっていろいろ寄進する。お経をつくったり、お経の講義やお祭りやら、諸々の佛事を盛んにやったが、それは皇帝の道楽の域を脱して、法衣をまとって自ら熱烈にお経を講じた。

そればかりでなく、朝廷に立つことも忘れて佛事供養に淫するようになった。武帝は皇帝大菩薩という名号を貰い、自ら佛・法・僧、三宝の奴と称した。それを日本で地で行かれたのは聖武天皇でありますが、とても聖武天皇とは比較になりません。聖武天皇はさすがにまだ天皇であった。ところがこの皇帝大菩薩はとんでもない大菩薩である。

例えば皇帝自ら捨身《しゃしん》の行《ぎょう》をやる。これは法華経などに端を発しているのでありますが、要するに徹底した供養、捨て身の供養です。専門の僧侶などの中には捨身の行においてずいぶん難行苦行をしている。焼臂《しょうひ》（臂《ひじ》を焼く）などというのがあるが、これは火をつけた蝋燭《ろうそく》を臂に立て、その蝋燭がだんだん燃えていって臂がじりじり焼ける。これはたいへんな荒行《あらぎょう》です。そうすることによって非常な精神統一をやって、そこから霊能を発揮するというのですが、そういうことが始終行なわれた。今日でもやる人がありますよ。私の知人が尊信している法華経の尼さんがある。これは捨身の修行、今の焼臂の荒行をやった尼さんでありまして、物すごい霊能を持っている。

とにかくその当時、そういう荒行が盛んであった。梁の武帝が臂を焼いたことは聞かないが、何かそういう捨身の行を盛んにやる。その果てには天子の服を脱して、奴隷になって信者のために供養をする。炊事掛りとか掃除掛りとか、いろいろの労働に従事する。そういう捨身の行などを皇帝が始終やる。ある時は朝廷の百官吏僚が贖罪《しょくざい》、つまり贖《あがな》い金を集め――一億万銭と書いてある――奴隷になって労働に従事している皇帝を贖って宮中へ連れ帰って、また天子の服を着せたなんて、そういうところまで徹底していた。当時の文献を読むと、「皇帝天下を忘れ、天下また皇帝を忘る」というところまで徹底していた。

そのくらい狂信的だったばかりでなく、彼は個人の私生活においても感心なもので、単なる道楽ではない、本当に修行に徹して、齢《よわい》五十を過ぎるとピタリと女色を断《た》った。そして肉食を一切排して徹底した菜食をやった。身辺からあらゆる贅沢なものは取り去って、一修行僧のような枯淡きわまる生活をしている。そして慈悲仁愛の権化《ごんげ》のようになりまして、家来でも一族でも責めたり罰するということをしない。一切の罪を許し、一切を忍ぶという、いわゆる慈悲忍辱《にんにく》に徹している。死刑の報告を聞くと、武帝は常に潸然《さんぜん》として泣いたということであります。これは実に徹底している。

もっとも梁の前に斉、斉の前に宋、その宋の文帝などというのは、これは少し性格異常者、精神分裂者である。これがまた佛教の非常な信心家であるが、一面において彼は実に残虐で、誅戮《ちゆうりく》をほしいままにした。一族の王、即ち藩主であろうが重臣であろうが人民であろうが、お構いなしに殺戮している。しかもいよいよ死刑という断を下す時には潸然として泣いた。だから側近の臣は「おや、皇帝が泣いている。今日は誰か殺されるな」とすぐわかったという。それくらいなら殺さなくてもいいのに、泣くだけは泣いて、殺すだけは殺した。そういうのが宋の文帝でありますが、武帝は違う。武帝は泣いて殺さない。殺すに忍びない。これは精神分裂者ではない。とにかくそれは偉いものです。

私は最初『資治通鑑《しじつがん》』を読んで、梁の武帝というのに非常な興味を持った。それから二十四史の『梁史』をひもとき、梁の武帝記を読んでますます武帝に興味を持った。最近誰か『梁の武帝』というのを新書版で書いております。よく書いてありますが、直接原典を読みますとさらに面白い。これを小説に書いたら大小説ができると思う。とにかくこの武帝は面白い人物です。

その功徳《くどく》でしょうね。武帝は八十六まで長生きした。皇帝の位にあること四十八年。その約四十年間というものは、あの大動乱の時期に小康を得た。つまり天下泰平を維持することができた。まあ本当の泰平ではなく小康だが、小康を維持することができた。しかしその間に北支の方は盛んな戦闘攻伐であります。北魏はその頃は分かれて東魏と西魏になり、それがまた西魏に統一され、それが分裂して北斉と北周となり、その間に揚子江を渡って江南に進撃しようとするが、そのたびに救われている。

この間お話ししたのは、やや遡って東晋であります。江を渡ってつくった東晋の有名な宰相、日本の大石内蔵助を大陸型にしたような謝安《しやあん》（甥の謝玄を司令官に登用し、前秦の苻堅《ふけん》を淝水の戦いで破る。三二〇～三八五）という英雄がいた。内蔵助は謝安の真似をしたのではないかと思うほどよく似ています。芸者をあげてだだら遊びをしたことまで似ているが、こういう時代にやはり稀代の英雄といわれた苻堅（前秦の第三代皇帝。華北を統一。三三八～三八五。この苻堅が鳩摩羅什を招いた）も謝安に阻《はば》まれて、ついに江を渡ることができなかった。代々北の方から狙われているけれども、不思議に江南は助かっている。特に梁の武帝の時代の数十年というものは非常な小康を得て、ますます文化が発達した。

武帝の子供の中で一番有名なのは昭明太子（五〇一～五三一）。この人は非常な文学の愛好者であり、教養の高い人であります。この昭明太子の下において『文選』が編纂された。こういう皇太子をはじめ王族、重臣、だいたいは青年貴族、年若き二十代、三十代の人びとですが、それらの人びとによって哲学、文芸の華が咲いた。諸子百家の時よりもっと近代的な、もっと繊細な思想や文学、芸術が盛んになった。

そういうわけですから、どんなに文運を高め、天下を安定し、進歩と幸福をもたらしたかというと、実にその結末は悪い。梁は非常にあっけなく亡んだ（蕭衍が五〇二年に建国。四代五十六年で五五七年に陳に亡ぼされた）。それを考えなければならない。

もちろん今申し上げたのは良い場面ばかりであります。例えば都に五百以上もお寺ができ、十万を超す坊さんや尼さんが特別に優遇されて、新興宗教のムードを盛り上げたというのは外見でありまして、それと同時に、いち早く佛教の頽廃が始まっている。佛教の頽廃は同時に国家の混乱であります。そういうふうにたくさんのお寺をつくる土木事業に要する財政的な窮迫はたいへんなもので、国家としては財政的負担を重くした。しかもこれらのお寺や僧侶たちはすべて治外法権を与えられ、国家によって特別な保護が与えられている。豊かな寺領が寄進され、あらゆる供物、寄進が集まる。だから寺院、僧尼の生活が豪奢になったということは、たちまち堕落するということであります。浮世の名聞、栄華、人間のあらゆる物欲を捨てなければならぬはずの僧侶が、世の一般大衆の想像することもできぬような贅沢ができたのですから、これは非常な矛盾であり、たちまちのうちに堕落した。つまり坊さんや尼さんの生活が目に見えて頽廃堕落して、民衆の指弾を受けるようになった。

それのみならず、政府の苛斂誅求《かれんちゅうきゅう》を避け、財政負担、租税負担を逃れようとする狡猾なる人間が、巧みに寺院と結託して税金をごまかす。あるいはいろいろの勤労奉仕、つまり労務を忌避する。お寺の使用人たちが寺院に隠れ、寺院を盾にとり僧侶と結託して政府をごまかす、法律の裏をかくという、甚だしき国家秩序の紊乱《びんらん》を招いた。これは日本の南都（平城京）も北嶺（比叡山延暦寺）も、奈良も京都も同じことでありまして、僧尼の間にあらゆる嫉視排擠《はいせい》が始まる。これが社会の重大問題になった。

そういうことを皇帝は、一向ご承知ないが、さすがにあまり甚だしい矛盾頽廃は武帝の耳に入るようになり、黙視できなくなった武帝は、ある時白衣をまとって、自ら佛教の篤信者として佛教界の粛清を行なおうとしたことがある。佛法は自ら王法、国法と違うのであるから、王者として国法に照らして処断するということはやるに忍びない。今日流にいうならば、新興宗教に対する国家の迫害、干渉だ。宗教は自由である。慧遠の言った言葉に「袈裟は朝宗の服に非ず。鉢盂《はつう》も廟廊の器に非ず。沙門は塵外の人なり。敬を王者に致すべからず」というのがある。つまり宗教は自由だ、いや限度があるという、いつの時代でも大して変わらないが、そういう議論がなかなかある。

今でも残っている『弘明集《ぐみようしゆう》』という当時の文献を集録したものがありますが、これは実に面白い。どちらかというと、武帝は「宗教は自由である、法律をもって干渉することはよくない」という考えを持っていた。今日でいうならば知識的文化人の代表みたいな人であったから、国王としてではなく、いわゆる皇帝大菩薩として法徒として自ら粛清を行なおうとしたけれども、それも側近の信者から抑えられてとうとう成し得ず、腐るがままに腐ってしまった。

そういう身を以て佛教の狂信に入っていかない人は、佛教哲学および佛教文芸に耽溺してしまうか、あるいはそれに伴う老荘、あるいは儒教の哲学、詩歌、文芸といったようなものに青年知識階級が血道を上げた。皇帝天下を忘れ、天下また皇帝を忘るというくらいのことでありますから、一般知識階級、進歩的文化人というものは、本当に政治から遊離してしまった。それでもなおかつ一世代、三十年以上も平和を維持し得たということは、これは奇蹟です。これこそ佛教の功徳かも知れぬ。とにかく南朝の歴史を通じて珍しい平和と幸福の時代が続いたのであります。

梁の滅亡

このように梁では武帝の治下で小康を保ち、苟安《こうあん》の夢を貪っていた頃、河南一帯に蔚然《うつぜん》たる勢力を培《つちか》い、十万の兵を擁しておったのが侯景《こうけい》（五〇三〜五五二）という人物。彼は北方の出身で親父の名前はわかるが、お祖父さんの名前も本人自身が知らなかったという、どこの馬の骨だかわからないような者だけれども、機略に富んだ男で、これが北魏の朝廷に仕えて河南一帯の重鎮になった。この頃の北魏は東魏と西魏に分かれていた。侯景はその東魏の王になった高歓の信用を得て、河南の重鎮となっていたのですが、高歓が亡くなったあとを継いだ息子の高澄が侯景の人物を疑ってこれを排しようとし、河南の領地を召し上げました。そこで侯景はいち早くこれを察知して、ひそかに梁の朝廷に款《かん》を通じてこれと結託しようとした。

その時の梁の総理大臣が朱异であります。武帝の朝廷は侯景を受け入れるかどうかについてえらい議論になりました。侯景というのは何やらわからない奴だから、「あんな奴と友好同盟を結ばないほうがいい」という意見がずいぶんあったけれども、何分にも十万の兵を擁し、河南一帯に勢力を持っている侯景という者は、実は内々北支からの侵攻を憂えていた梁の朝廷にしてみれば、それが魅力でありました。

その侯景が款を通じてきた。梁にとってこんなうまい話はありません。そこで梁は侯景を河南十三州の王に封じました。ところが東魏としては、みすみすこれを放置することはできない。直ちに討伐軍を繰り出して猛烈な攻撃を侯景軍に加えました。そこで梁もこれに対抗して、武帝の甥の蕭淵明を司令官として侯景救援の軍隊を送りましたが、半世紀近くも偸安《とうあん》の夢を貪ってきた梁軍が、戦闘攻伐に明け暮れていた北方民族の東魏軍に敵《かな》うはずはない。梁軍はひとたまりもなく惨敗し、侯景は命からがら僅かの手兵を率いて梁に救いを求めた。そうすると梁の朝廷は、それ見たことかと素っ気なく突っぱね、逆に東魏と妥協をしてしまった。それで侯景は梁の情《つれ》ない仕打ちを怒りかつ恨んだ。その辺の梁の政策がいかにも場当たり的で不見識です。情報も正確でなく、まことにだらしのないものであった。

　こうして敗北を喫した侯景のその時の手兵はたった千人といわれ、見る影もなく落ちぶれたのだが、彼は平生から梁の朝廷に厚く賄賂を贈って人心収攬をやっていた。その中に武帝の末弟の子、つまり甥に当たる臨賀王というのがいる。これがすっかり侯景に買収されていた。侯景はこれを盛んに煽動した。「あんな武帝など長持ちしない。坊主に凝《こ》ってしまって、あれは皇帝でも何でもない。あなたこそ皇帝になるべき人だ」と盛んに焚きつけた。すっかりいい気持ちになった臨賀王は虎視眈々として謀叛の機会を狙っていた。

　こうした場合の雛型は必ずきまっている。だいたい引っくり返そうと考えるなら、必ず野心家で少し頭の足りない、しかし虚栄心の強い、そして柄にない一種の力を持っている奴を探すに限る。どうして馬鹿者を使うんだろうと思うが、馬鹿者だから使えるのであって、頭のいい奴は使い物にならないわけです。臨賀王は完全にこれに浮かされた。そして情報の欠如のため、侯景の実力を知らないで、密約に従い信頼しきって、ひそかに侯景と一千の手兵を舟を出して揚子江から迎え入れた。そうして巧妙なる奇襲作戦で侯景の軍は江を渡ってたちまち十万くらいの軍隊に膨れ上がり、その大軍を進めて建康〈南京〉に奇襲をかけた。

　都はもう上を下への大騒動になってしまった。建康には内城と外城があるが、いきなり外城へ取りついた。その時に外城を守っていた司令官は庾信《ゆしん》である。『庾子山全集』という全集が残っている。これは当時第一流の詩人であり文章家であった。これが総司令官としておったが、敵が攻めてくるのを見ると慄《ふる》え上がってしまった。敵の射た矢が櫓の柱に当たっただけでびっくり仰天、一目散に逃げてしまった。

都の一番大事な門を守っていた総司令官が一番先に逃げてしまったのだから、侯景の大軍は雪崩《なだれ》を打って城門を突破して侵入してきた。人民は慌てふためいて大騒動になり内城へ逃げこんだ。さすがにここには守備軍もおる。百官・政府も所在しておりますから割合にしっかりしている。人民も必死になって防戦これ努めて、外城は苦もなく取ったけれども内城にはなかなか入れない。そこで侯景は本性を現した。

これまではとにかく奇襲作戦に成功したら、一挙に自分が皇帝になるつもりですから、ここで民心を鎮撫して抵抗を少なくしなければならない。そのために彼はこれまで厳重な軍規軍律を軍隊に徹底させ、略奪・暴行・放火など一切禁止していた。ところが内城の突破容易ならないと見るや、構わないからやれということになった。そこで略奪・暴行・虐殺至らざるなし、非常な破壊惨劇を演じた。

そのうちに各地に封ぜられている藩王の軍隊が急報を聞いて陸続として集まってきた。ところが、ここに不思議な現象が起こる。援軍が一気に後方から攻撃を開始したら、侯景の軍隊なんて一たまりもないはずである。ところが救援に駆けつけた藩王たちの援軍は城を包囲したまま攻撃を開始しない。なぜかということが非常な議論になっております。一番の理由は集まった援軍のそれぞれの大将は各地の藩王、武帝の王子たちである。これがみな仲が悪い。そこに盛んな流言蜚語《ひご》が放たれて、出動している中に留守の根拠地を衝《つ》かれるかもしれないというので、みな後方の領地ばかり気にしている。それと救援軍相互の間でもみな警戒し合っている。寝首をかかれはしないか、後を衝かれはしないかと鳴りをひそめて攻撃しない。そういう不思議な状態に陥ってしまった。その時の援軍は百万といわれている。そのうちについに侯景の軍隊は宮廷の親衛軍を撃破して、百万の援軍の監視の下に首尾よく宮廷を乗っとったという不思議な光景を演出した。

その時のことは正史に名文で記録されているが、実に戦慄を覚えさせられるような光景が描写されております。この当時、都の住民たちは約三、四十年にわたって戦争というものを知らない。贅沢に狎《な》れ、佛事供養の派手な集会や行事、そうでなければ文学・芸術の催し、そういうことばかりですから、完全に頽廃的享楽生活を送っており、建康には食糧の備蓄がなかった。ですからたちまちのうちに飢餓に襲われる。兵士も乱入してきて略奪暴行をほしいままにしたから、建康の都はたちまち修羅場になってしまった。「百里煙を絶ち、伏屍丘をなす」と史書に書いてあるが、文字通り屍山血河の惨事を演じた。

かくして武帝は侯景に捕まった。ところがただの皇帝と違って、佛教に凝って修行をした、厳格な戒律の下に人間ばなれのした生活を送っていた皇帝でありますから、さすが蛮族上がりの侯景も、捕らえたけれども慄えてしまって、ろくろく応対もできない。そのうちにだんだん横着になって、皇帝を建康に幽閉しました。その時皇帝すでに八十六歳でありましたが、やせ衰えて、水を飲みたいといっても、水を持ってくる者もないというような餓死状態になって亡くなった。こうして侯景は武帝に代わって帝と称した。

彼は直ちに諸藩の要所を攻撃して、武帝に所属する主だった所はみなやられた。その中に一人、当時図書だけでも十余万巻を蔵していた藩王がありますが、彼は書物を全部焼いて死んだ。「なぜそんな貴重な物をお焼きになるか。せめてこういう国宝的な典籍を残されたら……」と言ったら、「読書万巻尚今日あり、ここを以て之を焼く」と答えている。万巻の書を読んでもこんなことになる。だからこんな本は要らぬと焼いてしまった。これは面白い。

その後間もなく、武帝の一族の派遣した将軍によって侯景は敗れた。それから陳という国になる。六朝最後の陳王朝になって、これがまた脆くも亡んでいる。最後の陳叔宝（陳の最後の皇帝。五五三～六〇四）という人、これも哲学、文芸に耽溺して亡んだ人であります。これが杜牧の詩に詠われている。

泊秦淮（秦淮に泊す）

煙籠寒水月籠沙　煙《けむり》は寒水《かんすい》を籠《こ》め　月は沙《すな》を籠《こ》む

夜泊秦淮近酒家　夜　秦淮《しんわい》に泊して　酒家に近し

商女不知亡國恨　商女は知らず　亡國の恨みを

隔江猶唱後庭花　江を隔てて猶お唱う「後庭の花」

（註・秦淮は南京城内を流れる秦淮河のこと）

「後庭の花」という当時名高い宮廷の歌謡があった。これを亡国の恨みも知らずに歌っている。杜牧の有名な詩がありますね。これは陳の滅亡にからむ詩であります。

六朝文化人の弱点

こうしてあっけなく梁は亡んだのですが、そこで考えられることは、インドやカシミールについても申しましたように、あれだけの佛教という精神の大王国を建設しながら、武帝の故国もインドもカシミールもみな亡んでしまった。皇帝大菩薩といわれて、身を以て徹底した佛教信者になり、佛事を行じた武帝の王国は実にあっけなく倒壊した。

そもそも玄儒文史というものが、春秋戦国以来未曾有の発達をした。ところが知識人・

教養人、つまり当時の進歩的文化人というものは、教養はいかにも豊かであり、人間は洗練され、思想や文芸は発達した。哲学の著述もよくできた。けれども、人間そのものはまことに他愛もない連中であった。問題はこのことです。

漢魏六朝の歴史を見ても、魏晋の初めの頃、つまり六朝の始めの頃はまだどこかに野性があった。例えば晋の初期の竹林の七賢というものは、今日でいえばビート族みたいなものです。しかしこのビート族はある意味において文字通りビート族で、ビーティフィック〈beatific＝祝福を与える。〝至福をもたらす〟力のある〉で、とにかくふてぶてしい野性を持っていた。世紀末的な今日の、あるいは前大戦後の頽廃時代のダダイストやビート族とは違って、この当時の連中はいかにもどこかビーティフィックというような、神の祝福を受けたというか、自然を豊かに備えたというか、そういうところがあって逞しい野性味があった。末期的文化、頽廃的文化の余毒を受けないところがある。

嵆康《けいこう》にしても阮籍《げんせき》にしても、線の太さ、逞しさ、野性味が豊かである。況《いわん》やもう一つ前の三国時代の人物、あるいは『前漢書』『後漢書』によって両漢の人物を見ると、非常に自然であり、素朴であり剛毅であって、そして純一である。人間的弱さ、精神的分裂、人間の分裂がない。みな生一本《きいっぽん》で堂々として自然の大木のようなところがある。どんなに現実を無視した放蕩のように見えても、そこに逞しさや厳しさがある。その頃の思想や教養や、学問・芸術がやはりそうである。単純素朴の中に生気があり力がある。

そこで人間とか文化とかいうものになるんですが、その人間の生む作品についてみても、一番大事なものは何かというと、まず骨力というものがしっかりしていなければならない。筋金が通っていなければならない。どこかに強さというものがなければならない。六朝の文人はいくら玄儒文史を誇っても強さというものがない。雄々しさ、逞しさというものがない。それと同時に内面的な深さ、含蓄がなければならない。それから強さに即する潤《うるお》いというものがなければならない。それはつまり情緒である。青白き神経ではだめだ。強さ深さに伴う、何ともいえないしっとりとした潤いというものがなければならない。

六朝の文化人はいかにも線が弱くて、知識や技術、文芸には長《た》けているけれども、人間そのものに深味がない。みんなおっちょこちょいで上っ調子だ。そしてたいていが利口な才子、理屈のうまい、感覚の鋭い才子ですが、道徳的な情操というものがない。真の文化というものはこれがなければならない。これは同じ老荘でも黄老の時代にはあった。これが黄老が老荘になるに及んでなくなっていった。

歴史は将来を暗示する

ここで考えなければならないことがある。これは中国の歴史をひもといても、日本の歴史をひもといても同じことがいえる。戦国の当初、家康から家光（徳川幕府三代将軍）、家綱（同四代将軍）あたり、三代、四代くらいにかけてはこれがある。ところが綱吉（同五代将軍）時分からだんだん六朝時代と同様の傾向になっていって、これを矯《た》め直そうとしたのが吉宗（同八代将軍）の時である。次第に線が細くなって深味を失って浅薄になり、人間が四分五裂、つまり人格分裂、精神的破産者のような者が増えてきた。武士階級がその代表的なものであって、幕末の武士階級の一般的な風潮を痛烈に諷刺した落首の中にいくつも面白いのがあるが、その中で傑作は、

世の中は左様でござる、ごもっとも、
　何とござるか、しかと存ぜず

というのがありますね。「世の中は左様でござる」、みな付和雷同する。何でもわかっておるのかと思うとそうではない。何かちょっと圧力をかけられるとじきに「ごもっとも」で参ってしまう。「左様でござる、ごもっとも」。これは足りない奴だ、何を考えているんだろうと、「何とござるか」と突っ込んだら「しかと存ぜず」。民主主義といっても、自由主義といっても、マルクス主義といっても、突っ込んでみると「しかと存ぜず」だ。一騎打ちをやろうかといって出てくる奴は滅多にいない。たいてい、みな逃げる。これはしかと存ぜぬものだから、そこで集団を借りてギャーギャーいうだけのことである。

明治時代と今日とを比べてみてもそうです。明治初年の人間にはこれがある。骨が太い。一本背骨が通っている。案外人間的な深さというものがある。と同時に、どこかに潤いが

ある。人間味豊かである。ところがだんだん人間が弱くなって、利口なようで実は浅薄、そして人間的な味というものはだんだんなくなってしまった。そうして徒《いたず》らに哲学だの文学だのというものが流行《はや》る。今日の時代、文化というものを考察すると、あらゆる世界の歴史に徴して、明らかにこれは没落の運命にあることを明白に証明している。これをどうして救うかということが歴史の大きな課題であります。

ギリシャの有名な歴史家のハリカルナッセウスという人の言葉に、「歴史は例証からなる哲学である」という名言がある。例えば彼に六朝の歴史、あるいは第一次大戦の歴史、あるいは徳川時代の歴史、その他の歴史をひもといてみたら、あらゆる例証がたくさんある。その例証をずっと並べて考えさせるものが歴史である。即ち歴史そのものが哲学である。

確かに歴史は例証からなる哲学だ。そして将来に関する予言の最善なるものは過去である。過去を検討することが将来を暗示する。したがってこういう歴史と哲学というものに沈潜するということが、我々の前途を照らす一番光明を得ることであって、そういう意味においてショーペンハウエルの「孤独はすべて優れた人物の運命である」という言葉はなかなかに味わい深い。

我々は特にこのはげしい群衆文化、大衆社会に生きているのでありますから、常に心がけて群衆の中に巻き込まれて同じく精神分裂に陥らないように、絶えず大衆の中にあって孤独を持たなければならぬということをつくづく感ずるのであります。どうも人間が甘くなり、上っ調子になり、流行的になり、大衆化するということは一番危険です。没落に拍車をかけることになる。

今日の政局を見てもそうであります。日本の進歩的文化人、マスコミ、ジャーナリズム、そういうものに代表される日本の世論および世間の知識階級の気分、ムード、その思想言論というものを見てくると、六朝の玄儒文史の知識人、教養人と同じことである。なかなか洗練され、表現もうまい。思索・議論・文章は微に入り細にわたり、言うところは平和であり、福祉、幸福であり、友好であり、親善であり、自由である。人間があか抜けて利口である。しかしこれらの人びとに共通して欠けるところは、自然の素朴な逞しさ、強さといったものである。理論だの技巧だのではなく、人間としての心、魂の深さ、それから豊かな人間味、そういうものがあるのかというと、これはない。議論が浅薄でカサカサしている。本当に歴史は例証からなる哲学であります。

佛教の功徳

この話の目的は梁の武帝にあったのではなく、その梁の武帝の晩年にやって来たといわれている達磨《だるま》に辿りつくためにここまで話してきたわけで、やっと達磨さんに辿りついたわけです。

しかし達磨というのは文献的に見ると、どうもはっきりした学的根拠がないんです。確実ともいえない、しかし否定もできないいいろいろの伝説や文献によって考えるほかはないのでありますけれども、とにかく達磨が武帝の晩年にやって来た。どの経路をとったかはっきりしないが、とにかく広東に行って、そこからやって来た。そして流行佛教の状態を見てがっかりした。もちろん武帝には謁見したという。そして武帝はインドの高僧が来たというので非常な期待をもって達磨に会った。

『景徳傳燈録《けいとくでんとうろく》』という書物をみると、達磨大師に会った武帝は先述のように、「実はこういうふうに寺をつくり、僧尼をつくり、経典を訳出し、佛教のためにあらゆる努力をしている。どういう功徳があるだろうか」と問うた。よほど「それは偉いことをしてくださる。まことに諸佛、諸菩薩感応ましまして、皇帝陛下にこういうありがたい御利益があります。こういうありがたい御功徳があるでしょう」とありがたいお説教をしてくれるかと、非常な期待をして問いかけた。

すると達磨は冷然として「無功徳」〈そんなものはない〉と言った。それでびっくりして武帝は訳がわからないものだから、「いったい佛教の第一義は奈辺にありや」〈佛教の第一義如何〉と問うた。すると達磨は「不識」〈そんなものは知りませんよ〉と答えた。それで武帝はますます訳がわからなくなり、「いったいお前さんは誰だ」〈朕に対する者は誰ぞ〉と聞いたら「不識」また〈知らない〉と言った。

そういうことが『碧巌録《へきがんろく》』の冒頭に書いてある。無功徳とか何とかいうことは書いていない。これは『景徳傳燈録』に書いてある。「如何なるかこれ聖諦の第一義」〈佛教の第一義はどこにあるか〉の質問から『碧巌録』には書いてある。そして達磨は「この皇帝は大菩薩ではない、大馬鹿で話にならない」と愛想を尽かして、江を渡り北魏に行って少林寺に入ったというんです。

その頃傅《ふ》大師〈傅翕《ふきゆう》〉という人が、一休《いつきゆう》禅師のような人ですが、この話を聞いてのこのこ皇帝の所へやってきて、「菩提達磨にお会いになったそうで」「うん、会うたけれども、こういうわけでどこかへ行ってしまった」。すると傅翕は皮肉に「それは惜しいことをしましたな。あれは観世音菩薩が佛の本当の心を伝えるために派遣されたありがたい坊さんなのに逃したとは……」と言うので、それはたいへんだと直ちに命令を出して探させたけれども、もう帰って来なかったという面白いことが書いてある。嘘か本当かわからないが、そういうことがあったら面白い。学者から言わせると、面白過ぎるというんですが、そういうことから禅は始まるんです。いきなり菩提達磨を説いたって何が何だか訳がわからないから、回を重ねてお釈迦さんから始めて達磨に辿りついたわけです。

第六章　達磨の正覚——二入四行論

自己と真理の冥符

達磨《だるま》が中国大陸に渡ってまいりました当時の世の中は、達磨の信ずる道によれば甚《はなは》だ堕落した時代であった。特に当時の佛教は、一番多いのが御利益《ごりやく》宗教であった。この御利益信仰がだんだん淫祠《いんし》邪教《じゃきょう》のようになっていった。これを達磨が苦々しく思ったことが一つ。そして武帝との問答と称せられるものに伝えられているように、武帝が自分がこれだけ佛教のために貢献してきたが、これに対してどんなありがたい功徳があるかと聞いた時に、「無功徳」と答えた。功徳なんてない。あることはあるが、それは影の形に従うようなもので、有といえども実ではない。佛道というものは功徳即ち御利益などを当てにしてやることではない〈これはただ人天の小果、有漏《うろ》の因、影の形に随《したが》う如く、有と雖《いえど》も実に非ず〉と、武帝の迷いを痛烈に打破した。この当時流行の御利益信仰という低級なものに一大警醒を与えるとともに、知識階級に広がっているところの理論宗教、あるいは観念宗教ともいうべきもの、その誤りを端的に指摘した。宗教というものは理屈ではない、身をもって行《ぎょう》ずるものである。自分を真理と一つにする、真理になって生きることであると諭《さと》した。

そこで武帝との問答と伝えられるものに、「佛教の第一義は何か」という質問に対して「不識」と答えた。これは単なる“I don't know”というような簡単な答えではないことは言うまでもありません。「不識」というのは「識らず」と訳してもいい。あるいは「識ならず」と訳してもいい。「そういう識の問題ではない、身体で把握するのだ」ということでありますが、武帝ほどの人でもそれがよくわからなかった。

その点は二入四行の文献に出ている「これ即ち理と冥符し、分別有る無し」という一句によく表れている。真理と冥符、つまり冥々の間に、即ち超意識的、あるいは無意識的に符節を合するようにぴったり一つになる。そこに分かちがない。自分と真理とがぴったり一つになってゆく。そこに主観とか客観とか、自己と真理といったような分別がない。そういうふうに行くのが本当の宗教である、道である。したがってそれは実践である。観念の遊戯あるいは欲望の満足などというものではなくて、着実な実践である。

〔二入四行論〕（續高僧傳・景德傳燈錄）

夫《そ》れ道に入るに途多し。要して之を言へば二種を出でず。一は是れ理入《りにゅう》。二は是れ行入《ぎょうにゅう》。理入は謂《い》ふ、教に藉《よ》つて宗を悟り、深く含生《がんせい》同一眞性を信ず。但だ客塵妄想の爲に覆はれ、顯了する能《あた》はず。若《も》し也《また》、妄を捨て眞に歸し、壁觀に凝住し、自無く他無く、凡聖等一、堅住移らず。更に文教に隨《したが》はず。此れ卽ち理と冥符し、分別有る無し。寂然無爲。之を理入と名づく。

行入は四行を謂《い》ふ。其の餘諸行悉く此の中に入る。何等の四ぞや。一に報冤行《ほうえんぎょう》。二に隨緣行《ずいえんぎょう》。三に無所求行《むしょぐぎょう》。四に稱法行《しょうほうぎょう》。

何をか報冤行と云ふ。謂《い》はく、道行を修むる人、若《も》し苦を受くる時、當《まさ》に自ら念言すべし、我れ往昔無數劫中、本《もと》を棄て丶末に從ひ、諸有に流浪し、多く冤憎を起し、違害限り無し。今犯す無しと雖も、是れ我が宿殃《しゅくおう》惡業の果熟。天に非ずんば人の能《よ》く見る所に非ざるか。甘心甘受、都《すべ》て冤訴無し。經に云はく、苦に逢うて憂へず。何を以ての故に。識達するが故に。此の心生ずる時、理と相應じ、冤を體し道を進む。故に說いて報冤行と云ふ。

二に隨緣行とは

衆生無我。竝びに業《ごう》に緣《よ》つて轉ぜらる。苦樂齋しく受く、皆緣より生ず。若《も》し勝報榮譽等の事を得ば、是れ我が過去宿因の所感。今方《まさ》に之を得。緣盡きて無に還る。何の喜か之れ有らん。得失緣に隨《したが》ひ、心に增減無し。喜悲動ぜず。道に冥順す。是の故に說いて隨緣行と言ふ。

三に無所求行とは

世人長迷、處々貪着。之を名づけて求と爲す。智者眞を悟り、理、俗と反す。安心無爲、形、運に隨《したが》つて轉じ、萬有斯《すなわ》ち空。願樂する所無し。功德黑暗。常に相隨逐す。三界久居《くご》、犹火宅の如し。有身皆苦。誰か得て安んぜん。此處に了達す。故に諸有を捨つ。想を止むる無し。經に曰く、求有れば皆苦しむ。求無ければ卽ち樂し。無求を判知す、眞に道行と爲す。故に無所求行と言ふ。

四に稱法行とは

性淨の理、之を目して法と爲す。此の理、衆相斯《すなわ》ち空。無染無着。無此無彼。經に曰く、法、衆生無し、衆生の垢を離るゝが故に。法、我有る無し。我が垢を離る、るが故に。智者若《も》し能《よ》く此の理を信解《しんげ》すれば、應《まさ》に法の稱《まま》にして行ずるに當るべし。法體、慳無し、身命財行擅《ほしいまま》に捨施し、心、悋惜《りんじやく》無し。三空を達解し、倚《よ》らず、著《じやく》せず。但《た》だ垢を去るが爲に、衆生を稱化して相を取らず。此れを自行と爲す。復た能《よ》く他を利す。亦能《よ》く菩提を莊嚴するの道なり。修行六度、而して所行無し。是れ稱法行と爲す。

報冤行

その実践の第一は「報冤行《ほうえんぎょう》」というものである。冤という字は「恨みつらみ」という文字、兎に網をかぶせる、生命の躍動を抑えるという文字です。報という字は十如是にある如是因、如是果、如是報の報で、一つの作用に対する反作用あるいは循環である。したがって報冤とは、いろいろの恨みつらみの起こってくる本《もと》に返ってやり直すという意味である。我々は枝葉末節に走れば走るほど、いろいろの問題が起こる、恨みつらみが盛んになる。そういうつまらない枝葉末節に走らないで、根本に立ち返って、つまり出直して、くだらない生活の屑のような問題、こせこせした他愛もない人間の煩悩、そういうものを追わないで、そういうものに捉われないで、思い切ってそういうものを振り捨てて、人間としての根本問題に返る、これが第一。これができなければ道に進むことはできない。これが報冤行である。

随縁行

その次に「随縁行《ずいえんぎょう》」、縁に随って行《ぎょう》ずる。人間はいくら理想をもって実践に励もうと思っても、手がかりがなければ観念の遊戯、煩悩になってしまう。手がかりというものが即ち縁である。いかなる因も、因からそのまま果にはならない。因果と言うけれども、因から一足飛びに果にはならない。因は何かそこに手がかりがあって、そこから果が生まれてくる。これを縁という。即ち縁から起こる、縁起である。因果は言い換えれば縁起である。だから十如是も如是因、如是果の間に如是縁というものをおいてある。それが如是報というものになる。

因果は限りないけれども、すべてこれは縁から起こってくる。そこでどういう縁を持つかということが一番大事である。そこで縁という字を日本語に訳す時には「縁《よ》る」と読む。いろいろの問題が起こってくるのは、限りない要素であるところの因が、何かを手がかりにして、そこから起こってきて限りない果を生む。それがまたいろいろの反動を生んでくる。即ち報になってくる。これは面白いですね。

因果ということは、これがだんだん普及していくうちに悪い方の意味に「何の因果でこんな目に遭う」なんて、もっぱら使われておりますね。因果というものは悪いものばかりではない。善いことも因果なんですが、人間は善いことはあまり感じない。虫がいいといいますか、悪いことはよく覚えている、深刻に感ずる。だから人から恵まれたこと、好遇されたことは忘れやすいもので、いじめられたこととか何かはよく覚えている。善というものに対しては案外関心が薄い。悪というものに対しては非常に感じが強い。

毎朝新聞を読んでも、良いことが書いてあるときはそれほど感じないが、悪いことが書いてあると非常に印象が深い。ポール・ヴァレリー（フランスの詩人・思想家。一八七一〜一九四五）が言っていることに、「人びとは、朝起きて新聞を見て何か非常に悪いことでもないと、今日は何もないと文句を言う」という名高い話があるが、そういう妙な人間の心理的な事実で、後世「因果」ということを悪い意味に専《もっぱ》ら使うようになってきた。その反対に面白いのは、「果報」ということになると、これは悪いものも入っているわけですが、「果報」というと善いことに使うようですね。妙な長い間の慣習的な用い方である。

因果も果報も縁から起こる。そこで人間の大事なことは縁から起こるのだから、縁から起こすこと、これが我々の実践実行の大事な問題、それをつまり随縁というわけだ。縁起イコール随縁行。客観的にいえば縁起である。これを主観的・意志的・実践的にいえば随縁行である。縁に随ってやっていく。

だから例えば人を愛する、人に尽くす、人を助けるということは、我々の道徳上もっとも本質的な問題である。しかし人類の幸福のために、世界の平和のためにやるのだ、などというのは、これは景気がいい。聞いていて盛んだけれども、これは事実においては空虚であります。そんな世界だとか人類だとかいうものは、たいてい人間の概念もしくは気分であって、事実上の縁起にならない。我々が本当の人類のためだとか、世界のためというような感じは、直接人間の接触面から始めなければならない。それは何だといえば家族である、親族である、朋友である、隣人である。あるいは職場である。そこからやってゆかなければ具体的事実ではない。

これは真理でありますから、何の教えでもそうである。キリスト教をとってみても、パウロが「目の当たりの汝の兄弟を愛することのできない者が、どうして目に見えない相手を愛することができるか。人間は常に目の当たりの兄弟から愛さなければならない」ということを言っている。これは当たり前のことで、これが随縁行である。随縁行のできない人間に限って、跳び越えた大言壮語をやる。

禅の修行、禅の問答などというものは、何か普通の人間が思いも及ばぬような飛び離れた奇矯のことのように考える傾向があるが、これは後世の禅が生んだ一つの余弊である。そんなものではなくて、達磨禅、禅の本来は非常に着実なものである。

まず第一に、つべこべ泣き言、繰り言を言わない。そういうことは綺麗さっぱりと捨てて、人間の大事な根本問題、本質の問題に立ち返る。そうして自分の縁から始め、手がかりをつかんで、そこからやってゆく。跳び越えたことはやらない。気分や観念に浮かされたことはいけない。即ち随縁行である。

無所求行

第三に、人間には欲というものがあり、欲に望むという字がついて欲望、即ち欲というものからいろいろなものを望む、欲しがる、それが欲のためにだんだん貪《むさぼ》る、貪欲になる。そこで求という字は、欲から生ずる「求む」という意味と同時に、「むさぼる」という意味を持つ。

我々は報冤、随縁と同時に、我々の抜き難い欲から起こるところのむさぼり、貪欲、それをなくして道に随い、真理に随って行ずるのでありますから、我々の個人的な欲望、感情から生ずるところのいろいろな貪欲、そういうものを捨てて、ひたすら根本に返って報冤、道に随って真理に随って無心になって行じていく。これが「無所求行《むしょぐぎょう》」である。

称法行

これをだんだん修練していけば次第に理と冥符し、道と合致する。即ち真理、道そのものになる。これを法という。法のままにという意味でこれを「称法《しょうほう》行《ぎょう》」という。この四つに帰着させることができる。

その「理」から入るのと「行」から入るのと、どっちから入っても同じになる。理から入っていっても身体で普及して道と冥符する。真理と合体する。実践から、日常の行から入っていって称法行に入る。理と行とそこで一つになる。だから二入四行というけれども、それは差別観に即しているのであって、どっちから入っていっても結局は同じこと、一に帰する。これが達磨の本当の教えであります。

それを達磨は本当に行じたのであります。つべこべと理屈を並べ立てたり、派手な行事、お祭り騒ぎをやってありがたがらせるというような、そういう当時の宗教的な行き方からいうと、静寂そのものである、沈黙である。この達磨の沈黙と静寂の道風が次第に民間に通じるとともに伝説の達磨、その中に玩具の達磨までできたわけであります。達磨大師は足がないなどと言うが、足がないのではない、始終坐禅をして、やたらにほっつき歩かなかったのであります。

達磨禅の後継者

その達磨の後を継いだのが慧可《えか》（南北朝・隋時代の禅宗の第二祖。四八七～五九三）であります。これは非常な哲人です。この慧可に学んでその法を得た人が僧粲《さん》〈璨〉（隋の僧、慧可の弟子。?～六〇六）、これを禅では第三祖という。これはちょっとインド佛教にいう維摩居士《ゆいまこじ》のような哲人的な風格の人であって、この僧粲の法を継いだ者が道信、これが湖北の黄梅という所の破頭山に世を避けて、五百余人の求道者がここに集まった。そこに二十何年か隠棲して浮世の外に超然と道を行じておった。これを継いだのが弘忍《こうにん》（唐の僧、禅宗第五祖。六〇一～六七四）、そのあと六代目に名高い六祖慧能《えのう》（唐の禅宗第六祖、南宗禅の始祖。六三八～七一三）が出ている。広東の農民出身です。

ここから禅の分派が起こってくるのであります。

その時に慧可をはじめとして達磨の法を継いだ人びとに老荘家が多かった。そもそも達磨の前に広い意味における禅を行じた人びとに老荘家が多い。即ちインド佛教がシナに入ってきて、まず最も盛んな交流を起こしたのは老荘系統でありました。

学問上の随縁行

学問研究の秘訣は、これを内から申しますと、つまりそういうところに着眼して、そこから入っていくのが一番、これが縁である。したがって縁起であって随縁自然である。つまりなぜインド佛教がシナに入ってきて、老荘系統とまず活発な交流を生じたか（シナには孔孟系統もある、老荘系統もある、その他諸子百家というものが春秋戦国以来百花斉放してきたのだが）、なぜ特に老荘系統がこういう交流現象を生じたのか。これは誰でもすぐ考える疑問である。そこで初めて老荘とはどういうものであるかということになり、ここで改めて老荘に入っていく（インド佛教がシナに入ってきて生じた禅の流派については、それはそれとしておいて）。これは随縁行的研究である。そういうふうにして活《い》きた老荘の研究ができれば、これは学問の一つの秘訣です。

逆に孔孟から入ってもいい。孔子の研究から入っていくと、そこに孟子が現れてくる。それから孔、孟、荀〈荀子〉という系統を辿ってくると、次第に儒教の経典、儒書というものが出てくる。そのうちに『中庸』とか『易《えき》』とかいうものが四書五経の一つの中心的なものになる。その『中庸』や『易』を見ると明らかに老荘が入っている。

そこで孔子から入ってきて、やがて、「はてな、これは老荘系統だが、どうしてここで孔孟系統と交流してきたのか」ということから、また老荘に入っていく。そうすると白に対して黒というものが対照されてはっきりするように、孔孟と老荘というものがそこにはっきりと会得される。そういうものがすべて随縁行的学問、学問上の随縁行です。

ところが、「自分は大学へ入って東洋哲学をやるんだ。何をやろうか。孔孟は堅苦しい。あまりはやらない。このごろ老荘がはやる。肝腎の中国では孔孟より老荘の方がずっと民衆的に普及しているらしい。それならおれは老荘をやろうか」などというのは観念の遊戯であり、たわいもない一つの着想というやつで、こんなものは根がない。即ち空理空論になるわけです。

学問にもいろいろやり方がある。何かテーマを捉えて、そこから入っていくというのは、とかく概念というか、論理を辿る味もそっけもない単なる知識になってしまう。本当にやろうというなら、人間的な随縁から入っていかなければならない。そこでなぜ老荘系統がシナに渡来したインド佛教、禅と交流しているかということを考えるところに、いろいろ随縁行的な研究着眼もできます。

そこで老荘に着目すると、その老荘と孔孟とが、どうして対照的になっているのかという疑問にぶつかる（シナでは老荘と孔孟とが二つの主なる潮流となって、思想界・哲学界・教学界をずっと発展させてきたということは書を読むほどの人は常識的に知っております)。そういうことに気がつく時は多少とも孔子とか孟子、荀子とか、あるいは老荘とか列子とか何とかいうものに知識はありますから、そこで開き直ってそういうものを比較対照しながら両方見るようになってくると、だんだん頭も心境も拓《ひら》けてくるわけです。

そこで達磨の話を進めていく前に、次にシナ思想の本流に立ち返って、孔孟系統と老荘系統を見ていくことにします。

第七章　禅と老荘

「易」の思想

そこで思い出していただきたいのは易学であります。易《えき》の思想というものは、漢民族や日本民族、東亜民族の思考力とも言っていい普遍的なものです。この易の陰陽相対の原理、即ち宇宙万物は太極――即ち相対的なものの無限本体――の発展であり、自己の実現、あるいは創造、分化、造化《ぞうか》であります。これを易で表すと陰と陽との相対的なものを含んでいる。一つの物が二つ、四つ、八つと自己を分化、造化してだんだんに発展してゆく。分化発展の働きをするものである。この太極の中に陽という性質・作用があり、機能があって、活動があり、発動があり、分化の働きがある。ところがこれだけだと、活動すれば疲労する。分化すれば根源から遠ざかるから、どうしてもエネルギーが分散する。分化は同時に派生であり、末梢化であり、生命の根幹から遊離するものである。それで行き詰まり破滅する。どうしてもそれを統一して内に含蓄する働きがなければ、体《たい》を成さないし、永続しない。つまり生にならない。だから陽は活動であり、発動であり、分化発展であるが、陰の方は統一であり含蓄であり、言い換えれば全体性の維持であり、永続性の維持である。この陰陽相対の理法、これは相対すると同時に相待つものである。

時中

我々が暴飲暴食したり過労したりすると、体が酸性に偏る。そうするとこれに調和するもの、例えば梅干しのような物を食うと、胃の中で酸性がアルカリに働く。そして中和現象をする。それによって初めて胃潰瘍などが救われて、全体性が保たれ、永続性即ち生命力が出るというように働いてゆく。人間の生命も必ず相対〈待〉性理法が存在している。そういうふうにして無限に発展する。これを「中《ちゆう》」という。限りなく中してゆく。まず相対的なものができて、これがまた中してゆく。これを「時中」という〈時《こ》れ中す〉。我々の造化、生命発展のあらゆる機に進歩してゆく。これが時中というものです。

「陽」を建前とする儒教

これは我々の現実の心理においては、つまり進歩、向上を求める心、これは佛教でいうと菩提を求める求道心、菩提心、一般的にいうならば理想というものになって情熱をわかして進んでゆく。そこで、単なる肉体的・物欲的生活と、我々の精神的・人格的・求道的生活との二つの方向が現れてくる。

一つは根から幹が出て枝葉が繁茂していくと、これをほしいままに繁茂させたら、木が弱ってしまって、枝の力は末梢化して力は弱まってしまう。だからあまり枝葉を繁らせたり花を咲かせたり、実をならせ過ぎると、必ず木が弱って花も実もまずくなる。そして翌年はだめになる。そこで本当に木を繁栄させるためには、どうしても正しく枝葉を刈らなければならない。即ち剪定《せんてい》しなければならない。あるいは花や実をもぎる、いわゆる果決しなければならない。こういうものを間引くことによって初めて木の全体的な命を維持し、永続させることができる。つまり分かれて伸びるという陽の働き、これを全《まっと》うするためには、陰原理によってこれを剪定し、果決する。そうして初めて全《まった》き生、永遠の生、永生、全生が期待される。これはプラスが、つまり陽が建前になっている。この建前を取るものが孔孟系統の思想になるわけです。

　だから共に根や幹を、根幹を重んずるのだけれども、造化の理法に従って次第に分化発展する。その分化発展を分散、混乱、破滅に陥れないで、それをいかに整えて、根幹との結合を固くし、木そのものを正しい意味における繁栄に導くか、こういう建前です。だから「吾れ十有五にして学に志す。三十にして立つ。四十にして惑わず。五十にして天命を知る」（『論語』学而篇）というように、すべてこれは我々の現実の生活、現実の存在、現実の人間、人格というものをどう整えるか。これにどう手を入れ、どう反省し、どう剪定、果決、即ち本来の欲望であるところの己れに克《か》って修めていくか。これが孔孟系統の主眼、建前である。どこまでも発展し、分化し繁栄するものを、それに即して手を加え、これを整えてゆく。

だからこれは非常に現実的です。一応現実をそのまま受け取る。つまり西洋哲学でいうならば、我々の生というものはリアルである。ところがリアルをそのままにしていると、すぐにアンリアルになる。真実が不実になる。何がリアルであるか、何が本当の現実であるか、これがいわゆる現実主義、実践主義の哲学になる。儒教が即ちそれである。孔孟の学問がそれである。一応リアルに受け取って、即ち現実の上に立って、それを壊さないように育ててゆく。

「陰〈統一・含蓄〉」を建前とする老荘

ところがリアルというもの、人間の現実、人間の直接の状態というものは、こういうふうに活動し、分化し、顕現、繁栄してゆくのだが、それは常に疲労し混乱し、破滅しやすい。これは何故かというと、実は常にそういう破滅の傾向を持っているからだ。大事なことは、これを大枝に結びつけ、幹に根を結びつける働き——即ち陰の働きである。陰の働きは〈統一し含蓄する働き〉であるから表面化しない。そうして分化発展という形式、直接経験に対して、これは第二次的なもの、いわば間接的なものである。欲望に対していうならば反省である。つまり本《もと》に返ることである。行くことではない、反であり還である。これは非常に難しい。

人間の堕落頽廃、破滅というものは、多く行きっきりになるところにある。どうしても現実的になり過ぎることにある。大事なことは、分化発展よりも統一含蓄である。これを力強く進めることである。いかにして派生するものを統一し、根に帰するか。つまり〈事を幹《かん》す〉。事を幹して根に帰する。できるだけ幹に結びつけ、根に帰することに力を注げば注ぐほど、我々の存在、我々の生というものは確かになる。堅実になる。安全になる。そこで放っておいたって現実には分化発展するんだから、むしろ建前を統一含蓄の方に置こうというのが老荘の考え方です。人間は何を欲するかよりも、人間は何を省みるか、反省するか。何になるかよりも、むしろ何にならざるか。――こういうふうに幹に根に返ってくることで、本当の力、全体的な力、永遠的な力が湧いてくるから、こっちの方に行こうというのが黄老、老荘系統の考え方です。

そうしてみると、なるほど禅の考え方とよく通ずることがすぐわかる。人間の煩悩とか智能の働きは、だいたい物を分かつ働きですから、物分かりという。そういう知識とか欲望というものに走らないで、もっと物を無限に永続させ、全体を維持してゆく真理に返る。そして現実からいうならば限りなく奥深いところの道に、超意識的、無意識的に合一する。つまり道と、あるいは理と冥符する、この行き方は老荘の本質的統一である。だから孔孟流の行き方よりは老荘流の行き方の方が禅とぴったりするのであって、すぐに交流を生じたという由来が判明するわけです。

そもそも老荘は常に全一、含蓄を尊ぶ。全一であるから派生するものを含蓄する。

玄徳

そういう意味においては、いわゆる含生《がんせい》（生命を抱き保つ）である。二入四行論のところにあった「深く含生同一真性を信ず」。全一、含生、あるいは含徳。これが老荘の考え方の根本的な創造的概念というか、彼らの教えの一つの根本を成すものである。

儒教では「明徳」という。我々の意識、我々に含まれているいろいろの徳を外に発揮する、その一つに智能・技能というものがある。そこからいろいろの文化、文明というものが出てくる。そういうものが明徳でありますが、黄老、老荘では「玄」というものを常に重んずる。これは全一の含徳の姿です。

達磨《だるま》大師のやってきた頃の南朝は、玄・儒・文・史というものが当時の指導階級、知識階級の教養の四つの種類の内容であったということを前にお話ししました。「玄」は老荘、黄老、「儒」は孔孟である。孔孟が明徳を重んずるのに対して、老荘は常に「玄徳」を重んずる。言葉も、いろいろ概念や論理、文章によって発展させるよりは、それをなるべく少ない言葉、あるいは一語、あるいは無言、この中に表現しようとする。即ち無を取る。そういうものは表現の世界からいうならば虚であり、空である。こういう表現はそのまま禅家《ぜんけ》の思想概念と一致する。

そこで男性よりも女性を本体とする。だから玄牝《げんぴん》というものが『老子』にしきりに説かれている。女性を重んずる。何となれば女性は即ち創造者である。造化である。男性はいくら偉くたって生命の直接創造はできない。いかなる英雄哲人といえども子供を産むことだけはできない。一休《いっきゅう》和尚の歌に、

女をばのり〈法《のり》〉のみくら〈御倉《みくら》〉といふぞ　げに
　釈迦も達磨もひょいひょいと出る

というが、偉いものだ。これは女性の特権である。だからしきりに玄牝ということを言っている。

佛典を漢訳して佛のことを如来というが、如来の如は女偏、女の本領、女の分野という意味において男偏ではない。知と書いてもよさそうなものだけれども、そうは書かない。女偏でいいのです。如来。これは佛典を漢訳した時に老荘用語を適用したわけです。したがって母というものを尊ぶ。『荘子』『列子』は少し複雑でありますが、『老子』が一番簡単明瞭、『老子』に出てくるのが母という言葉。

儒教ではいかにして母から独立して母を喜ばせるような活動をするかというのが一つの理想である。ところが老荘流の表現を見ると、いつまでも母と一緒に居《お》りたい、母に養われることを尊ぶ。母から離れないという説き方をしている。と同時に嬰児の徳を力説して、

人間は常に嬰児でなければならない。我々の肉体はどこまで成長しても嬰児のような生命の純真さ、柔軟さを持たなければならない。嬰児の未だ孩《わら》わざるが如しという意味の「未《み》孩《がい》」という言葉がある。赤ん坊が「にこっ」と笑う。無限の生命を含んで少しも外に発動しない時の全き姿、純一の姿、限りなき内容を含んだ虚、空、これを表現して「嬰児の未だ孩わざるが如し」。したがって剛ではなくて柔を尊ぶ。

こういうのが黄老・老荘の特徴でありますが、なお面白いことは、こういう老荘的人生観で生活し、政治をやる、その理想の指導者を「黄帝」と称して、色では黄色をつけた。いろいろ想像をたくましうする学者の中に、老子以前に黄子という哲人がいたのではあるまいか、こういうことまで考えた人があるが、いくら調べても黄子というのはおらない。やはり黄帝である。理想の天子に黄という名前、つまり色をつけた。

黄色の神秘

そして黄色を王者の色として宮殿の壁も黄色、瓦も黄色、車も黄色、すべて皇帝を黄色に結びつけた。これは六朝《りくちょう》のあと、儒教、佛教、老荘などが渾然としてきた時、つまり春秋戦国に対する第二の百花斉放期を過ぎて、隋《ずい》の文帝とか煬帝《ようだい》の時にほぼこれが定まったようであります。

それでシナでは中のことを「黄中」といった。白中とも黒中とも緑中とも青中ともいわず、黄中といった。「老荘」というのは漢末の頃からできた言葉であって、それまでは

「黄老」といった。これが面白い。つまり老荘において玄を旨とし、女性を旨とし、母、嬰児、したがって無、虚、空を旨とするところは、つまり全一であり、永生である。真の生、全き生、永遠の生というものがこれだ。分化発展してしまったら必ず空間的にも時間的にも限定されてしまう。どうしても本に返る。根に返って玄となり、無となり、虚となる。女性となり、母となり、嬰児となる。それで初めて全一、全生、永生を得る。

つまり宇宙造化、天地、人生というものは生である。徹底した生そのものである。そこにまた神道《しんとう》と通ずるものがある。日本の古神道も、大陸からいろいろの思想文化が入って老荘と早く交流しておった。これが日本の山岳信仰となり修験道《しゅげんどう》となる。その過程を調べてみるとまた非常に面白い。

そこで生そのものは、まず視覚の世界、見る世界において黄色をとった。そして生そのものを代表するところの天子に黄色を当てはめて黄帝というものをつくり上げた。これがその後だんだん研究するうちに、哲学的に妙（いうにいわれぬほど、すぐれていること）であるばかりでなく、科学的に真理であるということがわかってきた。これがまた面白いですね。

学問というものはそれからそれへと限りないもので、我々人間が色として感覚するのは、一番波長の伸びたものが赤である。それから橙《だいだい》色、三番目が黄色、四番目が緑、それから青、藍《あい》、紫。これから先は紫外線で、人間に光として感じさせない。ところがこの七色の中で光として我々の視覚に一番明るい色は何か。波長の一番大きい赤色光線かというと、そうではない。黄色が一番明るい。赤の方へいくと、波長も大きいけれども明るさ、つまり物を見る視覚からいうとかえって暗くなる。また反対側へ行けば行くほど暗くなる。夕方になると藍色になる。紫色になる。ますます暗い。夜明けの赤や橙や、そして黄色が一番明るい。これは光学的にもはっきりしております。

それから種子や苗などに、光を集中する偏光板を使って黄色光線を当てると非常に早く生長する。赤色光線ほかいろいろの光線をかけて試験してみると、黄色光線が格段に物を生長させる。即ち生の色であるということがはっきりわかる。唐茄子《とうなす》（南瓜）の黄色いカロチン、あれはビタミンAが主たる内容であります。そこで黄というものは生の色である。したがって生を司るところの、万物を育てるというより、成育の代表である天子・王者に黄色を当てるということは科学的に正しい。

それから地球の表面を観察してみると、赤道直下はやはり赤色光線が強い。ヨーロッパの方に行くと青藍紫の方の光線が強い。日本とかシナとか、北米の一部分は黄色光地帯。そこで一番生命力に富んでいるのは黄色人種だということになる。赤色人種、即ちインディアン、あるいは黒人、あるいは白の欧州人などよりは黄色人種が天理にかなっている。

生命力が豊かであると言える。というと西洋人は嫌がるそうですけれども……。

さらに世界中の民族で日本人の眼が一番いい。東大の眼科に石原という先生がいる。石原眼科といって有名ですが、この先生の後を継いだ草間という人、これは『国訳漢文大成』をつくった鶴田久作氏の実弟であります。この人から眼の話もずいぶん聞きましたが、やはり日本人の眼が良いそうです。というのは日本人の眼の水晶体が黄色い。眼球の奥、後がやっぱり黄色だという。だから日本人の視覚が一番発達しているそうであります。これは実に面白い。真理というものは探究すればどこかで必ず一致するものであるということがわかる。

そこで最初は黄老であった。その黄がいつの間にか老荘になったということは、ある意味において堕落かも知れぬ。黄老で押し通した方が道家はもっと発達したかも知れない。これは漢末になってせっかくの黄老の黄をなくしてしまって、老荘になってしまったあたりから堕落してきて、竹林の七賢の晋《しん》時代のようなデカダンスに陥ってしまった。

そこへいくと儒教、孔孟の方は頑固になったり、固陋になるが、なんといっても剪定をやりますから崩れない。頑固にはなっても堕落頽廃しない。その意味において孔孟の方が確かである。しかし妙味だとか深さとか含蓄とかいうことになると、黄老の方には独特の妙味がある。

老荘流人間完成の九段階

そこで黄老流、老荘流の求道、修行とはいかなるものかというと、ここに老荘家の人間完成の九段階というのがある。これは『荘子』の雑篇〈寓言〉にある有名なものでありますが、例えば、あるがままの人間の状態を「野」という。粗野、野蛮の野。これはまだ垢ぬけがしていない、修養の加わらないあるがままの状態。これが真理を聞き、道を学んでややできてきた状態、というよりは、あるがままの無知な素朴な状態ではなく、真理とか道に耳を傾け出す状態、そういう状態を「従」という。

一年にして野なり。二年にして従なり。三年にして「通」。これは真理を聞き、道を学んでだいぶ通じてきた、ある程度のところまで進歩してきた状態である。そこで、四年にして「物」――いわゆる物になる。とにかくあるがままの最初の野より、従、通じて別の物になった。どうやら只の人間ではない、一つの本物になったということ、四年にして物。これが第一次完成である。

そうすると、道を聞かざる前には無かった何ものかが、即ち別の力、あるいはインスピレーションが現れてくる。これを「来」という。五年にして来。新たなるものが第一次完成から出てくる。つまり道の中にぐんぐん入って行く。出て行くのではない、入って行くんです。そうすると第一次完成の後にインスピレーションがやってきて、なにか神秘的なもの、つまり霊的なものが入ってくる。これを霊といわずに、老荘流に〃鬼〃という。六年にして「鬼入」。そして七年にして「天成」。第二次完成に到達する。「物」までは人成だ。まだ人間的だ。そこから新たなるものが入ってきて、そこに何か神秘的作用が起こって初めて第二次の完成、天成となる。人成ではなくて天成。つまり人間から天に入った。そうなるともう人間の生死などというものは問題ではない。八年にして死を知らず、生を知らず。「不知死、不知生」。かくして九年にして大いに妙なり。「大妙」。

こういうのが老荘流の心境、あるいは人格発達の段階、道程である。まことによく表している。いろいろの法というものを最初からつけ加えてゆくのではない。すべて去っていく。だんだん奥深く入って行く。そうして最後の幹に根を到達するときに本当の生が働く。即ち大妙になる。

老荘流の考え方

荘子はよく、孔子だの顔回《がんかい》だの、儒者の最も尊重する人びとを拉《らっ》し来って、これを縦横に斬る（一種のアイロニーとして）のが特に得意とするところでありましたが、『荘子』の内編〈大宗師〉に孔子と顔回の問答がある。もちろんこれは荘子のフィクションです。

顔回はあるとき孔子の前で、「私はこの頃非常に得るところがありました」「どういう得るところがあったか」「回《かい》や仁義を忘る（仁義を忘れました）」。仁義というのは儒家の最も大事なところですね。また「この頃私は非常に得るところがありました」「どういうところか」「礼楽を忘れました」。礼楽即ち天下国家を治める一番大事な仁義である。礼は国家を構成するあらゆるものの美しい秩序であり調和である。これのなだらかな流動、動きが楽である。豊かなる文化内容を持った自由な発達というものが礼楽である。つまり今日の言葉でいうならば、「私は道徳を忘れました。政治を忘れました」こういうことです。

またある日、孔子の前に出て、「私はこの頃こういう得るところがありました」「どうしたか」。今度は「私は坐忘をいたしました」。坐忘（意識せずに物と我との区別を忘れること）、これは有名な荘子の言葉です。一切の道だとか法則だとか、そういうすべてのものを忘れてしまった。孔子がそれを聞いて非常に感心して「お前もそこまでできたら、これからわしもお前の教えを聞こう」と言った。

これはフィクションですが非常に面白い。そういうものはつまり老荘の行き方です。すべて大事にするものはみな捨てて、本当のものを身につける。だから例えば政治家や役人が長官になり、大臣になる。そしていかにして大臣の職責を尽くし、いかに民百姓を治めてゆくか、これは表芸で現実的です。これは孔孟の教えの常に力説するところである。

ところが老荘になると、これを逆に取る。例えば人の上に立つ、人の長になるというと、いろいろの仕事、部下に対して立ち入らない。「長として宰せず」〈長而不宰〉。いろいろの働きをする。それが出来上がるというと、「功成って居《お》らず」〈功成而不居〉。かるが故に「去らず」〈不去〉。たいていの人間は長となると指揮干渉して、かえってごたごたにしてしまう。功成るというと、これをわが物にしようとする。功に居ろうとする。

老荘流の政治家・庚桑楚

畏塁という所の地方長官、知事になった庚桑楚《こうそうそ》という人がある。この人は知事になると妙なことをやった。それまで最も威張っていたのと、最も評判のいいのと二種類の人間をくびにしてしまった。「画然として知なる者」、物をはっきりと区別する、いわば論理的な頭脳のはっきりした、イデオロギーに長《た》けた進歩的文化人の代表者みたいな者。それから「潔然として仁なる者」、新政策だとか革新政策だとかいって、人道主義やヒューマニティーをやかましくいう人間。その頭のいい人間やお為ごかしのうまい人間をくびにして、「擁腫《ようしょう》」と「鞅掌《おうしょう》」とを用いた。今まで下積みになり馬鹿にされていた者である。擁腫というのは水ぶくれ、太った寛仁大度、鷹揚な人間。それから鞅掌というのは、何にも言わずにこつこつとまめに働く人間。この二つのタイプの人間を取り上げて、いわゆる頭のいい、また腕の立つ、政策を立案して福祉政策をテキパキやるような人間をみなくびにしてしまった。

そこで今度の知事は変な人だとみな怪しんでおったが、しばらくすると、なんということなく世の中が治まって太平無事になった。そうするとどこからともなく、今まで悪口を言ったり、怪しんでいたような連中が、「今度の地方長官は偉い。無為にして化す。あの人が来てから自然に何だかいい気持ちになってきた。ああいうのが本当の長官というものだ。これを一つ表彰しようじゃないか」という案が出た。

この話を庚桑楚が聞きまして、どんなに喜ぶかと思ったところが、浮かぬ顔をした。「どうされたのか」と聞いたら、「わしもまだだめだ。この辺のけちな民衆から表彰だの彰徳だのといわれ、注目の的になるようではまだだめだ」。「我はこれ的《てき》の人か〈この程度の人間か〉」、こう言って浮かない顔をした。こういうことが書いてある。面白いですね。

たいていの人間は、人の的になりたくてしようがない。表彰や彰徳をやってもらいたくてしようがない。やってくれなければ自分で銅像を建てたりなんかする。石碑を建てたり銅像をつくったり、私のところへも何やら書いてくれなんて履歴書みたいな物を持って来る。こっちも困るが、そんな馬鹿なものは書けないともいえぬから、まあ枉《ま》げて人情に従って時々書いているが、庚桑楚なんて偉いもので、せっかく人が表彰しようというのに、「情けない。民衆からなんとかかんとか言われて目につくようでは、おれもまだだめだ」。

こういうことから、『荘子』には「庚桑楚は老聃《ろうたん》（老子）の道を偏得す（最もよく得る）」と書いてある。こういうのが老荘流の考え方です。

私の叔父など、歌と禅と俳句で一生を終わった人でありますが、私が小学校で優等生になって、郡長さんから本郡一の優等生だという賞状と硯箱をもらったことがある。それを喜んでいたら叔父が「それは結構なことだ。しかしそんな物をもらって喜ぶようでは駄目だぞ」なんて十歳ぐらいの子供にそういうことをいう。どうもこれがだんだん癖になって、この頃は変な奴が褒めたりすると実に不愉快です。

しかしこれはいいですね。非常に楽です。その代わり人が腐《くさ》してもなんともない。なんともないではない、面白い。つまらない腐し方をするから……。本当に嬉しくなるような褒め方だとか、本当に痛いような腐し方をするなんていうのは滅多にありません。たいていは毀誉褒貶《きよほうへん》共につまらない。蛙鳴蟬噪《あめいせんそう》なんて言葉がある。本当の蛙鳴蟬噪は自然のどこか音楽的なところがある。人間の蛙鳴蟬噪は実に雑音でうるさい。こういうのが老荘流であります。

双葉山と木雞

もう一つ、みなさんが知っておられるだろうけれども、『荘子』にも『列子』にも「木雞《もくけい》」という言葉がある。これは双葉山（三十五代横綱。相撲協会理事長。一九一二〜六八）が彼の自叙伝の中に自分自身で詳しく話しております（『相撲求道録』黎明書房刊）。

ある王が闘雞が好きだ。軍鶏《しやも》、蹴合雞といいますね。あれを蹴合わすことが好きで、紀《き》渻子《しょうし》（あるいはキセイシ）という闘雞を養う名人に雞を預けて調教させた。ところが一向に持って来ないものだから「どうだ」と聞いたら、「いやだめです」「何故だめだ」「いや、あいつは空元気《から》だけだから、だめです〈虚憍《きよきよう》にして気を恃《たの》む〉」。しばらくして「どうだ、もうよかろう」というと、「いや、まだいけません」「どこがいかん」「相手が出てくると昂奮します」。

それからまたしばらくたって、しびれを切らして「もういいだろう」「いや、まだいけません」「どこがいかん」「もう空元気はなくなり、相手が出てきても昂奮しなくなりましたが、その代わりに今度は『汝等何かあらん』というような、相手を小馬鹿にするようなところがあってまだいけません」という。

それからまたしばらくして「どうだ」といったところ、「もうぼつぼついいでしょう。ちょっと見ると木で彫った雞みたいで、全く何物でもうかがうことのできないもので、こうなると、おそらくいかなる雞が現れても、一見して退却するでしょう」。そうかというので、早速一番獰猛な奴と蹴合わしてみたところが、果たせるかな、その雞を見るとこそこそと退却してしまったという。これを木雞という。面白い話です。

なるほど人間を見ても、あまり力もないのに空威張りするものがいる。そうかと思うと、何か好敵手が現れると無闇にいきり立つなんていうのもいる。今日もある会議に出たんですが、空威張りやら昂奮するやら、いろいろのことがあって木雞を思い出しましたが、人間というものは少しできてくると確かに人を小馬鹿にしますね。

昔、双葉山がまだ連戦連勝するちょっと前でしたが、一緒に飲んでおって、こっちも少し木雞の前だったと見えて一杯機嫌で「どうも君は偉いがまだいかん」「どこがいけませんか」。そこで木雞の話をしたら、彼は黙ってじっと聞いていた。こっちはいい気持ちになって酔っぱらって別れたんですが、それから彼が勝ちっ放して六十何連勝かして、空前絶後の人気を取った。

その頃、私はちょうどヨーロッパに行った。船がインド洋にさしかかった時、「電報が来ました」とボーイが慌ただしく駆けこんで来た。このとき私のキャビン付きのボーイであった山下君というのは、未だに正月には毎年必ず私の家に写真を撮りに来るんですが、その時一カ月も船に暮らしているうちにすっかり私に馴染《なじ》んでしまって、私が日本に帰ると後を追って船を下りて以来、ずっと親しくしている。これが慌ただしく目の色を変えて入ってきた。「双葉山から電報が来ましたが、何のことかわかりません。電信係が聞き直そうかといっておりますが……」という。持ってきたのを見たら「イマダモッケイニオヨバズ」〈未だ木雞に及ばず〉と書いてある。「あっ負けたな」と思ったら、そのとき果たして負けた。それで、彼は覚えておったのかな、とんでもないことを教えたもんだと思ったのであります。

ところが帰ってきてその話を聞くと、彼はその晩から木雞の修行を始めたらしい。そしてとうとうああいう境地に到達したようであります。「木雞」と書いてくれというから、太字で書いてやったら、額にして、家へ帰って暇があると木雞の額の下で坐禅をしていたという。どうもこれにはこっちの方が参りました。

聖道門と浄土門

儒教流でいうと、いろいろのものを加えてゆく、あるいは少なくとも手を入れていくわけです。ところが老荘流はこういうのを捨てていくんです。手を加えてゆくのも捨ててゆくのも、結局は同じことなんだが、道程が違う。どっちもそれぞれ難しいが、これは佛教でいうと聖道門と浄土門。法然《ほうねん》や親鸞《しんらん》の浄土門は老荘的ですね。聖道門は儒教的、孔孟的です。どっちがどっちともいえないが、それぞれ妙味がある。老荘流はとにかく捨てて捨てて捨てて切ったところに初めて本当の生の力が出てくる。つまり捨て切るということは生き切るということになるわけです。

日本の神道は、あらゆる罪穢《けが》れのあらんをば、「祓い給え、浄《きよ》め給え」で、一切を切り捨てるところに本当の生きる力が出てくる。つまり神道の現れである清浄が得られる。これらはみな禅と同工異曲です。老荘系統のインドから入ってきた禅系統の教えといち早く交流をしたということはなるほどと思われる。

だから理屈っぽい人間とか、煩悩の強い人間とか、あるいは色気の多い人間とかなんとか、少しプラスの強い方の人間は老荘流、禅流、古神道という方へ入っていった方が救われやすい。孔孟や佛教の聖道門に入っていくと、真言とか天台とか華厳とか、そういった方に入ってゆくとなかなか解脱《げだつ》できない。老荘流の方に入ってゆく方が救われやすいと思うが、これはなかなか難しい。

難行道と易行道

法然や親鸞の道を易行道《いぎょうどう》というけれども、これは決して易行ではない。人間の持っている煩悩といったようなものを本当に一擲して、ひとえに弥陀の本願にすがる、無心になって南無阿弥陀佛とはなかなか言えない。よく落語家の話に嫁いびりの姑婆さんが佛壇の方に向かって、「南無阿弥陀佛、南無阿弥陀佛」と言いながら、嫁の方を向いてはガミガミと怒鳴りつけるなんていうのはこれと同じようなものだ。理屈だけは知っていて、なかなか煩悩は捨て切れない。むしろそういう点からいうならば、難行道《なんぎょうどう》の方が易行道かもしれない。

しかしいずれにしても道というものは微妙なものであります。そうしていずれの道も根本において変わらないことは、我々が天地・人生の深い真理と一つになるということであります。論理や概念で言うのではない。道というものと一つになる。そうして着実に縁に随《したが》って実践する、行《ぎょう》ずる。それだけはいかなる教え、いかなる道でも変わらざる根本要点であります。ともすれば禅を学ぶ者、禅に参ずる者はこれを間違って野狐《やこ》禅になる。

第八章　木雞と木猫——禅の要諦

前回は老荘と木雞《もくけい》のお話をいたしましたが、原文で読みたいというご希望がありましたから、今日は面白い文献を直接読んでご紹介しましょう。

木雞　第一は木雞の原文です。これは『荘子』外篇の「達生」篇の中にありますが、もう一つ『列子』の「黄帝」篇にもある。この次の「猫の妙術」、これは吉川英治氏などの小説の種本になったもので、これはおそらく木雞から取って創作したものだと思うのですが、これを書いたのは世間には小野派一刀流の名高い伊藤忠也だと伝えられているが、そうではなく、これは八代将軍吉宗の享保（一七一六～三五）の頃、久世藩の丹羽忠明の作ということがはっきりしております。この人は逸斎あるいは樗山。著書に『荘子』に擬した『田舎荘子』というのがあり、その中の一編です。『田舎荘子』と好一対の本に『浮世荘子』というのがある。これは樗山と同じ頃の田中冥山、名前は長與、この人の作であります。

「猫の妙術」はその丹羽樗山の『田舎荘子』の中の一編で、木雞に対していうならば「木猫の話」といった方が本当は当たっている。その次の「庖丁の話」というのは名高い『荘子』内篇の「養生主」の中にあります。これもたいへん有名な文献であります。こういうのはみな老荘、したがって禅の要諦《ようたい》を伝えたものとして、昔から好事家《こうずか》の愛読してきたもので、いろいろの名士もひそかに自分の修養に活用した面白い文献です。

先述のように、木雞の話などは、双葉山全盛の時に彼は終始これを自分の私生活において、あるいは土俵の上において工夫を凝らしたものです。こうなるとなかなか文献も尊いものであります。

木雞とは木彫の雞です。紀渻子《きしょうし》、どうもこういう名前がついているところを見ると、必ずしもフィクション、架空の人物ではなくて、本当にこういう人物がいたのかもわかりませんね。渻という文字は、元来、水が減ってきた、洪水が減水してきたのを表す意味であります。それから河に臨んだ岡があって、その前を河が流れている、そういうところを表します。めったに使わない文字であります。

「紀渻子、王の為に闘雞を養う」。この王のことをいろいろ学者が考証しており、『列子』を読みますと周の宣王と書いてある。こんな考証はどうでもいいのですけれども、唐《とう》の成玄英という学者が『南華真経注疏』という『荘子』の註釈を書いている。この註釈の中ではこの王のことを斉の国の王、斉王としております。まあ何にしても「王の為に闘雞を養う。十日にして問う、雞よきか」。これは私がそう読んだので、原典には「雞已乎」とある。已は「やむ」「終わる」という字です。だから已は「もういいか」という字ですね。もう調教は終わったか、出来上がったかという字で、これでいいと思う。

「曰く、未だし。方《まさ》に虚憍《きょきょう》にして而して気を恃《たの》むと」。憍は驕と同じで、おごり高ぶるという文字。それが実力があって高ぶるのではなく、虚しい、うつろである。まだ本当に力が充実しているのではなく、空《から》元気で気を恃む。大いに自ら任じている。要するに空元気に過ぎない。

そこで「十日にしてまた問う。曰く、未だし」。まだいけません。「猶《な》お嚮景《きょうえい》に応ずと」。嚮という字は響くという字と同じだと註釈しております。景は姿でありますから、他の雞の鳴く声とか姿とかいうようなものですね。あるいは嚮は、「さき」「むかう」という字ですから、相手の姿と解釈することもできます。どちらにも通ずるわけです。「虚憍にして気を恃む」。空威張《からいばり》、空元気に過ぎないということは通り越したが、まだ相手の声を聞いたり姿を見たり、対象が現れてくると、「よしきた」と応ずるようなところがある。

「十日にして又問う。曰く、未だし」。まだいけません。じれったい話である。「猶《な》お疾視して而して気を盛んにす」。疾視というのはにくむこと。疾視して「この野郎！」というようなところがあって気を盛んにす。だからいけません。

「十日にして又問う」。四回目ですね。第一回目は「虚憍にして気を恃む」。二回目は「嚮景に応ず」。三回目は「疾視して気を盛んにす」。四度目になって「曰く、幾《ちか》し」。まあいいでしょう。「雞　鳴くものありと雖《いえど》も」、こういうことがあるものですから嚮景の文字を響くという字と相通ずるとして、他の雞の声だとか、景の方は姿と、こういうように註釈している。「雞　鳴くものありと雖も、已《すで》に変ずることなし。之を望むに木雞に似たり、其の徳全《まった》し。異雞敢えて応ずるもの無く、反って走らん」と。これは徳が完全になったので、他の雞はこれに敢えて挑戦するものなく、逃げて走るでありましょう。こういったという。

面白い話であります。人間もこのとおりで、修練を積んでいくと、やはりこういう段階に達してゆく。剣道でも柔道でも、あるいは芸術でも同じことであります。最初は虚憍にして気を恃む。次は嚮景に応ず。その次は疾視して気を盛んにす。そのうちに練れて徳が充実してくると、木彫の雞みたいになって平然として変わらない。こうなると「異雞敢て応ずるもの無く、反って走らん」。

私は犬でこれを経験したことがあります。あるとき私の家の前を、大した犬とも思われない一匹の犬がやってきたら、これに四、五匹近所の犬がわんわんいってとび出してきた。

その犬はゆっくりと頭をめぐらして、「ううー」と唸ると、とび出してきた奴が一目散にみな逃げ出してしまった。これは木雞ではなくて木犬だなと感服したことがある。

男谷精一郎　幕末の講武所師範でおそらく宮本武蔵以上だろうといわれた男谷《おだに》精一郎信友（一七九八〜一八六四）、この人は下総守に任ぜられた。剣によって下総守というような地位を与えられたのは男谷だけです。それに対して槍で伊勢守になった高橋伊勢守、槍の伊勢守、剣の下総守というのは好一対《こういっつい》といわれております。

男谷信友という人はそういう武道の大家であるだけに、人格もできております。それがやはり剣に現れて、当時の剣客がずいぶん挑戦してもほとんど応じなかった。たとえやってきても弟子に試合をさせて見ているだけで、自分ではめったに手合わせをしなかった。あまりしつこく頼まれると時々応じたそうであります。当時のいろいろの武芸の記録を見ると、非常に柔らかな剣で、まるで正体がないように見えるが、まるで磁石にでも吸い付けられたというか、あるいは咒縛にでもかかったようで、退くことも進むこともならず、勝負にならずに終わるというようなことがよくある。本当の名人であったようであります。

中里介山の『大菩薩峠』に、この人をかりて、寛永寺坂で新撰組が清河八郎（出羽出身の幕末の志士。一八三〇〜六三）を襲撃するところを書いておりますが、どうしたことか清河の駕籠に男谷下総守が乗っていた。それは一足早く何かの用事で清河は男谷の駕籠で帰ってしまったんですが、さりとは知らずに、てっきり清河の駕籠だからというので押さえてみたら、中から現れたのは男谷下総守。「何者か。人に恨みを受ける覚えはない。おれは下谷車坂の男谷だ」。襲撃隊長は新撰組次席の土方歳三《ひじかたとしぞう》、「しまった。人違いだ。いや面倒だ、やっつけてしまえ」。号令一下、連中が一斉にかかったが、ほとんどみな一刀の下に倒されて、しまいには土方が取って押さえられた。これほどの名人とは知らなかったと彼は悔む。それを取って押さえながら切らずに引き起こして「剣を学ぶ者はまず心を学べ」という一語を与えて悠然として去って行くというところが書いてある。『大菩薩峠』を読んだ人はここで参ってしまって、えらくこの本が有名になった。

この人の門下に出たのが名高い島田見山＝島田虎之助で、これも非常な名人でありまして、この人のことも『大菩薩峠』によく描写されて出ております。毒を飲まされて血を吐きながら帰って行く後を刺客が襲って、もう大丈夫だと思って突然後ろから槍をひねって刺そうとしたが、血を吐きながらフラフラしておる島田見山をどうしても刺すことができなかったというところがうまく書いてあります。その辺が『大菩薩峠』が出た頃に読者をうならせたところであります。

この男谷精一郎などは、まあ木雞の域に達した武道家であります。双葉山などもまず相撲ではこの域に達したと申してよかろうと思います。そういうことを考えると、この短い文章でありますけれども、含蓄があって興味津々《しんしん》たるものを覚える。我々もこういうところまでいきたいものだと思います。

その次が木猫、猫の妙術であります。

木猫

「勝軒といふ剣術者あり。其の家に大なる鼠出でて白昼に駆け廻りける。亭主其の間をたて切り、手飼の猫に執らしめんとす。彼の鼠、猫のつらへ飛びかかり食付きければ、猫、声を立てて逃去りぬ。比の分にては叶ふまじとて、それより近辺にて逸物の名を得たる猫どもをあまた借りよせ、鼠取りのしたたか者といわれる猫どもをたくさん借りよせてきて「彼《か》の一間へ追入れければ、鼠は床のすみにすまひ居て、猫来れば飛びかかり、食付き、其の気色すさまじく見えければ、猫ども皆尻込して進まず。亭主腹を立て、（剣客ですから）自ら木刀をさげ打殺さんと追ひまわしけれど、手元より抜け出でて木刀にあたらず。そこら戸障子唐紙抔《など》たたきやぶれども」、あまり剣術はうまくないと見えて、鼠より唐紙《からかみ》などばかり叩いている。「鼠は宙を飛んで其の早きこと電光のうつるが如し。ややもすれば亭主の面に飛懸り食付くべき勢あり」。

「勝軒大汗を流し」、この勝軒などというのも、おそらくフィクションでしょうが、名前が面白いですね。勝つことばかり考えている人間ということがこれでわかる。木雞でいうと始めの段階ですね。「僕《しもべ》を呼んでいふ、これより六、七町さきに無類逸物の猫ありと聞く。借りて来《きた》れとて、即ち（即刻）人を遣はし、彼の猫をつれよせ見るに、形りこう気にもなく、さのみはきはきとも見えず。それとも（それでも）先づ追入れて見よとて、少し戸をあけ、彼の猫を入れければ、鼠すくみて動かず。猫何の事もなくのろのろと行き、引きくはへて来りけり」。なかなか文章もうまい。

「其の夜件《くだん》の猫ども彼の家に集まり（勝軒の家に集まって）、彼の古猫を座上に請《しょう》じ（上座に据えて）、いづれも前に跪《ひざまず》き、我等逸物の名を呼ばれ、其の道に修練し、鼠とだに言はば鼬《いたち》、獺《かわうそ》なりとも取りひしがんと爪を研《と》ぎ、罷在《まかりあり》候処、未《いまだ》かかる強鼠あることを知らず。御身《おんみ》何の術を以て容易に是を討玉ふ。願くば惜むことなく公の妙術を伝へ玉へとて謹んで申しける」。

それで「猫の妙術」という題になっております。

「古猫笑って言ふ、何《いず》れもわかき猫達、随分達者に働きたまへども、未《いまだ》正道の手筋を聞きたまはざること故に思《おもい》の外のことに逢ひて不覚をとりたまふ」。これはいいと思うんですね。みなずいぶん達者にやる、腕っこきであるが、まだ正道の手筋、本格の修行というものに徹しておらない。

「未だ正道の手筋を聞きたまはざること故に思の外のことに逢ひて不覚をとりたまふ」。

これは学問でも芸道でも何でもそうであります。学問でも独学の大家があります。自分一人で勉強して相当にその道では徹した人であるが、ともすればそういう独学の大家というものは、いわゆる正道の手筋、本格の学問をしていないものですから、どこかに無理がある。あるいはなかなかできるなと思うけれども癖がある。つまりどうも独りよがり、一人免許になってしまう。やはり正しい師、本格の師、正師につかぬとどうもいけない。

『大菩薩峠』のことを申しましたが、この主人公は例の机龍之助、この人のお父さんが机弾正、これが本物で非常にできる。倅《せがれ》の剣はよくできるが、どうも独りよがりのところがあって邪剣だ。「お前の手筋を叩き直して本当に仕込んでくれる人は、今天下広しと雖も下谷《したや》車坂の男谷精一郎に若《し》く者はない。それについて学べ」と訓戒する。それを龍之助は、「何をいうか、男谷何ほどのことがあろうか」と敢えて教えを受けずにいた。その男谷が思いがけずに彼の参加していた清河八郎暗殺の際に、清河と思いきや、駕籠の中から現れた。この男かと思って彼は凝視していたところが、一刀一殺でみな倒されてゆく。そのみごとな太刀さばきにだんだん彼はうたれて放心、虚脱して物蔭から見送ったところが書いてある。これもなかなか面白いところであります。

「未だ正道の手筋を聞きたまはざること故に思ひの外のことに逢ひて不覚をとりたまふ。然《しか》し乍《なが》ら先づ各々の修行の程を承らん」と言う。若い連中がどういう修行をしたか、それからまず聞きましょう。

「其中に鋭き黒猫一疋進み出で、我れ鼠を取るの家に生まれ、其の道に心がけ、七尺の屏《びよう》風《ぶ》を飛び越え、ちいさき穴をくぐり、子猫の時より早業軽業至らずといふ所なく、或ひは眠りて表裏をくれ」、上べには寝たふりをして実は狙っていることです。「或ひは不意に起《た》って桁梁《けたはり》を走る鼠と雖も捕《とり》損じたることなし。然《しか》るに今日思の外なる強鼠に出会ひ、一生のおくれを取り、心外の至りに侍る」。いかにも虚憍にして気を恃むというところがよく出ている。

「古猫云、吁《ああ》汝の修むる所は所作のみ」。うまいですね、お前の修行したのは所作だけ、技術だけだ。鼠を取るということだけだ。「故にいまだ窺《うかが》ふ心あることをまぬがれず。古人の所作を教ふるは（古人が技術を教えるのは）其の道筋をしらしめんためなり。故に其の所作簡易にして（極めて技術は簡単で）其の中に至理（至れる真理）を含めり。後世所作を専《もっぱら》として」、ところが後世になると中に含まれる道筋を忘れて、技術、所作を専らにして「兎《と》すれば角《かく》すると色々の事をこしらへ、巧を極め、古人を不足として、才覚を用ゐ」、自分の才覚、頭の働き、これを使うと「はては所作くらべといふものになり」技術の競争というものになり、「巧尽きていかむともすることなし」。

この頃の書道だとか絵画だとかみなそうです。前衛書道だとか、この頃は前衛音楽なんていうのが出てきたですね。ピアノの前にすわってしばらくしてスッと立ってスッと引っ込んで行く。これが前衛音楽だなんていうのが出てきた。絵画もそうで、それこそ「巧を極めた人を不足とし、才覚を用ゐ」、精神錯乱者のような絵を描いて所作くらべをしてどうも動きがつかぬというのがこの頃のいわゆる前衛芸術の実情であります。

「巧尽きていかむともすることなし。人の巧を極め才覚を専とする者はみなかくのごとし。才は心の用なりといへども、道にもとづかず巧を専とする時は偽の端となり（うそとなり）、向（さき）の才覚却て害に成る事おほし。是を以てかへりみ、よくよく工夫すべし」。ピシャリとやられた。

すると「又虎毛の大猫一疋まかり出《い》で、我おもふに、武術は気勢を貴ぶ。故に気を練ること久し。今其の気豁達《かったつ》至剛にして天地に充つるがごとし」。

まるで『孟子』のいわゆる「浩然の気」のような話であります。『孟子』の公孫丑の上篇に「我善く吾が浩然の気を養ふ。敢て問ふ、何をか浩然の気と謂《い》ふ。曰く言ひ難きなり。その気たるや、至大至剛、直を以て養ひて害《そこ》なふなければ、即ち天地の間に塞《み》つ。その気たるや、義と道とに配す。是れ無ければ餒《う》うるなり。是れ義に集《あ》ひて生ずる所の者にして、襲《おそ》ひて取れるに非ざるなり」という有名な一節があります。これを使っている。

「今其の気豁達至剛にして天地に充つるがごとし。敵を脚下に踏み、先づ勝つて然して後進む。声に随《したが》ひ響に応じて鼠を左右につけ変に応ぜずといふことなし。所作を用ひるに心なくして所作自ら湧き出づ」。もうわざなんていうものには心がない。「無心でしかも所作自ずから湧き出づ」。無心から自然にわざが出てくる。「桁梁を走る鼠はにらみおとして是をとる。然《しか》るに彼の強鼠来るに形なく往くに跡なし。是いかなるものぞや」。だいぶ進歩してきました。この虎毛の大猫は……。

「古猫の云ふ、汝の修練する所は是れ気の勢に乗じて働くもの也。我に恃む所ありて然《しか》り。善の善なるものに非ず」。前の木雞で申しますと、「猶《な》ほ疾視して而して気を盛んにす」というところ。あるいは「猶ほ、嚮景《きょうえい》に応ず」という段階でもある。善の善なるものではない。「我やぶって往かんとすれば敵も亦やぶって来る。またやぶるにやぶれざるものある時はいかむ」。両方伯仲して動きが取れぬ時はどうなる。

「我覆ひて挫かぬとすれば敵も亦覆ひて来る」。圧倒してゆかうとすれば、向こうも圧倒してかかって来る。「覆ふに覆はれざるものある時はいかむ。豈《あに》我のみ剛にして敵みな弱ならむや。豁達至剛にして天地に充つるがごとく覚ゆるものは皆気の象なり（気のあらわれである）。『孟子』の浩然の気に似て実は異也」

孟子は「集義」ということと「義襲」ということを言っている。この「浩然の気」というのは集義の生ずる所、義襲して取るのではない。つまりいかになすべきやという、道に従って動くところが義ですね。それを繰り返しているうちに自然に出てくるのが浩然である。かくすべし、かくすべからずという、それを襲、おそう、継承する、それを真似て、つまり外にある規範を模倣してつくり出すというものではない。この浩然の気というものは、自分の内面的な修練を集中しているうちに、自然に生まれてくるところのものである。形を真似て、外に模倣して、形やわざや、そういう外部的なものを取り入れて出てくるものではない。中から修練してくるうちにだんだん出てくるものである。外から真似をしてつくり出すことのできるものではないということを、『孟子』は力説している。

そういう内面生活、内面的修練をしないと餒《う》える。「行ひて、心に慊《こころよ》からざるあれば則ち餒《う》う」。外のものを真似る、形式、型、そういうものを外から取り入れるだけでは満足しない。心が餒える。やはり自分の内面的な心から、中から創造してゆく、つくり出してゆくというようにならないと、浩然の気という堂々たるものが出てこない。餒えるという一字が非常にきいております。

我々でもそうですね。始終自分自身の内面的な修練をしないと、真似しているばかりで、形、わざというものばかりを取り入れるだけでは何かしら餒える。書物でもそうでありまして、ただ知識のための研究、技術のための研究、生活のための研究、そういうものでは本当の力にならない。なんとなく、つまり内面的貧弱、精神的飢えを感ずるようになる。「孟子の浩然の気に似て実は異也」。ちがう。「彼は明を載せて剛健なり」。これは易に出ております。

易は老荘と孔孟との渾然たる融和であり合作であります。明というのは䷝、火の卦を二つ重ねたのが離の卦である。これは火が炎々と燃えるから非常に明るい。盛んである。しかしこれから先どうなるかというと旅、䷷火山旅へ行く傾向がある。旅の卦を見ますとあまりよくない。旅をする。これからだんだんいろいろの問題が続出してくる。この旅の卦を見ますと、自分の泊まっている旅舎に思いがけない火事が起こってとんでもない目に遭ったり、あるいは自分の連れておる従者が持物を盗んで逃げて行ったりするというような、いろいろの事件が起こる。これは旅の卦の特徴であります。

易はそれだけのことかというと、そうではない。そこでどうするかというのが易学であります。だから易という字は易《かわ》るであり、易《かえ》るであり、易《おさ》めるである。これをなんとかかえなければならぬ。どうかえるか、どうおさめるかというと、䷍、ここへ行けばいい。火天大有という卦になる。易の六十四卦を見ると、大有の前に同人という卦がある。天火同人䷌つまり志を同じうする者が結束して反対勢に当たるというような同人、大有という卦、そこへ行けばいい。そこで第一段階でいい気になってはいけない。同人とは何であろうか。

明を載せて剛健であります。つまり非常に盛んである。「此は勢に乗じて剛健なり。故に其の用も亦同じからず」。だから孟子の浩然の気と似たようで、実はそれを模倣したに過ぎない。空元気である。「江河の常流（大きな河の流れ）と一夜の洪水との勢の如し。且つ気勢に屈せざるものある時はいかん。窮鼠却て猫を噛むということあり。彼は必死に迫って恃む所なし。生を忘れ慾を忘れ勝負を必とせず（勝ち負けなんて超越して）一身を全うするの心なし。故に其の志金鉄の如し。如此《かくのごとき》者は、豈《あに》気勢を以て服すべけんや」。大虎猫も一本やられた。

するとその次に「又灰毛の（少しその艶の悪くなった）少し年たけたる猫静かに進みて云ふ」。動作の形容が実によく当たっていますね。虎毛の大猫の方はまかり出《い》で、のっしのっしと出た。もう少しできた年たけた猫は「静かに進みて言ふ、仰せの如く気は旺《さかん》なりと雖も象あり」。気というものはまだ本物ではない。人間の生命も、これは末梢的なものである。本体的なものではない。旺なりと雖も象あり。形がある。「象あるものは微なりと雖も見つべし（どんなに微妙であってもわかる）。我心を練ること久し。勢をなさず（気勢を上げるなどということはやらない）。物を争はず。相和して戻《もと》らず（相手と和して、一つになって矛盾抵触しない）。彼強き時は和して彼に添ふ（彼が強い時は彼とぴったり一つになって離れない）。我が術は帷幕を以て礫《つぶて》を受くるが如し」。幕、とばりをもってつぶてを受けるようなものだ。硬い物で受けるとカチンとはね返ったり、こっちも傷ついたりするが、幕で受ける、とばりで受ける。つまりのれんに腕押しというわけだ。「強鼠ありと雖も我に敵せんとして據《よ》るべき所なし」。戦おうと思っても相手がないから、のれんに腕押しで勝負にならぬ。「然るに今日の鼠勢にも屈せず。和にも応ぜず。来往神の如し。我未だかくの如きを見ず」。「古猫の云、汝の和と云ふものは自然の和にあらず、思ふて和をなすものなり」。自然の和でなくて、考えて、要するに作為でやる。「敵の鋭気をはつれんとすれども（はつれん、あるいははつさん）僅かに念に渉《わた》れば」、要するにそういう念が働くんだから、「敵其の気を知る」。和そうという、相手と一つになって相手の力を抜いてしまうという念がある。だから敵其の気を知る。そういうふうに心を働かすというと、心を和すればその心から出てくるところの気ですね。ああすればこうするという精神の作用、「心和すれば気濁りて惰に近し」。澄み切らない。どうしても惰力的になる。本当の神秘的な作用にならぬ。どうしても緩みというものがある。「思ふてなす時は自然の感をふさぐ」。一念と雖も念慮が入る時は、自然の感、即ち本当の感というものにならない。「自然の感をふさぐ時は妙用何れより生ぜんや」。妙用というものは精神から出るものである。そこで一念でも念慮がはさまると自然でない。自然でないと純一の働きにならぬ。どうも緩む。惰になる。

「只思ふこともなく、為すこともなく、感に随ひて動く時は我に象なし、象なき時は天下我に敵すべきものなし。然りと雖も各々の修する所悉く無用の事なりといふにはあらず。

道器一貫の儀なれば」、道器のことは私の放送「暁の鐘」でお話をしておきました。『朝の論語』の中に出ておりますからご覧いただきたいと思います。

道器一貫

「道器一貫の儀なれば、所作の中に至理を含めり」。道というものは創造、造化《ぞうか》それ自体、道そのものである。創造変化の妙用、造化それ自体である。その造化の働きから創造されるもの、創造者によって創造されるものが器である。我々の肉体で申しますと、我々の生命そのものが道である。その我々の生命が、上体、手足、頭、いろいろの内臓、血管、骨だとか、あるゆる物が発生する。これがいわゆる器である。そこで創造のあるところ、造化の存するところ、必ず器がある。器があるけれども、造化そのものに比べれば、器は一時的なもの、いわゆる局部的なものである。限定、有限のものである。造化は無限そのものであるが、器はあらゆる意味において有限である。そこで器は道に即するほど本物である。道から外れて枝葉末節になるほど、況《いわ》んや道から遊離するほど器は有限であり、限定され、固定する。

人間というものはみなそれぞれ器である。「汝は器なり」（『論語』公冶長篇）とあるが、見ようによればみなそれぞれ器である。器であるが、道を学んで道を会得すれば融通がきく、つぶしがきく。道から外れるほど、つまり融通のきかぬ、つぶしのきかぬ器になる。そこで「道の器」と「俗の器」と違うところがある。何か仕事がなければ飯が食えないなどというのは、これは器の最もつまらぬものだ。どこへ転がしておいても飯が食えるというのが道器であります。「道人」というのは道の生きておる人、「器人」というのは何か与えられた仕事、職業がなければ動きが取れぬという人間です。

そういう意味で道と器は違うけれども、そもそも器は道より生ずるものであって、道器は本来一貫である。「道器一貫の儀なれば、所作の中に至理と含めり」。したがって所作、わざというものは、本来その中に至理を含んでいるものである。

「気に一身の用をなすものなり」。気というものによって一身の用をなすのである。「其の器豁達《かったつ》なる時は物に応ずること窮《きわま》りなく、和する時は力を闘はしめず。金石にあたりても能《よ》く折るることなし」。激突しないから折れるということはない。「然りと雖も僅かに念慮に至れば皆作意とす。道体の自然にあらず。故に向ふ者心服せずして、我に敵するの心あり。我何の術をか用ゐんや。無心にして自然に応ずるのみ。然りと雖も道極りなし。我が云ふ処を以て至極と思ふべからず」。今までこういうふうに説明をしたが、これを至極と思ってはいけない。

「昔、我が隣郷に猫あり、終日眠り居て気勢なし。木にて作りたる猫の如し」。これが木猫。明らかに木雞にヒントを得てつくったことがわかりますね。「人その鼠を取りたるを見ず。然れども彼の猫の至る処近辺に鼠なし。処を替へても亦然り」。どこへ行ってもそうである。

「我行きて其故を問ふ。彼答へず。四度問へども四度答へず。答へざるにあらず、答ふる処を知らざるなり。是を以て知る、知るものは言はず、言ふものは知らざることを。彼の猫は己を忘れ物を忘れて無物に帰す。神武にして殺さずというものなり。我亦彼に及ばざること遠しと」。なかなか面白い。これが本当であって、わしのようにまだのろのろと出掛けて行って鼠をくわえてくるなんていうのはまだまだ未である。彼の木猫に至っては、彼の存する処鼠なんかいない。したがって鼠と格闘なんてしない。鼠が出てくるなんていうのはまだ未熟である。「彼の猫は己を忘れ物を忘れて無の物に帰す」。こういうお説教をその老猫がした。

そこで「勝軒夢の如く此の言を聞きて出《い》で、古猫を揖《ゆう》して（古猫におじぎして）曰く、我剣術を修すること久し。未だ其の道を極めず。今宵各々の論を聞きて我が道の極意を得たり。願くば猶《なお》其の奥儀を示したまへ。猫言ふ、否、我は獣なり。鼠は我が食なり。我何んぞ人のことを知らんや」。

この辺のところは柳宗元の「種樹郭橐駝伝《しゆじゆかくたくだでん》」という植木屋の話があります。

種樹、つまり植木屋の郭という者はせむしで、ちょうど駱駝《らくだ》の背中の恰好とよく似ている。そこでその植木屋のことを「せむしの親爺」「せむしの郭さん」、というあだ名で呼んだ。それが面白いもので、いつの間にか自分で自分のことを「せむしの親爺」、郭橐駝と名乗るようになった。これが手掛けると植木がみなよくついて、よく花が咲き、実がなる。それはどこの植木屋でも及ばない。そこで長安の都のあらゆる貴顕が争ってこれを迎える。そこである人が、「どうして君はそんなに樹をよく茂らせるのか」と聞いたところが、「いや、私が樹をどうこうするというんではない。私はただ樹の天に順《したが》って生を発揮させるだけだ〈順天致性〉」。この場合の致は、極める、完成する、発揮するという字です。「私は何も自分が樹をどうこうするというのではない。私は樹というものの天に順って木の持前を、木の持っている全能を発揮するというだけのこと。ところが他の植木屋諸公はみな樹に干渉する。せっかく植えた木を動かしてゆさぶってみたり、しばってみたり、いろいろといじる。そうして天に逆らって生を害《そこな》う。私はそうではない。そこで樹が自然に良くなる。おれがどうこういうのではない。樹が自然に栄える」

という説明をしているのを聞いて、ある政治家が、「実に面白い。お前の話を聞いてわしは政《まつりごと》の真理を悟ったような気がする。お前はこの現代の政治をどう思うか」というと、「私は植木屋ですからそんなことはわかりません。しかし強いて言えとおっしゃるならば、どうもこの頃の政治家は民衆を治めるのではなくて、民衆を引っかき廻しているように思う」といろいろと話をした。その政治家は非常に喜んで、「植木屋の話を聞いて政治の真理を会得した」と感激するところが書いてある。その筆法と同じです。それを参考にしたのかも知れません。

「我は獣なり。鼠が我が食なり。我何んぞ人のことを知らんや」と言いながらその観察を論ずる。

「夫《そ》れ剣術は専ら人に勝つことを務むるにあらず。大変に臨みて生死を明かにするの術なり。士たるもの常に此の心を養い其術を修めずんばあるべからず」。この心を養ってその術を修めなければならない。「故に先生死の理に徹し、此の心偏曲なく、不疑不惑、才覚思慮を用ゆることなく、心気和平にして物なく潭然（潭《ふち》のように静かに澄みきった姿）として常ならば、変に応ずること自在なるべし。此心僅かに物ある時は状あり。状ある時は敵あり我あり。相対して角《きそ》ふ。かくの如きは変化の妙用自在ならず。我心先づ死地に陥つて霊明を失ふ。何ぞ快く立ちて明かに勝負を決せん。仮令《たとえ》勝ちたりとも盲勝といふものなり。剣術の本旨にあらず」。

「無物とて虚空をいふにはあらず（無物というが、内容のない空虚をいうのではない）。心もと形なく、物を蓄ふべからず。僅かに蓄ふる時は気も亦其の処に倚《よ》る。此気僅かに倚る時は融通豁達なる事能《あた》はず。向ふ処は過にして、不向処《むかわざるところ》は及ばざるなり（向う処はすぎる、向かわない処は及ばず。マイナス）。過なる時は気溢れてとどむべからず。不及なる時は餒《う》えて用をなさず。共に変に応ずべからず（過ぎてはいけない、及ばずでもいけない。足らぬというのではいけない）。我が所謂無物といふは、不蓄不倚、敵もなく我もなく、物来るに随つて応じて迹なきのみ（何も痕跡を残さない）。易に曰く、思ふ無く意ふ無く寂然不動、感じて天下の故に遂通す」。これは易の繋辞伝の中にあります。「天下の至神に非ずんば、夫《そ》れ孰《たれ》か能《よ》くこれに与《あず》からん」という繋辞伝の中の有名な一節であります。「此理を知って剣術を学ぶ者は道に近し」。

主一無適

「勝軒之を聞きて、何をか敵なく我なしといふ。猫云く、我あるが故に敵あり。我なければ敵なし。敵といふはもと対峙の名なり（両方、山と山とのそばだちのように相対峙する）。陰陽水火の類のごとし。凡《およ》そ物形象あるものは必ず対するものあり。我が心に象なければ対するものなし。対するものなき時は角《きそ》ふものなし。是を敵もなく我もなしといふ」。儒教ではこれを「主一無適」という。適は元来敵と同じでありまして、相手がない、相対ではない、絶対である。主一無適、絶対に即《そく》すること。一に至する。「心と象と共に忘れて、潭然として無事なる時は和して一なり。敵の形をやぶるといへども知らず。知らざるにあらず。此に念なく、感のままに動くのみ。此の心潭然として無事なる時は世界は我が世界なり。是非好悪執滞なきの謂《いい》なり（滞りということがない。純一無雑である）。皆我が心より苦楽得失の境界を為す。天地広しと雖も心の外に求むべきものなし。

古人曰く、眼裏塵有れば三界も窄《せま》し。心頭無事なれば一床も寛なり。眼中わづかに塵沙の入る時は眼開くこと能《あた》はず。元来物なくして明かなる所へ物を入るるが故にかくの如し。此心のたとへなり。又曰く、千万人の敵の中にあって此形は微塵になるとも、此心は我が物なり。大敵なりといへども是を如何ともする能はず。孔子曰く、匹夫も其の志を奪ふべからず」と。これは『論語』（子罕第九）の中にありますね。ただ一人の人間に過ぎないものでも、その志を奪うことはできない。その生命を奪うことはできる。その肉体を奪うことはできても志を奪うことはできない。

「若《も》し迷ふ時は此の心却て敵の助となる。我がいふ所此に止る。只自反して我に求むべし」。君子は必ず自反するなり。自分が自分へ反る。つまり自分と一つになる。本当の自分になる。「只自反して我に求むべし（他に求めるのではない、自分に求めるのである）。師は其事を伝へ其理を暁《さと》すのみ。其真を得ることは我にあり。これを自得といふ（自分が自分に反って本当の自分をつかむ。これが本当の自得である）。心を以て心に伝ふ。以心伝心ともいふべし。教外別伝《きょうげべつでん》ともいふべし（言語、文字で伝えるのではない。その心に伝える）。教に背くといふにあらず（教えを問題としない。教えを捨てるというのではない）。師も伝ふること能はざるをいふなり。只禅学のみにあらず。聖人の心法より芸術の末に至るまで、自得の処は皆以心伝心なり。教外別伝なり。教といふは只己にあって自ら見ること能はざる所を指して知らしむるのみ。師より之を授くるにあらず。教ゆることもやすく、聞くこともやすし。只己にある物を慥《たしか》に見付けて我が物にすること難し。これを見性《けんしょう》といふ。語るとは妄想の夢のさめたるなり。覚といふも同じ、かはりたることにはあらず」

なかなか面白い。これが猫の妙術、木猫の説である。

もう一つこれと同じ趣旨のことが『荘子』の「養生主篇」の庖丁の話にある。

庖丁の話

これも古来、老荘家、あるいは禅家、あるいはいろいろの哲学、芸術などにおいて非常によく引用される文献です。庖丁の庖とは「くりや」という字ですから、つまり料理ですね。丁は男ですから料理人という意味にも取れるが、考証家は丁というのを苗字《みょう》《じ》にして、丁という料理人というように解釈している。

「庖丁の文恵君の為に牛を解くや」、文恵君というのは魏《ぎ》の国（戦国七雄の一国。前四〇三～前二二五）の帝王、魏の都は大梁《たいりょう》（現在の河南省開封市）という。そこで梁の恵王（魏の第三代の王。在位前三七〇～前三三五）ともいう。『孟子』に出てくる王様で、よく知られている。多分その人だろうといわれております。庖丁が牛の解剖をやった。

「手の触るる所、肩の倚《よ》る所、足の履む所、膝の踦《かが》まる所、砉然《けきぜん》たり、嚮然《きょうぜん》たり、刀を奏する騞《かく》然として、音に中《あた》らざること莫《な》し」

まるで見ているようですね。いつか〝出雲そば〟という所へ連れて行かれて、トントコ

トントコやるのを見たことがあるが、その時にこれを思い出した。そばを打つことが音楽的で、そこの親爺が踊るようにしてトントコトントコやっているのが「手の触るる所、肩の倚る所、足の履む所、膝の踦まる所」トントコトントコいっておる。砉然たり、嚮然たり、〝刀を奏する〟というのが非常にきいていますね。刀を動かすではない、刀を振るでもない、刀を奏する。つまり音楽上の言葉です。刀をリズミカルに使う。騞然とはその音ですね。「音に中らざること莫し」単なる音ではなく、ちゃんとリズムを成している。

「桑林の舞に会し、乃ち経首の会に中る」桑林というのは、殷《いん》の湯王《とうおう》（中国古代、前一六世紀頃、夏の桀王を討って殷王朝を創始）が日照りの時に雨乞いの祭りをやった故事があります。桑林の舞いに会し、その前に堯の時に咸池《かんち》でやりました舞楽。会というのはオーケストラのこと。湯王や堯帝の時の舞楽、オーケストラのようなものだ。「文恵君曰く、譆《ああ》、善い哉」。ああいいなと感心して、「技も蓋《けだ》し此に至るか」。技もここまで至れるものであるかと非常に感心した。

　ところが庖丁、これを聞くと、「庖丁、刀を釈《す》てて対《こた》へて曰く、臣が好む所の者は道なり。技よりも進めり」。私が好むところのものはそんな技なんていうものではございません。技よりももう一つ進んだ道というものでございます。なかなか厄介な庖丁です。

「始め臣が牛を解く時（牛を解剖する時）、見る所、牛に非ざる者なし」。私が最初、牛の解剖をやりました頃は、牛が目についてなりませんでした。しょっちゅう牛が見える。「見る所、牛に非ざる者なし。（ところが）三年の後、未だ嘗《かつ》て全牛を見ざるなり」。三年たつと、もう牛というようなものが目に入らなくなってしまう。牛そのものが目に入らない、どんな牛であろうが、それを解剖したところしか入らない。つまり精神がそこの一点に集中されて、ほかの物は目に入らない。

　ところが「今の時に当たりては、臣は神《しん》を以て遇《あ》うて而して目を以て視ず」。目なんて感覚器官で見るのではない。もっと奥深い所の神秘なものだ。「神を以て遇ふ」。「官止まるを知って而して神は行かんと欲す」。これでは面白くない。原文は「官知止而神欲行」。したがって「官知止まって、神欲《しんよく》行はる」と読まないと本当の意味は出ない。官知というものは五官、感覚器官、というものの知覚は止まって、したがって目を以て見る、手を以て知るなどという、そういう感官的知覚などというものは止まってしまって、もっと本体の神欲行わる。こういう場合には官知の知とだいぶ違う。意の動きが止まったという意味で欲と書いたのでありますが「神欲行はる」。もっと神秘的な意志が動く。
「天理に依りて、大郤《たいげき》を批《ひら》き、大窾《たいかん》を導く」。天理によって大いなる筋、隙間が開く。大窾とは大きな穴。「その固然《こぜん》に因《よ》る」。つまり天然自然の状態によるのである。

　例えば手術の名人になりますと、盲腸の手術でも無残な傷はつけない。端の方にメスを立てて、「大郤を批き、大窾を導く」。筋肉の筋に沿って穴をあけ、筋にそって開いて、そこからメスを入れて盲腸を出すわけです。大郤に沿って、肉と筋との間が郤です。筋目、隙間、そこに穴をあけてそこからやる。だからメスを取ると元通りスパッと筋肉が合って傷あとを残さない。これが本当の手術です。そういうふうにできたのが固然だ。人間の身体はそういうふうにできている。

「技は肯綮《こうけい》」。肉と骨とがついているのが肯であります。そこへ筋肉が集まってきて結びつく。つまり筋肉の接合点が綮であります。肯綮に当たれば大郤に沿って大窾を導くことができる。ところが手術が下手だと、肯綮を無視して勝手放題に引っぱり出してやるものですから無残な傷がつく。「技は肯綮を経るも未だ嘗てせず」。そういう肯綮などというものに当たるということさえ、未だ嘗てやったことはない。もっと無心自然である。「而るを況んや大軱《たいこ》をや」。大軱は大きな骨。況んや骨に当たるなんてことは絶対にやらない。筋肉や腺、そういうものに触るなんてことはしない。まして骨に当たるなんてことはなおさらしない。

「良庖は歳に刀を更《か》ふ」。よくできた料理人は年毎に庖丁を新しくする。「割けばなり」。筋骨に当たるからだ。「族《つきなみ》の庖は月に刀を更ふ、折るればなり」。この辺にいくらでもいる料理人は毎月刀を更えなければならない。骨にぶっつけるから刃が欠けるのである。「今臣の刀は十九年、解く所数千牛、而して刀刃は新たに硎《けい》より発するが若《ごと》し」。硎は砥石のこと。研ぎたての刀のようにピカピカして十九年も使っております。

いつだったか、中国の友人に贈って褒められた私の詩がある。その詩は忘れてしまったが、一つおぼえておるのは、神気幸如新発硎、「神気幸いに新たに硎より発するが如し」。この句が好いと、えらく褒めてくれました。実はここから思いついたのです。

私はちょっと疲れたりするとこれを思い出す。「神気幸いに新たに硎より発するが如し」。常に精神は皎々《こうこう》としておらなければならない。「彼《か》の節なる者は間ありて而して刀刃は厚みなし」。関節には隙間がある。刀刃は研ぎ立ててあるから、「厚さ無きを以て間あるに入る、恢々乎《かいかいこ》として其の力を遊ばすに於て必ず余地あり」。遊刃、刃を遊ばせる。我々が精神を用いる時、学問、宗教、芸術等において、精神を遊刃にすることができれば庖丁に劣らざるものだ。

「刃を遊ばすに於て必ず余地あり。是を以て十九年にして刀刃は新たに硎を発したるが若《ごと》きなり。然《しか》りといへども族に至る毎に」。族というのは「うからやから」という意味、骨だの関節だの筋肉だのというものの集結し交錯しているところ、これはショウとも読む。

「吾其の為し難きを見て、怵然《じゅつぜん》として為に戒め」。これは非常に難しいという所では怵然（おそれるさま）として、これを警戒するという形容です。「怵然として為に戒め、視ること為に止まり、行《や》ること為に遅く、刀を動かすこと甚だ微なり」。慎重に警戒してやります。そうしていよいよやり出すというと、無心にして遊刃である。刀が自然に動く。

「謋然（骨と肉とが離れる音のさま）として已に解くるや」、解剖を終わって、ザッツオールという形容詞ですね。「謋然として解くるや、土の地に委するが如し」。土が地に落ちるように自然にくずれる。自然に解剖されて、もはや全牛はないわけですね。「刀を提げて立ち、之が為に四顧し、之が為に躊躇す。満志」。こういう場合に躊躇とは動かないこと。満志は満足と同じです。「刀を善《ぬぐ》うて而して之を蔵《おさ》む」。「文恵君曰く、善い哉、吾、庖丁の言を聞きて養生を得たり」。いかに生を養うか、この庖丁の話を聞いて真理がわかった。

実によく状況を生き生きと写している。そういうものがいろいろに応用され、いろいろに会得され、その人の哲学、その人の芸道、その人の文章、その千変万化して、そこに東洋独特の文化をつくっているわけであります。こういうことは誰も志ある者はぼんやりとはみな知っている。感じているのだけれども、やはりこういう典故を直接知って、これを熟読玩味しますと、今後自分が心を修める上において、あるいは自分の芸術を修める上において非常に役立つ、応用がきく。とともにまた、それに心眼が開けてきますから、物を味わうにも優れたところができるわけです。

人間といわず、芸術といわず、何といわず、観察眼・鑑識眼が発達する。非常に趣味を深くすることができる。やはりうろ覚えではいけません。道聴途説（深い内容のある話を聞いても、十分に理解しないまま他人に受け売りすること）、単なる耳学問、聞きかじりではいけない。的確に原典を渉猟することが一番望ましい。進んで原典を読みたいという要望は私としても会心の註文であります。

第九章　東洋文化の本源――「天」の思想

私たちの学問は、仮に題を定めるけれども、題などというのは思想や話なり文章なりをまとめる一つの手掛かりに過ぎないものであります。職人的な話であるとか、文章であるとかいう場合には、まずテーマを選んで、それによって材料を集めてそれを組み立てるというようなことを行なうのですけれども、そんなことは職人仕事でありまして、本当の学問というものは、題もなければ始めもなく終わりもない。その代わりどこを取ってもいいというものでなければならない。したがって学問を考えるならば、どこから入っていっても縦横自在に、あたかも大河の流れが処々方々の流れを総合しつつ、洋々として流れてゆくようなものであり、できるだけそういう意味で自由自在に遊ばないといけません。

「遊」の思想

遊学ということは非常に東洋的ないい言葉でありまして、水が優遊と、いろいろの支流を合わせつつ海に向かって流れてゆくというように自由自在に焦らず騒がず、至る所を潤《うるお》し、至る所の流れを総合しつつ、悠々と進んでゆく。これが遊学であります。およそシナの思想学問、文化というものが、漢民族発祥の地である黄河とその洪水に関連するところが多いという話をしましたが、遊学ということもその一つである。したがって水を対象とするところは氵（さんずい）でよろしい。道筋という、水の形の流れてゆく径路を表す時には辶（しんにゅう）の遊でいいわけであります。どちらでもいい。

これは芸術的に言いますと、文字を書く時の一つの心得でありまして、例えば達磨《だるま》の四行観の第一が報冤行《ほうえんぎょう》であることはこの間読みました。この報冤行の冤というのは「うらみつらみ」という字でありますが、これは兎に網をかけたという文字であることは一見して明瞭である。その兔という字の⺈、これは二つの耳です。罒は兎の顔、丿は足、乚は尻尾です。この兎が駆けだすと逸という字になる。兎が遠くに行ったら耳は一本かけばいいわけです。

だから詩でもつくって、あるいは書でも書いて、本当に教養、学問のある、文字学のある書家ならば、これをいろいろに書き分けるわけです。例えば「野兎遠く逸して」なんていう場合に、こんな逸を書いたらだめです。これは近くにいる兔です。遠くに逸したなんていう時には逸と書く。しかしそこまで考えて書くような書家はまずいないというわけです。けれども本当はそこまでゆくのが芸術であり、学問である。

ご存じのように、黄河という河は日本里数にして約一千里を超える、四千キロメートル以上の長江であります。それが陝西《せんせい》から山西、河南、山東にかけて紆余曲折して流れているわけで、至る所で氾濫する。したがって黄河の堤防をつくったり、治水工事をやることはたいへんなことである。のみならず、どこかで氾濫を防ぐと、思いがけない別の所にその反動がゆき、水害が起こる。そこで治水は必ず他の地区の住民との争いを起こすわけです。のみならず水の抵抗のしようによってはどういう氾濫が起きるかわからない。人民の迷惑はもちろんのことであります。せっかくやった治水工事そのものまで、どんなに破壊されるかわからない。まことに始末の悪いもので、シナの古代史というものは黄河の治水と取り組んできた歴史です。名高い聖王といわれる大禹《う》（中国の古代、夏《か》王朝の始祖）も、ほとんど一生の心血を治水に注いだといわれるくらいです。

その結論として、結局、黄河の水が最も大きな氾濫を起こした時、即ち最も水が激した時にどういうふうに水が流れるかということを考え、水が最大に激した時の流域を押えて、そのとおりに水路をつくったわけです。そうすると水はもう衝突したり、抵抗されることがないから、敵がない。無敵、無抵抗の状態に置かれる。したがって水は何らの抵抗を感じず、何ら争う必要なくゆったりと流れた。これを優遊というわけです。遊あるいは游。

優という字は「まさる」という字であり、ゆったりする、余裕があるという一連の意味があるわけです。この文字も非常に面白い文字ですね。人が憂うと書いてある。文字をだんだんつくっていった人びとの深い経験と覚《さと》りがこの文字によく表れている。

「優」という字

人間はいろいろの経験にあって憂えなければ人物ができない。何の心配もなく平々凡々に暮らしたのでは優人、優れた人になれないのです。大いに憂患を体験して悩み抜いてこないと人物ができない。いろいろの問題について経験を積み、悩み、憂を積んで思索し、学問し、鍛錬されて初めて余裕、即ちゆったりした落ち着きができる。そうして人間が優れてくる。

黄河の水もしばしば人間に苦労させた。黄河そのものもいろいろと疲れて苦しんで、そして優游するようになったわけです。優游として自適するといいますが、適という字は「かなう」「いつの間に」という文字、それと同時に「ゆく」という字であります。優游として自ら適《ゆ》く、これが「優游自適」です。この言葉はかくしてできたわけです。黄河の長い惨憺たる治水の苦心の結果は「優游自適」に落ち着いたわけです。

この優遊自適という言葉は、味わいが深い。簡単な意味ではありません。したがってそれをごく卑近な人間の経験で表すと、お腹が減ってがつがつしている時に腹一杯食べることを厭飫《えんよ》という。この場合の厭は「いとう」という意味ではなく、「厭《あ》く」という意味であります。どんな人でもおなか一杯食べればいやになりますね。そういう意味でこの厭という字は「いとう」という字であり、「あく」という字であります。飫という字は、これも腹一杯食べてゆったりした状態。どんなさもしい人間でも、優遊自適はわからなくても厭飫はわかるわけです。これがあらゆる人間の生活、文化に応用されて、シナ、したがってそれに関連の深い朝鮮だとか満洲とか蒙古だとか、あるいはベトナム〈安南〉、日本といったような極東文化、平たくいって東洋文化というものの一つの原理です。こういう由来、歴史、体験、自覚、修練を持っているところへインド佛教が入ってきたから、非常によく交流し融合することができたわけであります。

そこで東洋人、東洋文化のあらゆる分野において、これが絶えず原理になっております。極端な例をいえば、学問も游学にあるが如し、あるいは優游、水泳ぎするように優游涵泳という言葉もあるわけです。スポーツマンならこの言葉は非常にアピールするかも知れない。労働者なら厭飫という言葉はアピールするかも知れない。学問にも優游涵泳して、それでこそ本当の学問である。いわゆる遊学であると同時に、その正反対の極端な例をいえば、敵を攻撃するのにも本当の老練な攻撃は遊撃である。ゲリラ戦である。決して正面衝突しない。だから遊撃の戦法は特にシナ人の最も長ずるところである。それの最も下手なのは日本であります。

日本も支那事変（日中戦争、一九三七〜四五）八年を通じて、遊撃戦にへとへとになって、結局いわゆる点と線をうろうろして刀折れ、矢尽きたというものであります。シナの歴史では不幸にして諸葛孔明《しょかつこうめい》が司馬仲達《しばちゅうたつ》の遊撃戦にかかって、あれだけの偉い人ですけれども、とうとう参った。そして結局、司馬仲達の倅《せがれ》〈司馬昭〉が天下を取ったわけですね。最も遊撃戦を巧妙に狡猾にやったのは近代では毛沢東であり、結局これが蔣介石を倒して中原を支配した。この司馬仲達と毛沢東というのは、どこか人物も相通ずるところがあるような気がします。

そこで游という字がいろいろに使われて、人間の生活、人格生活でも、『荘子《そうじ》』の開巻第一頁「逍遥遊」、これが巻頭の題名になっておりますね。これはつまり黄河の優遊自適するが如く、我々の人生は逍遥遊でありたいということを論じたものであります。そこでこれが日本にも伝わって、遊という文字や、逍遥という文字が盛んに用いられ、明治になってからも坪内逍遥とか中野逍遥だとか、なかなか逍遥と号する人が多い。これと同時に水というものは東洋の芸術にも哲学にも滲透されておる。

お釈迦さんから始まって我々がここまで勉強してきたのも一つの優遊自適です。こういうのが本当の学問、本当の講義というものです。世の中を治める「治」という文字もやはり水偏《さんずい》でしょう。これが人間を集めてこれに満足させる。だから治という文字は喜という文字であり、人を集めてこれを喜ばせ楽しませている。これを正しくやるのが政治である。

政治には「法」というものがなければならない。これも水偏です。法という字は昔は非常にむずかしく書いた。灋、これが法の古字です。あまりむずかしいから上を略したのが今の法という字です。これは「廌《ち》」という伝説上の獣、神獣の名とされている。これはふしぎな獣で昔から裁判をする時、犯罪者を調べるのに廌を呼んできてそれの前に出すと、廌がすぐその犯罪の真偽を決定する。そこで何のかのと押し問答をするよりも、廌にかがせた方がすぐ判別する。水はいわゆる公平の象徴である。公平に神獣の神秘的な直覚で正邪を判別して、その邪《よこしま》を去るのが法である。そして法という文字ができている。

法の意義

まあそれは一、二の例でありますが、こういうふうに文字だの思想だの学問だの文化だのというものを点検してまいりますと、特に東洋では非常に自然と関連が深い。みな自然の体験と思索から発しておると申してよろしい。これが東洋精神、東洋文化というものを会得し解釈する最も根本の手掛かりであります。

天の思想

そこで漢文化の本源を尋ねていくと、文化・道というものの根源は天であります。東洋文化というものは、一切天より出ると申してよろしい。あるいは新天地であるところのアメリカ大陸文化の根源も、やはりアメリカの天より出るといっていいかも知れません。ということは私が『世界の旅』でアメリカを論じた時にちょっと触れておきましたが、この間アメリカのペンシルバニア大学の教授が来まして、いつ読んだのか、私の『世界の旅』を読んでおりまして、あなたがアメリカの文化を論じられて、我々の気がつかないことをいわれて驚いたとか何とかいっておりましたが、東洋人は本質的にこういう見地を持っているから何でもないんですけれども、向こうは人間的であるから案外気がつかない。結局いかなる人間でも古代において二六時中偉大な影響を受けたのは天であります。

ところがこの東洋文化を研究して、天という古代人の感覚、直観、思索というものを調べてきますと、非常に複雑で深遠なものがある。その点では日本も同じ。天照大神《あまてらすおおみかみ》から発するわけであります。まず第一に、天というものの無限ということに驚き、かつ感じ、かつ考えたようであります。だからすべて無限なるものを天を以て表すわけです。

その次に、その無限なる天が変化そのものである。天について偉大なる変化ということを感じたようです。それからこの天というものが万物を創造する、万物を生む。つまり無限、変化、創造、そこにいわゆる造化《ぞうか》というような言葉が出てくるのであります。そして特に森羅万象を生ずる。天というものは無限であり、変化であり、創造であり、偉大なる生である。そこで生というものを天によって感得したということが、また東洋文化を会得する一つの秘訣といえるのではないか。

天というものは徹底して生である。生そのものである。天によって生がある。そうして一切有りとし有るもの、生きとし生けるものすべての根源は即ち天であり、したがって天というものは絶対的な支配者であるという、絶対者、支配者という意味もやがて出てくるように、一口に天といってもいろいろの内容があるわけです。

西洋では神というものを人間的、擬人的に解釈して、絶対的支配者としての神というものが圧倒的、即ち絶対的観念であります。東洋ではこの絶対者、支配者的意味においては、これほど強くない。代表的でない。むしろ天というものは無限、生の根源である。造化そのものであり、それをつらつら観察すると、その生、その天にはおのずからそこに厳粛な法則がある。天そのものは、したがってその生の中に非常に深い神秘な理がある。天はその中に限りなき理を含んでいる。それが人間生活に発していろいろの厳粛な法となっている。これに従って初めて人間生活が導かれる。そこで天によらなければ人間は歩くことができない。存立し、進歩することができない。天は生であるとともに深い理であり、厳粛な法であります。これによらなければ存立し進歩することもできない道である。

こういう天というものから、生というもの、理というもの、法というもの、道というものがみな出てきております。だから皇天、上帝、天帝というように、擬人的な、人間に擬した絶対者、支配者という意味ももちろん持っております。そういう意味に天を用いているが、それよりももっと多く天を偉大なる生とし、深遠極まりなき理とし、またそれに基づく厳粛な法とする。また道として天を考える。一切の理の根源、法の根源、道の根源として天を解釈する。天を生そのものと解釈するという考え方の方がもっと一般的なのです。その点がだいぶ西洋ともまたインドとも違う。

玄牝

ヨーロッパ民族に比べますと、インドの方はインドアーリアンではあるが、やはり東洋的なところがある。我々から見ると近東でありますが、西洋からいうならば極東です。即ち東洋民族、東洋文化になると、そういう擬人的な解釈、直観よりも、この方がより一般的である。そうして一切の生、一切の理法、道というものはみな天から出てくるのである。一切は天に内在する。天は大いなる母である。これは常に老子が説いており、これを玄牝《げんぴん》と言っている。母という言葉も使っておりますが、玄牝、女性である。

一切は天に内在する。そうしてすべては天から流出するものである。こういう考え方が西洋の哲学書を調べてみると、我々の予期以上に影響が向こうにいっておりますね。ドイツ哲学、フランス哲学などを探ってみると、宣教師などが持ち帰ったシナの文献、その前にも東西文化の交流を通じて非常に東洋的な考え方が入っている。最近の向こうの哲学者は非常に東洋哲学というものの探究に憧れを持っているようであります。例えばドイツ哲学の言葉で申しますと、一切の真の存在は世界の中に内在するのである。そこから万物が形作られる。あるいは創造される。ところが西洋の思想文化というものは多くウムベルト〈Umwelt〉、英語でいうとエクスターナル〈external〉、エクスターナルというのはインターナルの反対で、非常に外面的、環境的であります。

天人合一

東洋の方は、ウムベルト〈環境〉、あらゆる経験的、外面的なものは一切天に内在する。そこからみな流出する。つまり人間というものは天に帰して天から人間を導き出す。これを「天人相関」とか「天人合一」という。この考え方が基本的に、本質的にある。天と人とを相対的に考えるということをしない。これを一体として考える。そうして天が一つの形を取って自己を生んだもの、あるいは形成したものが人である。一切は天然である。人間が考えておるような理屈によって存在しているものではなくて、おのずからきたるものである。

万法帰一

深い天の体験から、東洋人には天然自然という観念が、覚りが生じた。すべては天然である。すべては自然である。佛教でいうならば自然〈じねん〉である。したがって法というものは法律という意味ではなく、何らかのルールを持った存在がすべて法です。万法などと申しますね。これはみな天に帰一する。すべて存在するものは、我々のウムベルトは実は天然であり自然であり、人間は天然自然の存在である。天然自然から切り離されたものではない。

ところが西洋近代文化を見ると、だんだん科学が発達するにつれて、ウムベルト、環境、外物の研究から、自然と人間、天然と人間というものを分離した、セパレート(separate)した。あるいはディファレンシエイト(differentiate＝区別する)した。つまり天に内在して、そこから流出する、あるいは要するに天と一体になる(embody《エンボディー》)ということではなく、天というもの、人間というものは天人合一ではなく、天と人とを分けてしまって、自然と人間とを区別して、自然から人間を切り離す。

そうすると初めのうちは非常に弱い、ささやかな存在である。自然に始終支配されるところがその自然の支配、自然の脅威をだんだん人間が征服して、ここに文明文化をつくった。人類の進歩、人類の文明、文化というものは自然の征服である。「自然を征服するんだ」――ヨーロッパ民族はそういう思想でそういう文化的努力をしてきたわけです。その辺から東洋と違ってきた。

東洋は天と人とを切り離して、人というものを自然からディファレントし、人が自然を征服してゆくというのではなく、人と自然とは一体であって、その偉大なる自然の中から人間が出てくる。人は自然に帰一して自然の中から自己を再発見する――こういう考え方である。これがオリエンタリズムとオクシデンタリズム、東洋的なるものと西洋的なるもののとのコントラストである。

この辺から物の考え方、感じ方、行《ぎょう》じ方がずっと分かれてきたんですね。

日本などは遅まきながら西洋の尻を追って一廻り廻ってきたというところです。我々の東洋文化というものが、いかに自然と合一しているものかということは、いろいろの例で従来機会あるごとに触れてきた問題です。それを原理的にいいますと、これですね。

ところが人間は意識的自覚的存在である。そこで西洋はそういう自覚ということを尊んで、したがって人間の知性というものも非常に重んじた。つまり西洋文明の一つの特徴は「主知主義」です。

人心は天心

ところが東洋の方はそうではない。人は自然と一つになる、合一する。この人と自然との合一による直観というものを重んずる。それは人間が自然になって、そこから心を開いてくる。人の心というものは自然の心である。天は人を通じて心を開いた。人間が天から離れ、自然から離れて、自然よりも人間が進歩して心というものを持つようになったのではない。東洋的にいうならば、「人の心」というものは「天の心」である。天が長き万物創造の果てに人間というものをやっとつくり出して、そこに心というものを開いた。人心は天心である。人の心が言葉に発した人言は天言である。

「天に口無し。人をして言はしむ」。これは東洋的な考え方です、天が人を通じて物を言うのである。人が勝手に物を言うのではない。人が勝手に物を言うのは、これは他愛もない片言である。本当の天の言葉であって初めて人の言葉である。

したがって我々が心を修めるということは、天地に代わって修めるのである。大儒張横渠《ちょうおうきょ》（張載。北宋の儒者。号は横渠。宋学創始者の一人。一〇二〇～七七）の「天地の為に心を立つ」という名言がある。天地の為に我々が心を立てる、心を磨く。心を修養するということは天地の為にある。人間の為ではない、天地に代わってやるのである。だからこれは「天地心を立てるが為なり」でもいい。

同じように「生民の為に（生きとし生ける民の為に）命《めい》を立つ」。人間の運命というもの、これは天が生民を通じて働くものである。そこで天に代わってというか、即ち天が命じた仕事を、始めるという仕事をやる。生民は自覚が足りないから思うようにいかない。そこで治者は生民に代わって生民の命を立ててやるのである。

その天地の心を深く修めた人は前代の偉人である。そこで「往聖の為に絶学を継ぎ（絶えた学問を興し）」、そうして「万世の為に太平を開く」。天は道である、偉大なる真理である、法である。これは心の中に太平となる。「万世の為に太平を開く」。こういう教えが張横渠によって唱導された。これは東洋哲学の粋を表したものである。

だから天然自然、偉大なる天というものから、人間を切り離して、人間本位にして常に自然と相対的に、場合によっては対抗的に、遂には自然と闘って自然を征服するなどという考え方は東洋には全然ない。東洋では、自然と人間は一つである。人間は天に内在するものである。その偉大なる天から出現して流出するものである。形作られたものである。自然と人というものは本来一つであって、人間は常に天から心を開き、道を立てるものである。天というものは無限の創造であります。そこに人間観が出てくる。人間とは何ぞやという問題が起きてくる。

天は即ち道である。無限の道である。道とは言い換えれば無限の創造であり、変化、造化である。だから本当の人間は、真の人ほど道人〈道の人〉でなければならない。この道という限りなき創造変化の働きによって物がつくられる。そのつくられる物のことを器という。

これは『論語』から始まってやかましい道器論、詳しくは『朝の論語』をご覧になるとよくわかります。道がつくるところの一つの器、器に該当する人間のことを「器人」という。あるいは「器物」という。人間性が少ないと、自主性、主体性が少ないと人が物になるわけですから、人は本来、道につくべきものである。「道人」であるべきである。その人間が物をつくって、自分がだんだんそのつくった物と同じ物になる。「道人」がだんだん「器人」になって、そのうちに「器物」になる。

そこで人間とは何ぞやという問題になると、道に近いほど、道を会得した者ほど本当の人間である。本当の人間は、これは人間社会にあっては何らかの、それぞれの役割を演じなければならないから一つの器でありますが、単なる器ではない、「道器」である。「器人」であると同時に「道人」である。「器物」になってはいけない。

本当の人間ほどつぶしがきく

したがって平たくいうならば、本当の人間はつぶしがきかなければならない。つまり造化・創造・変化がきかなければならない。変化がきくということは、平たい言葉でいうならば、つぶしがきくということです。だから本当の人間ほどつぶしがきく。つぶしがきかぬ人間というのは、これはどうも小器になった人間である。あいつはつぶしがきくとかきかぬというのは、東洋の人間観では重大な問題である。本当の人間であればあるほどつぶしがきく。人間が機械的になるということは、即ち「器物」になる。「器物」になればなるほどつぶしがきかない。融通がきかない。応用がきかない。これは人間が天からそれだけ離れてきている。いわゆる堕落してきている。生を失ってきている。

「生」をやかましくいうのは易学ですね。「生々これを易という」。易は「生」の哲学である。だから男と女といったいどちらが本来、道に近いか。これは女の方が道に近い。それは天は無限の創造変化である、造化であるという点からいってはっきりしている。男はどんなに英邁であっても、子を産むということはできませんね。人が人を産むということは、たいへんなことだが、これは女でなければできない。つまりそれだけ女は男よりは道に近い。

だから女はつぶしがきく。「女にすたり者はない」というのはそこのところです。何か役に立つ。野郎というのはつぶしがきかない。だから婆さんというのは困らないですね。家庭にあってお婆さんというのは便利なものである。便利といってはおかしいが、本当に便利なもので、孫の世話でも何でもできる。困らない。

親父というものは実に始末の悪いもので、文句ばかりいって役に立たない。こういうところに道の本当の面白いところがある。男の中でも本当に道を学んだ人というものは何にでも役に立つ。馘《くび》になったら最後、使うところがないなどというのは「器物」である。つまり小器である。これが東洋流の人間観です。

東洋的人格論

そこで人格論に入って、この人の世を治めるのに、人間が増えて大衆となり、それが社会をつくるに従って、そこに政治というものが起こってくる。治者というものを取って考える時に、これに関連して、こういう人間観に基づいて人格というものを考える。もう一歩進んで、一番立派な人格というものはどういう人格だろうか。これから考えたらすぐわかる。「その徳、天の如し」と。一番立派な人格は「その徳、天の如し」と東洋の書物にはみな書いてある。「その徳、天の如し」ということは公平無私である。「私」が無い。「私」なんていうのは人間が小さな器になる。

公平無私ということは抽象的なことではない。非常な内容がある。それを、例えば呂新《りょしん》吾《ご》（呂坤。号は新吾。明後期の官僚。一五三六〜一六一八）の『呻吟語』の中でも、非常に要を得て説いております。それはどこまでも深く、しっとりと落ち着いておる、これを深沈という。そうして限りなき内容を持っている、これを厚重という。日本では逆さまに重厚というが、呂新吾は厚重と書いている。

深沈厚重。どこまでも測るべからざる限りなき内容を持っておって、しかも私が無い。つまり公平である。他に対していうならば、公平無私、その人自身についていうならば深沈厚重、これが第一等の人格です。

それから後が面白い。西欧では頭がいい、才がある、技能が発達しているというようなこと、したがってどういう資格があるとか、試験に及第したとかいうことを問題にするのですが、東洋ではそうではない。頭とか才とかいうのは後廻し、東洋的人間観、価値観からいうと、そういうことは枝葉末節であります。呂新吾はその次に「磊落《らいらく》豪雄」と言っている。つまり小さな型にはまらない――磊落というのは大きな石がごろごろしているという字――大まかで気魄が盛んである。スケールが大きい。こういうのがその次です。これは深沈厚重よりはちょっと下る。道的よりもやや器的になっているが、とにかく非常に大まかで小さな型にはまらない、こだわりがなく線が太く、気力が盛んである。これを磊落豪雄という。

第三番目に「聡明才弁は是れ第三等の資質」、つまり頭が良くて才があり、弁舌が立つというのは第三等の資質である、と言っている。

それからあとはだんだん平凡になるわけです。とにかく人物とはどういうことをいうかということになってくると、こういう価値判断になってきます。だから昔といわなくても、例えば明治時代の人のやり取りする書簡などを見ますと、人物評論をするのに大体この線に沿っていますね。

道を忘れて器に走る

ところが明治も後半になってくると、こういう人間の本質を問題にしないで、役に立つ器〈これを「器用」という〉、人間の道徳的内容を問題にしないで「器用」を問題にするようになった。民法に通じた人間はいないか、憲法に明るい人間はいないか、交通問題のエキスパートはいないか、電気のエキスパートはいないかといったように、専《もっぱ》ら「器用」を問題にして人を求める。その器用のために明治時代には競って大学をつくった。そして器用の人間を取り敢えず養成して西欧に負けないように、追いつき追いこせを明治の人間がやったんです。西洋先進国に一日も早く追いつき追いこせということで、道徳なんか忘れてしまった。そんなものは天然自然で、人間として必要のないことだというふうにこれを忘れてしまって、「器用」一点張りになってしまった。

そこで「器用」の人間を養成して追いつき追いこせというので大学をつくったが、いきなり大学にやるわけにいかないから高等学校、中学校、小学校をつくり、すべてを大学の予備校にしてしまった。そうして小学校から始めて、手っ取り早く役に立つ人間を全力挙げて養成した。そこに明治の日本の一大失敗がある。

この教育の祟《たた》りがだんだん表れてまいりまして、知らず知らずに本当の東洋的人物、即ち道人がいなくなって「器人」「器物」になる。それも大器ならいいんだけれども、だんだん小器になってしまう。そこで世の中も、昔は「あれは人間だ、あれは面白い人間だ、できておる」というふうに、知らず知らずこういう価値観を持っていた。例えば娘を嫁にやるにしても、あるいは部下の人間を抜擢登用するにも、みんなこの標準でいった。わかってもわからなくても、漠然と直覚的にこれが腹の中にあって人を求めた。可愛い娘を嫁にやるにも、「あいつは面白い、あいつは人間ができておる、型にはまった人間ではない、一山百文ではない」ということで嫁にやる。

そのうちにだんだん明治の教育が尾を引いてきて、学校教育、制度が完備するに従って、「いや大学卒業生でなければいけない」とか、「大学法科の出身だ」とかいって、人間にやるんだか、資格にやるんだかわからないようなことにだんだんなってきた。「学士さまなら娘をやろか」という本が出たことがあるが、だんだんそういうふうになってきた。

今時でもやはり女性たちがそういうことをいいますね。「私は少なくとも東大か慶応か早稲田かを出た人でなければ嫁にゆかない」などという。そんな奴は何千何万でもいるんだ。そういうばかなことを言って婿探しをする。親までが「どうも大学も出ておらん者に娘はやれない」なんてことを言い出す。

この辺からいわゆる民族的な、独自なものがだんだんなくなってきたわけです。もっと人物本位、人間本位、もっと本質的に人間を見るようにならないといけないわけですね。

そこで教育が次第に職業教育になってきた。その最も極端になったのはアメリカです。この頃アメリカの最も優れた教育界の先輩が論じているところは何かというと、職業教育の弊害ということです。これがまだ日本に伝わってきていない。まだ日本では手っ取り早く役に立つ人間をつくるということで、実業界でもみな近視眼的・便宜主義でやっております。アメリカでは今日、職業教育についての弊害、つまり物の役に立つ人間をつくろうと思えば思うほど、人間教育をしなければいけない。

職業教育の弊害

やはり古典教育をしなければいけないと、アメリカ教育界の大元老、三十歳でシカゴ大学の総長になったハッチンズなどがそのことを痛論しております、つまり考え方が自然に東洋的になってきている。

それを日本はやり損なったから何にもわからない。人間ということのわからない、道ということを解しえない技術者・科学者がたくさん出てきた。そうして自然をぶちこわして、いわゆる自然を征服したと思っていたら、もうこの頃になってさんざん痛めつけられて大狼狽しているのが現状です。米をたくさんつくろうと思ったら肥料を使わなければいけない。堆肥なんて非衛生的で非科学的だというので化学肥料をどんどん使う。虫が発生したら、殺虫剤、農薬を使ってこれで絶滅するといって、極めて簡単に技術を信じてどんどん使っているうちに、二十年、三十年たつと、その化学肥料のために土地はどんどん荒れてしまい、農薬のために生き物はどんどん死んでしまう、作物は痛めつけられる。それを食う人間もどんどん健康を害する。今頃になって深刻に悩むというよりは、むしろ慌てている。

近代工業都市もそうです。都市の繁栄はいいが、そもそも空気が悪くなる。煤煙や塵埃、排気ガス、そういうもののために次第次第に都市人は長い目で見てゆくと病的になり、廃物になる傾向が強くなってくる。小都市ほどその弊害が甚だしい。例えば四日市などはむやみやたらに工場を誘致して工業都市をつくり上げたとたんに、市民がみな半病人になってしまったなんていうことをテレビでやっておりましたが、こんな所は全国至る所だ。これはいわゆる「道を忘れて器に走った」結果です。聡明、才弁なんていうことが一番いいことのように思っていたところが、そうではなかった。聡明才弁ほど道に基づかなければだめだ。東洋的な考え方からいえば、本当の価値というものは最も道に近くなければならない。

公、卿、大夫の職責

例えば政治という問題、社会を支配する、人間を指導するところのポスト、地位というものを取ってもそうであります。一番上の位を「公」という。私ではない、公である。その次の位を「卿《けい》」という。卿という字は「あきらか」という字であります。だから朝の日の出の美しい雲を卿雲という。「卿雲爛《らん》たり、糺縵々《きゆうまんまん》たり」などという。朝の日の出の雲、これが広がってゆく。道に基づいて明るい。すべて見通しのつくことを卿という。次に多くの民衆が頼りになる、使いものになるというので「大夫」。夫は扶も同じこと。その下の位は「士」という。公、卿、大夫、士、これが政治の衡に当たる地位・職責というものを見る一つの品評基準になるものです。

この意味で日本の天皇というものは実に尊いものだと思いますね。日本の天皇は本当に公である。今日、まだ世界に多くの王室が残っているが、どの王室だってみな姓がある。

チューダーとか、ブルボンとか、李だとか朱だとか趙だとか、みな苗字《みようじ》がある。日本の皇室だけは夙《つと》に私姓というものはなくなっている。名前しかない。いかに大公無私の存在であるかということがわかる。

いったい日本の現在をも支配している国家学、政治学、法学の基本観念は、これは近代ヨーロッパの歴史が生んだ学問の観念です。これは日本に本来通用しないものなのです。例えば主権が君主にあるか、人民にあるかということは、侵略・征服という歴史的事実に成り立って、爾来君民闘争を続けてきた西欧の歴史の中に生まれてきた観念であり、学問用語である。日本では主権は君にあるか、民にあるかなどということは意味を成さないのです。日本は昔から君民一体である。主権は日本民族にある。日本の主権は日本人にある。その日本人を天皇が代表するといえば、主権は天皇にあるといっても、人民にあるといっても、同じことなんです。君と民とを分けるということ自体がすでに間違った、翻訳的観念に過ぎない。それが日本の学者たちにはどうしてもわからない。ここに悲劇がある。

まあしかし、それも今日のお話の埒《らち》外です。これは人間観・個人観でありますが、そこでこれを人の世の歴史、栄枯盛衰、興亡という歴史観に移ると、

撥乱反正

ここにまた一つの法則というか、基準がある。これを知ると、いわゆる世界史というものを見る目が非常にはっきりしてくる。

まず天地が混沌《こんとん》より開けたように、人間の歴史というものも常に動乱から始まる。不安、動揺、混沌、動乱から始まる。その人の世の動乱、矛盾、衝突をおさめて、正しきに反《かえ》す。乱を撥《おさ》めて正しきに反る。いつでもこれが時代というものの基点です。ところが撥乱《はつらん》までは始終やるが、撥乱して正に反ることもあるし、正に反らないこともある。せっかく乱を撥めたけれども、不幸にして正に反せなかった。正に反らなかった。

満洲事変（昭和六年）を例に取ってもいい。日本の現代史というものは満洲事変から始まると申してもよろしい。満洲事変は一応撥乱したのです。あの頃は日本の国内は政党政治が頽廃堕落して、いわゆる派閥闘争、その最も甚だしいものは軍部であったが、その派閥闘争が国外に反映して、満洲などは全くの混乱に陥って、日本の居留民は旗を巻いてぞろぞろとみな逃げて帰ってきたわけだ。それを政府や議会に訴えるけれども、これをどうすることもできない。これではいけないというので昭和維新とか、革命とかいう叫びが起こって、有志、志士がいろんな活動を始めるようになって、満洲事変というものを惹起した。そして一応混乱を一転して新しい局面を打開したわけです。それで皆がしゅんとなったわけですね。

しかしそれは反正《はんせい》せんとして正に反らなかった。不正にいってしまった。それから雪崩《なだれ》を打って大陸に入っていって、いろいろ外国の謀略にも乗ぜられ、遂に太平洋戦争に突入した。撥乱反正に行けばいいのだけれども、撥乱反正に行かないことがある。これを現代の言葉でいうと撥乱独裁という。独裁になる。

創業垂統

この撥乱反正ということは、学術的用語でいいますと、どうしても「創業垂統」というものでなければならない。新しい業をはじめて統を垂れる。後へすじを残す。「創業垂統継ぐべきをなす」と孟子も言っている。つまり撥乱反正をやって、乱を撥めて出来上がった統一、秩序、組織というものを後へ伝える、統を垂れる――創業垂統にならなければいけない。

自然は永遠ですから、また道というものは無窮なのだから、人間、人格が公平無私、大公無私、あるいは別の言葉でいうならば寛仁大度、呂新吾でいうと深沈厚重というように、撥乱反正から創業垂統で後を残さなければいけない。一時で終わってはいけない。その意味においては徳川家康などというのは確かに偉いですね。三世紀にわたる創業垂統をよくし得た。その一番偉大なるものが日本の皇室である。これは世界史上に類のない創業垂統です。これは道に近い。

継体守文

創業垂統の次に何が始まるかというと、これを学術的にいって「継体守文」という。この文というのは法律とか制度とかいう意味ですね。創業者がつくった組織、文化、法制、そういうものを継いで守ってゆく、継体守文。あるいはこれを

「保業守成」——業を保ち守り成す。創業の人物は磊落豪雄、英邁で道に近い、自由自在である。創造的である。それが保業守成になると、だいぶ道が器になる。手堅くなってくる。間違いがなくなってくる。継体守文、つまり保守的になって、なおかつ道に近く、創造的で、自由で、型にはまらない、生命力が旺盛であるということは難しいのです。

できあがった組織を受け取って、そこにできているいろいろの法令・制度そのものを踏襲維持してゆくということになると、どうしても型にはまる。つまり融通がきかなくなる。つぶしがきかなくなる。これが保守の弱みです。だからイギリス保守党の一番の殊勲者と申してよろしい、ヴィクトリア王朝、イギリス近代の黄金時代を現出した大宰相、保守党の大長老は例のディズレーリ（Benjamin Disraeli 一八〇四～八一）でありますが、彼は常に国民の最も魅力ある政党にすることが保守党の使命であり、それには善いことをなすのにはあくまでも保守的で、悪を除くには常にラジカル、急進的である。これが本当の保守だということを常に力説しているけれども、これはなかなかできない、ということはわが保守党を見てもわかりますね。ちっとも進歩しない。だんだん魅力がなくなる。それは弊害を除去するのにラジカルどころではない。全くメスが立たない。そこに非常にデリケートな意味がある。

因循姑息

しかしここらまでは器的であってもまだ手堅い、間違いのないというところがあるが、人間の生命というものは型にはまってくると必ず衰えてくる。継体守文、保業守成というものは、第三期に入ると必ず「因循姑息《いんじゅんこそく》」というものになる。この姑なんて面白い字でしょう。女が古い、しゅうとめという字、おばあさんという字です。女が若い時、娘の時は溌剌としているけれども、姑さんくらいのおばあさんになると、何でも事勿《ことなか》れ主義で、「まあまあ、しばらく」ということになる。何でも危なっかしいことはやらない。「まあまあ」で何もせぬ。「悪をなさず、善もなさず」というやつで、悪いこともしないけれども善いこともしない。因循姑息ということになる。

ところが個人の生命より以上に、もっと大いなる生命の流れ、時代、民族、社会という生命の流れはいわゆる創造、変化、造化で駸々として止まらない。日進月歩である。一方は足ぶみしている。そこで、その結果は不安動揺ということが起こってくる。これを因循姑息では乗り切ってゆくことができない。そうすると、この不安動揺がだんだん混乱頽廃というものになってくる。そこで革命というものの要求が起こってくる。そうしてこれが撥乱反正へ返ればいいんだけれども、天運循環というやつで、反正に返らないと、ますます混乱が激しくなって破滅、そのまま亡びる。その次には滅亡ということがくるわけです。

幸いに運があればここへ返ってくる。その返るのにえらい外科的手術を要するものが革命である。それほどの犠牲を払わずに、痛い目を見ずに割合にスムーズにゆき、内科的にいけば、これは維新というものである。日本は外国に比べると、国体は革命国体ではなくて維新国体である。明治がいい例である。したがって明治革命といわずに明治維新という。昭和の来るべき時勢が昭和維新でゆくか、昭和革命になるかというところが混沌として見分けがつかないというのが現在の状態、革命へゆくほど道が衰え、器になってくる。反対に、人間が道に近づけば、あるいは道によればよるほど維新へくるわけです。

これが道を失うというと撥乱独裁になる。これは非常な驕慢放奢になる。現代史でいうとムッソリーニなどはその典型ですね。その点ヒットラーは割合によかったのですけれども、ヒットラーは少し精神異常だった。上に立つ者が自分の功業に誇って贅沢をする。こういうふうになると人間の悪の面が出てくる。道に反した面が出てくる。必ず上に立つ者に阿諛迎合《あゆげいごう》が始まる。

撥乱独裁

秦《しん》の始皇帝《しこうてい》の映画にも出てくるようだが、趙高《ちょうこう》（秦の宦官。始皇帝没後、横暴を極めた。?～前二〇七）などというのは、秦の始皇帝が亡くなったら二世皇帝（始皇帝の子。趙高に殺された。前二二九～前二〇七）に対してどのくらい家来どもが忠誠心を持っているかということを調べようと思って、ちょうど秀忠が亡くなった時に家光を擁して、阿部忠秋や土井利勝がやったと同じようなことを少しばかかげてやった。人間の知恵というものはあまり変わらない。群臣を集めて、鹿を献上したものがあるから皆に見せると言って馬を見せた。そうしたら「これは馬ではないか」といった者があった。「鹿である」といったら、「さようでございます」といって皆おじぎをした。それで「馬鹿」という言葉があると伝えているんだが、これは極端な例だけれども、そういうふうになるのですね。

幕末の落首にもある。「世の中はさようでござる、ごもっとも、何とござるか、しかと存ぜず」という落首のとおりで、みな阿諛迎合するようになる。そうなると、我こそ気に入られよう。自分こそ恩寵に与《あずか》ろうとして、嫉視排擠《はいせい》というものが起こる。お互いに嫉視排擠する。

ヒットラーとムッソリーニ

私が第二次大戦の直前にイタリーに行った時、これはいけないと思った。ドイツに行ってまたそう思った。そこで私がそれを率直に批評して、同行した細野軍治さんが少々困ったことがあった。結果は私の憂いどおりになった。私が行った時にムッソリーニはすっかり悪い方向をたどっていて、ムッソリーニのファッショ政府というものは、中が派閥闘争で手がつけられない。ちょうど党人派と官僚派というように、武官派と文官派というのが日本と同じことで分かれていた。一方はグランディという文官派、一方はバルボウという、この両派になって、お婿さんのチアノまで巻きこまれてがちゃがちゃやっており、ムッソリーニはもうすっかり目がくらんで何もわからなくなっておりました。その結果は、ああいう内紛を暴露してもろくいってしまった。

ドイツもやはりそうで、どうもおかしいと私は思った。どこも人情は同じことです。この当時、私が行く先々で邦人のみなさんが私を待っておりました。大使館も領事館も、三井も三菱も住友も、それから日本銀行だとか……。その出先に通知がいっていたものだから、手ぐすね引いて待っている。日本はどうなるかというわけで、海外にいる者は少しヒステリックになっている時ですから、みな待ち構えている。おかげで私は悠々と見物するような旅行はできなかった。まるで講演に行ったようなもので、至る所、朝から晩までひどい目にあいましたが、その代わり至る所で歓待するものだから金がちっともかからない。私はちっとも物が欲しくない。よくみなさんは絵を買ったりなんかしますが、私は西洋のくだらない絵なんか何の魅力もないし、私に魅力のある絵はみな美術館に納まっていて買うわけにもいかないから金が要らない。だから、私は至る所で堂々とみなさんにご馳走をした。だから実に顔が利《き》いたものです。

私は一夕《いっせき》、ナチスの幹部を呼んで大盤振る舞いをしたことがある。こういう時に酒というものはいいものでありまして、こっちが少し飲めるもんだから大いにやった。そうしたら、ある晩ナチスの青年党の連中がすっかり酔ってしまって、ヒットラーがベルヒテスガーデンから出てくるのを停車場まで迎えに行くことになっていたのに、時間を失ってしまって、しょげていたことがありました。その酔っぱらっている時にひょいと言ったことがある。「ハー・ミット・ハー、ゲー・ゲーゲン・ゲー」などということを話している。「何のことだ。それは」と言ったら、「いやあ」と頭をかいて、とうとう酔ったまぎれにしゃべった。この言葉は大使館でも知らない、武官連でも知らなかった。私がそのことをいうと、「そんなことがあるのか」とみな手帳を出してつけていたが、「ハー・ミット・ハー〈H mit H〉」というのはヒットラーとヘスのコンビのことです。両方Hだからドイツ語ではハーといいます。それから「ゲー・ゲーゲン・ゲー〈G gegen G〉」というのは、ゲーリングとゲッペルス。ゲッペルスは宣伝大臣、ゲーリングは副総統、まだその頃は副総統ではなかったが……。このゲーリング、ゲッペルスは非常に三拍子揃った人間、そうではなくて、ハー・ミット・ハー、ヒットラーとヘスのコンビでゆけば大丈夫なんだということで語り合っている。同じだなとその時に直覚した。

　それから少し意地悪く観察してみると、もういけない。それで私は（日本）政府にしばしば、ひそかに「三国同盟はいけない」ということを勧告したんですけれども、どうも成功しなかった。けれども山本五十六《いそろく》とか、米内光政《よないみつまさ》は非常に私に共鳴した。その他貴族院では酒井忠正さん、江口定條さんなどずいぶん共鳴した人もいます。私は帰ってくる途中、太平洋の船の中へ外交協会から電報がきて、着いた翌日か翌々日くらい（註・昭和十四年七月十日頃）にもう待ち受けていて、話をせいということで、帰って来るなり外交協会で痛烈な話をしたことがあるんですが、みんな水の泡だった（註・昭和十五年九月二十七日、日独伊三国同盟調印）。

みなこの過程へゆくんです。嫉視排擠の結果どうなるかというと、みんな混乱破滅の方向へゆく。そしていつも元へ戻ってくる。みな循環するのです。道に基づいて優游自適すれば間違いない。優游涵泳すればいいのですが、道から外れてだんだん器用になる。公を失って私になるにつれて生命力を失っていけなくなる。せっかくいい道をたどりながら衰退して道を失って、大器が小器になり、小器がぼつぼつと壊れて欠けてくる。いずれにしても道の大本から枝葉末節にゆくに従って頽廃する。この循環をやっている。

だから論語にあるような、「君子はその本《もと》を立つ」（学而篇）の「本を立てる」ということは「道に即す」ということ。道に生きる。道に遊ぶ。そしてけちな私を去るということ。あまり人工の生に走らない。

国民政治の四患「偽・私・放・奢」

そこで、偽という字は、これは人為に走ると必ず嘘になる。嘘になると理を失う。真理を失う。道に外れるから偽になる。そしてけちな私になる。「偽・私・放・奢」これを国民政治の四つの患い、四患〈偽はいつわり、私は利己的・不公平、放はわがまま、奢はおごり〉という。これはもう世界史を通じて間違いのない過程である。これが東洋の道徳哲学、政治哲学の原則を成している。

そしてその根本は道であり、天である。人間がけちな私を立てずに大道に即する。常に天然自然というものを大観しながら、そのうちに自己を浸して、そこから常に新しい自分を見出してくる。打ち立ててゆく。ということは常に私心を去って、大いなる真の境地に入ってゆく。そこから、無から有を導き出してくるということですね。これが東洋精神の真髄である。これが東洋の学問・文化をつくってきている。その最も現実的なものが孔孟の本流、つまり儒教です。

生命衰退の原理

儒教はその本源から、いかにして人間生活というものを導き出してゆくかという、この人間生活の現実過程を主として説いている。何といってもこれが本質である。ところが人間のそういう生活過程というのは必ず混迷の方向へゆく〈生命衰退の原理〉。そこで常にもとに反《かえ》らなければいけない。ところが本に反るのは難しい。これがまたふしぎな理法である。

人間の身体でもそうで、血液が循環し動脈が全身を廻るということは、これは楽なんです。難しいのは静脈です。お医者さんの権威者のおられる前でいうのはおかしいが、これは真理に照らしてわかる。お医者さんたちは静脈のことを第二の心臓といっておられるが、そのとおりである。動脈がずっと血を運ぶ。その末梢毛細管にゆくというと、ここで老廃物を去って酸素を供給して、今度は静脈に返ってきて肝臓・心臓に入って循環するんですが、その末梢部毛細管がだめになったら、どぶの先が詰まったようなものだ。いくら心臓が来いといったって血は行かない。それを下手に強心剤などを打つのは、どぶの先が詰まって、ポンプが力を入れても動かないようになっているのに、血液をうんとやるものだから爆発する。心臓麻痺を起こしたり、脳出血を起こしたりして倒れるんですが、末梢部が大事です。静脈を活発にすることが大事です。つまり返るのが難しい。

なぜ足が冷えるか。上体の循環は楽だけれども、しかし腰から下、足になるとこれは最も不利な立場にある。足の血液が上に返るというのは非常に苦労だ。だが足は骨でも実に数が多い。全身に二百四とかあるうちの五十四は足にあるということだから、もう筋肉から神経から血管から、いかにして足の血を上げるかということに苦労している。それでも足は冷える。年を取ると足が痛み出す。みな足からくる。だから足という字は足《た》るということをいつか私が説明したことがある。どうも返るということが非常に難しい。

人体でも精神でも、欲望というのは先に進むものです。これは容易である。物を欲するということは容易である。しかし、『孟子』に「君子は自ら反《かえ》る」という言葉があるが、我々が反省するということは非常に難しい。しかし人間は始終自らに反って出直す必要がある。これが維新である。これは実に難しい。しかし反らない、また出直さないというと必ずだめになる。いかに反るかということがあって初めて健全なる進歩、「日新」ということがある〈日々これ新たなり〉。儒教は日新を説いている。日新を教えている。しかし日新を説きながら、往々にして儒教は因循姑息になる。

佛教・老荘・儒教の合流

そこで常に本に反るといって天を説き道を説くものの代表が老荘である。そこで老荘が待ち受けていてインドの大乗佛教が取り入れられ、老荘と相俟《あいま》ってシナ佛教というものになった。さらにまたシナ的な禅ができた。それに遅れて儒教が――もうその前に老荘と孔孟派とがすでに漢代において交流融合を始めていた――それへ入っていって三教が合流した。特に禅（ほかにもあるが最も特色のあるのが禅）がさらに日本の神道、および日本に伝わっていた佛教や老荘と相俟って日本禅というものが開けた。それがお互いに影響して複雑微妙な東洋文化、東洋思想というものを開いていった。それが政治、経済、教育に反映して東洋の歴史というものをつくってきたんです。

こういう原理を知らないと、ただ書物を読んだり、ただ断片的知識では身につかない。こういう原理がはっきりわかりますと、みなさんが活きて本を読むことができ、活きて物を解釈することができる。

第十章　末法の世の民衆佛教——三階教と地蔵信仰

機慧・敏慧

学問求道というものは、常に反芻する必要がある。繰り返し繰り返し反芻することが大事であります。散漫を防ぐことに心掛けねばなりません。それと同時に、頭をよく働かせる。頭というよりむしろ心を働かすということ、専門用語で言うと、「機慧《きけい》」「敏慧《びんけい》」です。頭を働かすのなら機智でよいのですが、wisdom, wise 智慧、即ち機械的な智性の作用よりもっと深い生命を含んだものの意味で機慧といいます。

これは学問修業に限らず、なんでもそうでありますが、我々の日常経験すべて、ある特別な機会なのであります。その機会をとらえるか、とらえないかというところに人間の成功・不成功が岐《わか》れるわけであります。孔子も論語の中にしばしば「敏」ということを説いている。これは大事なことであります。

この間、知人の家の葬式に参列しました。私の反対側に、可愛い男の子が両親の前にちょこなんと坐って、退屈そうにお経を聞いておりました。偶然、帰りがけ、お寺の参道でその親子の後に私が続いた。その子供が、「ママ、ソワカって何だ」と聞いている。般若《はんにゃ》心経《しんきょう》の最後の菩提薩婆訶とある、そのソワカが耳に残ったものと見えます。するとそのお母さんは「知らないねえ」と一向気がありません。その子は親父さんに改めて聞きました。「お経さ」という返事です。この親父もだめですね。お経にきまっている。それで子供が納得しましょうか。どうも日本の親というものは子供の教育になるとだめなもんだと思いました。

可愛い子供だから、よほど教えてやろうかと思ったが、何だかよけいなおせっかいと思われそうでやめてしまいました。せっかく子供が心を働かせて質問した、それこそ敏慧の始まりなのです。そこから学問も修道も始まる。わからなければ、「うん、これはむずかしい。坊やにはまだわからん。大きくなったらわかる」でもよい。あるいは「お父さんにもわからん。一つ勉強しようかな」でもいい。「お経さ」なんていうに至っては、これはどうも話にならない。

余談になるけれども、ソワカというのはいろいろ書きようがある、これは音訳ですから。普通「薩婆訶」と書く。これは「驚覚諸佛、令作証明」〈諸佛を驚覚して証明を作《な》さしむ〉という、つまり最後に活を入れる、だめを押すという意味です。ボディというのは菩提と梵語を音訳したもので、道とか覚の意である。般若心経ではずっと道を論じてきたので、「そうだね！」とだめを押したのです。私の『百朝集』の中に出してあるが、西有穆《にしありぼく》山《ざん》禅師が信者のお婆さんに請われて、与えた咒文《じゅもん》がある。「唵《おん》にこにこ、腹立つまいぞや、薩婆訶」という。ソワカは日本人の誰知らぬ者もない、佛経の普及とともに民衆がみな知っている言葉でありながら、誰もこの意味を気にしない。こういうふうにぼんやりしたものです。自分を知らず、人生を知らない。茫々漠々、曖昧渾沌たるものです。

総持

この間総《そう》持《じ》寺（横浜市鶴見区にある曹洞宗の大本山）関係の人が来て、いろいろ信仰・宗教の話をした。その話の中にひょっとダラニという言葉が出てきたものですから、気がついて、「あなたは総持寺の関係の由、総持という意味はどういう意味ですか」と聞いたら、「さて、知りませんね」という。それではつまらない。今のダラニ〈陀羅尼〉という言葉も日本人には聞き慣れたものです。これが総持という意味なのです。ダラニを訳すと総持ということになる。「能持能遮」、能《よ》く善を持し、悪を遮る。よく善を持して失はず、悪をとめて放たない、一切において能く真理を把持することであります。

これには四陀羅尼がある。一つは聞陀羅尼。よく教えを聞いて忘れない、怠らない。その真理の意味をしっかり身につける。これが義陀羅尼。そしてその法、その真理を会得するとともに生ずる直覚・霊感の言葉を咒《じゅ》陀羅尼といい、それを求めて精進してやまぬことを忍陀羅尼と申します。そういうものをすべて体得するのが「総持」です。総持寺、総持寺と言いながら、そんなことを何も知らぬのは迂闊な話です。

曼陀羅

この間ある佛教信者の集まりで、お経の研究会に出たのですが、その時に曼陀羅の話が出た。マンダラの話がダラダラと出た。その後ビールが出て、みなほどよい気持ちになった頃、ふと気がついて、「今夜の集まりは曼陀羅かどうか」と言ったら、みなキョトンとした顔をしている。それでは本当の曼陀羅の話になりません。曼陀羅は壇とか道場という意味であり、したがってそこで学ぶ法・真理・道、そういうものの集まり、その円融無碍《むげ》の充足——輪円具足のことです。この集まりが敬虔《けいけん》な求道者の講集であれば、これ即ち一つのマンダラです。ここに心が働かねば、つまらない。単なる知識の習得に過ぎないことになる。それでは曼陀羅にならぬ。この照心講座はそういう意味で一つのマンダラです。

信行と三階教

さて元に戻りまして、先日関西各地の師友協会合同の新年会がありました。その時に私の心に閃いた一つのニュースがあります。それは弥勒《みろく》佛鑽仰会というものができたということです。そのことを聞いて、心に閃くものがあったというのは、ちょうど今日ここで去年からの講話を続行することになっており、その時代は、六朝《りくちょう》末期から隋《ずい》である。達磨《だるま》の第一の弟子慧可《えか》、これは隋の文帝の開皇年間（五九三）、百七歳で亡くなったと言われている。その頃、非常に新しい一つの宗教が勃興した。それを話さねばならぬと考えていたからです。それは隋の政府によって禁断され、唐《とう》でも同様、そのためにだんだん衰えてしまった。日本にも典籍は伝わったが教団は起こらなかった。それは「三階教」というものです。今日ほとんどの人が佛教に三階教というものがあることを知りません。しかしこれは非常に面白い、今日でも考えさせられる宗教なのです。

かの菩提達磨が渡来した頃、梁《りょう》の武帝の末年に僧の信行《しんぎょう》(隋の僧。三階教を創立。五四〇〜五九四)が生まれました。河南彰徳の出で、王某家の生まれですが、これが非常に偉い宗教家です。この信行という人を私は非常に好きであります。今でもこういう聖僧に会いたいと思う。彼は四つの歳に、母に連れられて歩む途上、荷車を曳いている牛の車の輪がぬかるみの道にめりこんでしまって、牛がふうふう泡を噴いているけれども車は動かぬ。それを見てこの子は非常に不愍《ふびん》がり、泣いて、この牛を助けてやろうとせがんできませんでした。これこそ慈悲心というものです。この慈悲心がなくて、宗教家・僧侶になる資格はない。

そもそも佛とはこの大悲の心に生きるものであります。いくら学問があろうが、修行ができようが、この大悲の心に徹せぬかぎり佛とは申されぬのであります。信行は子供の時からそういう大慈悲心の権化でありました。大悲経や悲華経《ひけ》というお経もあります。日本にはこれほど佛教が普及しているけれども、読まねばならぬ、読ませたいと思うお経が割合に読まれていない。本当に惜しいと思う。

それはさておいて、信行はそういう人で、早くから他の子供と全く異なり、私心が無く、喜怒愛憎のような偏心を持たなかったと申します。非常に頭が良くて群経に通じ、しかも独特の見識に富んでいました。そしてだんだん佛教に造詣して、「教は時に応ずべきを思い」、教えというものは時代そのものからかけ離れてはだめだ。教えというものは時に応じなければならぬことを確信しました。そして「正法《しょうぼう》住世の時を佛教の第一階、像法《ぞうぼう》を第二階、末法《まっぽう》を第三階」としました。

正・像・末は「三時」と申しまして、釈迦が亡くなってその後の五百年、あるいは千年（五百年説と千年説がある）、その時代を正法の時代といい、この時代は釈迦は亡くなられたけれども、まだその釈迦の生きた姿、その声、釈迦の直接の教え、その時の教団の生活、そういうものがまだ残っており、活きて伝わっている時代、これが正法。

これが五百年あるいは千年続いた後、像法という時代になる。これが千年続く。像というのは形似であり、そういう釈迦の教えの生きたそのままの風がもうすでに亡んでしまって、多分に形式化してきた時代の宗教の在り方です。したがってこの時代には、例えば佛像であるとか、経典の結集、その研究のようなことが主になって、正法時代からいうと、よほど生きた真実が薄れて、多分に形式化してきた。

その果てが末法になる。これはほとんどのお経に一万年続くと書いてある。いやなことですね。正法・像法は五百年ないし千年、末法は一万年続くのではかなわない。この時はもう釈迦の教えも知識だけになってしまって、その教えの実行、あるいはそれを本当に身体で覚える、証する、体験することもなくなってしまって、知識だけになってしまい、知識としての教えだけで、行《ぎょう》も証もなくなった時代。

こういうふうに時代によって変遷する。その正法が世にあった時は佛教の一階、像法は二階、末法は三階。

そうして「一乗」、これはいうまでもなく佛乗、乗は衆生を導く乗物の意です。「三乗」といいますと声聞《しょうもん》とか縁覚《えんがく》とか菩薩とかいう、誰でも常識的に知っていること。「二乗」はもっぱら声聞・縁覚の意。声聞というのは教えをただ聞くだけの程度。これがいろいろの縁によってだんだん個人的な智慧を開くような段階。それが大慈大悲の心に感じて実践を励む段階を菩薩。そして戒・行円満に大成したのが佛である。

この佛教をそういうふうに一乗とか三乗とか区別を立て、戒とか見とかを説き、ある立場から一つの法門を開くのは別法である。他と区別する法、差別法門である。なるほど、それぞれ真理であっても、それは別真別正法である。法華等の一部一経を首唱し、法華経を信ずれば他の経はみな要らないとして、あるいは阿弥陀経を信じ、一向至心に弥陀の本願にすがればそれで極楽浄土に往生できるというふうに、一部一経を首唱し、あるいは一佛一土に帰信するのは末法の世に合わない。末法の衆生はそういう限定の下に、「ここへ来い、これを信じろ」と言っても、我見が強く、散漫で、三毒五濁どうにもならない。たとえその教えがどんなに優れていても、別法ではだめだ。差別法門ではだめだ。

「宜しく普法を修め、一切佛・一切法・一切僧に帰尽し、一切衆生を度尽し、一切悪を断尽し、一切善を修尽し、一切善知識を求尽すべし」

つまりそんな窮屈なことをいっておらず、何でもよいものはみな取り上げて、それぞれ好むところに従って、偏見・差別観を立てずに行なっていかなければならない。これを普法〈普真普正法〉という。彼はこの信念に到達して、これを熱烈に唱道しました。私も初めて信行を知り、信行のことを研究した時に非常に共鳴した。

要するに小我に基づく差別観を無くさなければ、悪ければ悪い、善ければ善いで、派閥をつくっていがみあうにすぎない。あらゆる宗教が昔から宗派争いの弊に堪えない。だから私も、とにかく良い人だ、立派な人だという人にはすべて敬意を持ち、その人が佛教者であろうが、儒教者であろうが、老荘家であろうが、西洋哲学者であろうが、何であろうが、少しも差別偏見をもたず、どんな人にでも会ってみたいと思っている。人にもそう勧めてきた。いかなる意味においても私の一家を成すようなことは考えていない。私は生きている間はそれこそ普法でありまして、機会があればできるだけ天下の名山大川を訪ねたいと思う。できるだけ天下の好人傑士を訪ねたいと思う。できるだけ天下の好書を読みたいと思う。一宗一派、一事一物にこだわっているのは惜しいのであります。この師友協会なども、私のためには本来無い方がいい。事実私には容易ならぬ負担であり、犠牲でありますが、これは厄介なことになったと思っているが、随縁放曠して凡心を尽くしている次第です。「引き寄せて結べば柴の庵にて、解くれば元の野原なりけり」です。

信行はこのように普法という見解を立てて之を唱導しました。しかしそこが因縁で、彼は大方広地蔵十輪経の所説を最も体し、法華経常不軽菩薩《じょうふきょうぼさつ》道を行《ぎょう》じたのであります。

地蔵信仰

地蔵菩薩については地蔵本願経にその由来を説いて「一切智成就如来未だ出家したまわざりし時、小国の王たり。一つの隣国の王と友たり。同じく十善を行じて衆生を饒益《にょうやく》す」とあります。十善をいちいち挙げるのは煩瑣であるから何かの折に言いましょう。「衆生を饒益す」。衆生をいろいろと利益する。「その隣国の内所有《あらゆる》人民多く衆悪を造《な》す。二王議計して広く方便を設く」。その隣国のいろんな悪事をする人民を救うために、いろんな手段を考えられた。「一王発願《ほつがん》すらく、早く佛道を成《じょう》じて、当《まさ》に是の輩を度《ど》して余り無からしむべしと」。みなこれを救い上げてやりたい。他の一人の方は、「発願すらく、若《も》し先づ罪苦を度して、是をして安楽ならしめ、菩提に至ることを得しめずんば、我れ終《つい》に未だ成佛を願わずと」。自分は別に佛の地位に上らなくてもいい。どんな苦労をしても、彼らが罪苦を逃れ、安楽を得て、道・覚《さと》りに到れるようにしたい。それができるまでは自分は佛の座には上らない。こういう発願をした。そこで、「佛、定自在王菩薩に告げたまわく、一王発願して早く成佛せんとする者は即ち一切智成就如来是なり。一王発願して永く罪苦の衆生を度せんとし、未だ成佛を願わざる者は即ち地蔵菩薩是なり」。

二王同じく貴い発願だが、同じことのようで、だいぶ違いますね。まず自ら佛になって、衆生を救ってやろうというのと、衆生を救うまでは自分は佛にならない。言わば衆生と一つになって、救い上げよう。だいぶ違いますね。いずれがありがたいか。衆生から言うならば、地蔵菩薩の方がありがたい、うれしい。地蔵十論経をみますと、「安忍不動。猶如大地。静慮深密。猶如秘蔵。故に地蔵と名づく」と。そこでこの地蔵信仰というものは、いつとなく民衆の間に非常に普及したのであります。

父がいくら偉くても、子供はやっぱり母の方がなつかしい。父が本当にわかるのは、子供がよほど大きくなってからです。小さい時には何と言っても母です。母は常に自分と一緒にいてくれ、一緒に笑い一緒に泣く。場合によっては一緒に喧嘩もする。これは男から見ると可笑《おか》しいけれども、大きな母親があどけない子供と一緒になって怒ったり泣いたりする。馬鹿馬鹿しい限りのようであるが、そこが尊いのです。我々のようになれば、子供がだだをこねようが何をしようが、別に腹も立たぬ、相手は子供だと思うから。しかし母親は本当に一緒になって怒る、一緒になって泣く。父親になると一緒に泣いたり怒ったりしない。しかしそういう馬鹿みたいなところが母の尊いところで、釈迦牟尼《しゃかむに》佛といったって、実は民衆にはわからない。しかし地蔵さんはわかる。これは民衆にはうれしい、なつかしい。だから民衆に地蔵信仰が非常に普及した。故あるかなであります。かくて地蔵菩薩は地獄・餓鬼・畜生・修羅・人間・天上を能く化するのであります。之を六地蔵と申します（蓮華三昧経）。

地蔵の十益

また本願経の中に、地蔵の十益とか二十八益ということが縷々《るる》として説かれております。二十八の利益などというのは少しくどいので、地蔵の十益というのをご紹介しましょう。第一は土地の豊饒。土地を豊かならしめる。家宅を永安ならしめる。それから先亡者は天に生まれ、現存者は寿を益《ま》す（寿命が延びる）。第五には、求むるところ意を遂げしむ。求むるところを満足させてやる。第六に、水火の災をなくし、虚妄を砕除。つまらないこと、何にもならないこと、役にも立たないようなことをみんな取り除く。悪夢を杜絶す。悪い夢を見ないようにしてやる。寝ているうちに見るのばかりが悪夢ではありませんから……。

寝るがうちに　見るをのみをや夢といはん
　はかなき世を現《うつつ》とは見ず

という歌がある。寝ている時に見るのばかりが夢ではない。このはかない現実、はかない世の中、これを現《うつつ》とは、現実とは思えない。これも夢だ。生きながらみな夢を見ていると思えば……。そういう悪夢をなくしてしまう。ありがたいことです。

それから出入神護、出たり入ったりに神様が守ってくださる。

第十に多逢聖因。これがないと人間は向上しない。聖因というのは神聖な尊い因、それにたくさん逢えるようにしてやる。原因なくして結果はないのですから、聖なる原因に逢えば、そこからいろいろの善い果が生まれてくる。原因が大事である。因をつくるということが大事である。聖因は勝因とも書く。多く聖因に逢わせてもらうことほどありがたいことはない。之に反して悪因・劣因にぶつかると災難である。せっかく就職しても、上役や同僚にいやな奴がおっては就職も辛い。初対面から「この野郎」と思うような奴と机を並べていかなければならない。そこからともすればいろいろの悪いことが起こる。これらの十益みな味わってみると、いかにも人間・民衆にうれしい有益なことです。

信行和尚も普法といいながら、一部一経はいけない、一佛、一土はいけない、末法の世に合わないと言いながら、彼自身、大方広地蔵十輪経や本願経、それから法華経の常不軽菩薩道の別法の色が出てきました。

常不軽菩薩行

末法になると癪に障ることが多い。つまらない奴が多い。つい軽蔑することになる。それはいけない。末法の世のいかなる愚かな者、悪しき者を見ても、軽んじない。みな救われて佛になるべき人間である。これを尊重して、決して軽蔑しないというのが常不軽菩薩である。これが法華経の中に一品《いっぽん》（一章）ある。

「正法滅後。像法の中に於て、増上慢の比丘《びく》大勢力有り」。そのとおりですね。今でもつまらない男が恐ろしく威張っている。「爾《そ》の時に一菩薩比丘有り」。一人の菩薩の比丘がいた。「常不軽と名づく。何の因縁を以て常不軽と名づくるや。是の比丘凡《およ》そ見る所有れば、比丘・比丘尼《びくに》、優婆塞《うばそく》・優婆夷《うばい》の若《ごと》き」、出家して佛の戒を守るのが比丘（男）比丘尼（女）です。優婆塞・優婆夷というのは佛法僧の三宝に親近し奉仕する（在俗の）男女、男は優婆塞、女は優婆夷。「皆悉く讃嘆して是《か》く言う。我深く汝等を敬して敢て軽慢せず。所以《ゆえん》の者は何ぞや」。どういうわけか。「汝等皆菩薩道を行《ぎょう》じて当《まさ》に佛と作《な》るを得《う》べし」。お前さんたちはみな、菩薩の道を行ずれば佛になる人である。「而して是の比丘は経典を読誦《どくじゅ》するを専《もっぱ》らにせず」。比丘ともなれば、毎日の行が専ら経典を読誦するということである。それを専業にしない。「但《ただ》礼拝を行ず」。専ら礼拝をやる。「乃至四衆を遠見すれば亦復故《ことさ》らに往き」、比丘・比丘尼、優婆塞・優婆夷、この四衆を遠くから見ると、そこへ出かけていって、「礼拝讃嘆して是の言を作《な》す。我敢て汝等を軽んぜず。汝等皆当《まさ》に佛と作《な》るべきが故に」と。

この常不軽菩薩行を信行が取り上げて、彼はその弟子たちと日に一食、道を行くに、男女を問わずみな礼拝しました。この常不軽菩薩行・不軽行・地蔵信仰の信徒がだんだん集まって、次第に教団が弘まりました。これが三階教です。信行は隋《ずい》の都洛陽に迎えられ、真寂寺に住し、化度寺・光明寺等の寺院も続々できましたが、開皇十四年（五九四）五十五歳で亡くなりました。道俗号泣してその声京邑を動かしたとあります。

末法の世の佛法

信行は末法というものに着眼しました。それまでたいていのお経はみな理想を説いたり、極楽浄土を説いている。言わば一種のユートピアの提唱である。まだあまり末法観というものがない。ところが信行が出て、痛切に現実を直視して、幼い時泥土の中にめりこんだ車を引っぱって、牛がふうふういっているのを見て潸然《さんぜん》として泣いたその大悲心、その大情熱を以て末世の姿をしみじみと観じ、どうしてそれを救い上げようかということに熱中した。これが達磨禅と違うところです。達磨禅は直に道の本体・最高の真理を究めて、現実の解脱《げだつ》に精進した。「一切智成就如来」の方です。末法など観じない。信行において初めて末法観が強く打ち出された。これが末法濁世《じょくせ》に呻吟している大衆に非常な共鳴を呼び起こした。そこで彼の熱情と信仰は次第に多くの民衆を集めて、現実の邪《よこしま》な汚れた勢力と次第に対決するようになっていった。

そこで三階教団が盛んになるにつれて、精神革命運動が、現実の社会粛清運動になり、末法濁世の腐敗した現実を救い上げ、地蔵十輪経、本願経にあるように、この悲願を以て衆生が一人でも救われない限りは断じて佛にならない。衆生と一緒に苦しんで衆生を救おうというのです。これはどうしても当然、現世の支配的勢力との衝突になる。

今日では、人びとはこれに関連して創価学会を連想するでしょうが、内容が全く違うと思います。三階経の普法観からすれば、日蓮宗も別法の分類で、やはり謗法になるわけです。日蓮が建長五年（一二五三）開宗当時、「念佛無間・禅天魔・真言亡国・律国賊」を獅子吼《しく》したことは有名ですが、その無間といい、天魔といい、賊という、すべて三階教において別法修行者に向かって放たれた言葉です。その鎌倉時代に三階教の師があれば、日蓮を逆にこれらの四つに加えたであろうと矢吹慶輝氏もその大著『三階教之研究』の中に論じております。

隋の開皇二十年（六〇〇）、遂に当局はこの勢力に恐れをなし、危険を感じて、国家権力をもって大弾圧を下した。勅禁、つまり皇帝の命令をもって禁断した。それでその教団は解散させられたのであります。しかしこれがずっと隋から唐まで三百年近くもとにかく続きました。

白蓮教　西洋のキリスト教徒にも終末観〈eschatology〉というものがあり、いろいろの黙示・天啓〈apocalypse〉が行なわれ、未来に実現さるべき理想王国〈millennium〉が説かれています。ヒットラーもこれを熱烈に期したようです。シナでは易姓革命に必ずこの種の信仰による教徒の騒動があります。権力者はこれを教匪とし、妖教と称しました。その最も有名なものは白蓮《びゃくれん》教です。この白蓮教は後世シナの易姓革命の歴史に必ず影の形に添うが如く存在しております。今度の日支事変（日中戦争、昭和十二年勃発）の終わり頃、たまたま私が南京に往って政府の顧問をしていた人びと（後アメリカの大使になったり、日銀総裁になられた新木栄吉氏もその一人でした）の集まりで、白蓮教徒の動きがないかと訊いてみたが誰も知らない。それで特に白蓮教というものを話して、調べてもらいました。その後、経済顧問をしていた川上親文氏から、「いや驚きました。いろいろ手を尽くして調べてみたところが、白蓮教の秘密集会が立派にあった」という報告がありました。

隋の時代には白蓮教としてはまだありませんでしたが、三階教はその権威ある先駆です。三階教を禁断したが、この精神は、いろいろの形、いろいろの名の革命的宗教になっております。隋の煬帝《ようだい》の初めに数十人の人間が素冠（飾りのない白絹の冠。凶事のときに用いる）に練絹の衣を着て、香を炷《た》き、花を持って、宮中に乱入したことがあります。白蓮教の名は、南宋の初め、呉郡の慈照子元が東晋の時代に廬山の名僧慧遠《えとう》に私淑して始めた教団あたりから起こったようですが、元・明の世には弘く流布し、明の太祖（明の初代皇帝。姓名は朱元璋。一三二八〜九八）も初めはこれを利用し、政権を執って後は禁じました。

清朝三百年の黄金時代といえば康煕《こうき》の後年から雍正・乾隆へかけてですが、シナ文化の絢爛として栄えた乾隆が終わって次の嘉慶に入るなり白蓮教の反乱が起こっております（一七九六〜一八〇四）。その頃、直隷総督をした郡彦成があるとき石佛口という所にある有名な王某という同教祖の家を捜索したところが、その中に「三教応劫総観通書」という同教の原典が出てきた。これを元にした「万年書」なども弘く読まれたものである。

それによると過去世は燃燈佛（錠光佛）が掌教する。現世は釈迦佛、来世は弥勒《みろく》佛が出て、世を救う。この講の始めに弥勒佛鑽仰会のことが私の心に閃いたというのはこのことなのです。わが白蓮教はこの弥勒佛を信仰し、弥勒佛に従ってこの末法の世の中を救う使命を持つものである。この教祖の家にふだんに献金しておけば、これが弥勒佛下生《げしよう》し、新しい理想の世が実現する時のための「根基銭」というものになる。この根基銭を別名「打丹銭」という。打丹とはつまり永劫不滅、永久に無駄にならない銭の意です。そして、その根基銭、打丹銭が、弥勒佛下生時の理想国現成《げんじょう》の際の元勲銭になる。これによって出世をし、幸福・利益を受けることができるというわけです。これがシナの世紀末的動乱の裏打ちになっている。本当に影の形に従うというようにこれが行なわれているのです。

今日もまだ存在しているはずです。おそらく中共政権が瓦解する時には、必ずその背後にこれがあるだろうと思います。今から六〜七年前も、四川省達県の城外の王家村に黄爺廟という廟がありまして、それを礼拝すれば救いが来るというので、四方から民衆が礼拝に集まり、たちまち四川省全省に拡がり、一週間後には広西・広東に拡がり、中共当局の弾圧にもかかわらず、華北に延び東北三省にまで延びたことがあります。これを鎮めるのに二年もかかりました。昔なら大動乱になったでしょう。

一燈照隅　人心というものは微妙なものです。今は文明自体の持つ病的傾向や、人間の疎外をはじめとして、意識的無意識的にやはり末法的〈eschatological〉になっているので、救済の福音に動かされやすくなっているのです。この際にやはり望ましいことは一人でも多く自ら一燈となって一隅を照らしてゆく正覚正精進の人びとです。

第十一章　儒教の真精神——隋の文中子

昨年来、お釈迦さんから始まって、インド佛教の東漸、即ち中国佛教に移る過程、それからその当時の中国の社会的内情、それと最も直接に交流を生じた老荘思想などをお話ししました。そして達磨《だるま》に入り、達磨の教えの眼目をお話ししたついでに六朝《りくちょう》末期から隋《ずい》へかけての極めて特異なる宗教である信行和尚とその三階教のお話、それに関連して中国の歴史上、易姓革命の際に影の形に添うように、必ず存在してきた白蓮《びゃくれん》教のお話、それに次いで地蔵信仰というようなことを検討してまいったわけです。

そこでついでに、その当時の儒教はどうであったか。この儒教は禅が最も興隆した唐《とう》代から、非常に活発に禅というものに影響されます。その儒教は、秦《しん》の始皇帝《しこうてい》を中心とする弾圧の時代から漢代へかけては、いわば準備時代といえます。いろいろの典籍などが整備収集される時であって、思想とか哲学とかいう意味では沈滞していました。六朝末期から隋代にかけて、その儒教の中に極めて生命に溢れた特色のある儒者が一人輩出している。これは見逃すことのできない人であります。この人と、その思想学問、教《きょう》化《げ》を尋ねると、儒教というものを新たに味得することができます。それが

王通〈文中子〉

王通（隋代の学者。字《あざな》は仲淹《ちゅうえん》、号は文中子《ぶんちゅうし》。五八四〜六一八）であります。文中子に『中説』という書があります。これは文中子の弟子が編纂したものです。今日はその書物の中から感銘すべき箇条を二十箇条ほど摘出して、これを紹介しようと思います。

この文中子は王陽明《おうようめい》（王守仁。号は陽明。明中期の学者・政治家。陽明学の始祖。一四七二〜一五二八）の弟子が編した『伝習録』の中に出てきます。陽明門下の顔回《がんかい》といわれる人がいました。その名を徐愛《じょあい》という。徐愛はどういうものか、非常に若死にをした。顔回その人も若死にであったが、徐愛も若死にして陽明をたいへん悲しませた。この徐愛が陽明に、韓《かん》退之《たいし》（韓愈《かんゆ》。字は退之。唐の思想家・文学者。七六八〜八二四）と文中子とを挙げて陽明の感想を尋ねる。その時に陽明が非常にはっきりと、「韓退之はあれだけ有名な人だが、要するに文人の雄に過ぎない」と言っております。

まあ今日でいうならば、知識人、文化人の偉い人間に過ぎない。しかし文中子については、「これは賢儒である。韓退之とは比較にならない」と言っております。こういう批評はなかなかできないものですが、王陽明ともあろう人が、これだけはっきり断定している

のは、よほど見るところがあるからであろうと思います。

この人は吉田松陰によく似ていると申しますか、むしろ吉田松陰とは比較にならないほど広大な人ですから、吉田松陰の方が彼に似ているといったほうが妥当であるかも知れません。

とにかく隋の吉田松陰といってよいような、非常に弟子から崇拝され、またその門から非常に人材が輩出しました。唐という革命王朝の建設に当たって活躍した、幾多の人傑がこの門下から出ているといわれる人です。

ただ考証学者にいわせると異論があります。それは、これほどの人であるにもかかわらず、遺著がほとんど残っていない。五経に擬した遺著があったということになっているが、それが一つも伝わっていない。またこれほどの人であるから、もっといろいろの書物に語られていなければならないのに、あまりに語られていない。考証学者にいわせると、その他いろいろと問題があります。しかしそれに対する駁論もありますが、いずれにしても、それほどの人であるにかかわらず、後世にいろいろの文献が残っていない。しかしながら調べてみると、やはり厳としてその存在を否定することができない偉大な人であります。

この人に残されたものはただ一つ、『文中子』（正式には『中説』）という、弟子たちが『論語』に擬して編纂したものだけです。読んでみるとおかしいほど『論語』に擬している。

そういうところは厭味といえば厭味といえるんですが、しかし熟読してみると実に格調の高い本です。さすがと思われる。そしてこれはまた儒教というものの真精神を躍如として表していることは確かであります。これを老荘や佛教、禅と比べてみると、それぞれの特色がはっきりわかる。

名、字、諱、諡の区別

この人は姓は王、名は通、字《あざな》は仲淹という。仲とあるからこれは次男坊に相違ない。この人のお父さんは字は伯高、だから、これは長男ですね。末子だったら叔とか季がついている。お父さんの名前は王隆です。

これは余談というか参考ですが、名というものは生まれるとつけられる。その人の独自のものです。それに字というものを後になってつける。それは名を直接いうことは失礼であるから、本人に敬意を表してつけたのが始まりであります。だから人を呼ぶ時には字を呼ぶのが本当なんです。ところがだんだん、これは周代から始まっているんですが、後世になると自分で字をつけるようになった。それから今度は諱《いみな》〈忌名〉というもの、これは死んで後、生前の名を避けてつけたもの、死んだ後呼ぶ名です。特にその人に敬意を表してつけたのが諡《おくりな》です。

名、字、諱、諡と四つあるわけです。字はだいたい後世になって乱れたけれども、原則として名に関連してつける。例えば（孔子の弟子の）顔回は字が回、名が淵である。淵であるから水が回流する。そこで回という字をつけられているわけですが、王通もそうで、滝というのは「ひろい」という意味である。あるいは「ひたす」という意味もある。「滝《ひた》すに学を好むを以てす」（『礼記』儒行）という言葉があるが、また滝通という言葉もある。ひろく通ずることをいいます。通ですから、そこで滝という字を取ったものと考えられる。死んで後、弟子が「文中子」と諡いたしました。

これはいうまでもなく、『易』の坤《こん》の卦の「黄裳元吉、文中に在るなり」という言葉から取ったのである。乾を父の卦とするならば、坤は母の卦である。即ち物を生み育てる。万物を生み育てる力、徳を表したもので、その一番大事なのは第五爻《こう》であります。この物を生み育てる母の如く物を生み育てるという徳の一番の眼目、主眼はどこにあるかというと、「文中に在るなり」。文というものが中になければならない。外に出てはいけない。これが文中であります。

坤の卦にはまた「黄裳元吉」とある。この黄色というのは坤を代表する色である。事実そのとおりであります。光の学問が発達して、太陽光線が分析されると七色に分かれる。その七色の中で黄色が一番、物をよく育てるということが証明された。波長からいうと、赤色、橙《だいだい》色、黄色、緑色、青色、藍《あい》色、紫色となるが、その光線を種子とか芽に照射して比較研究してみると、黄色光線を当てた時が一番よく伸びる。確かに黄裳元吉である。

だから万物の生成化育を旨とする王者は、すべて黄色を、着物にしても、壁にしても、屋根の瓦でも用いている。宮殿のことを黄屋という。こういう物を生み育てるという徳を持つものは、文が中になければならない（一五〇頁参照）。

綾、飾り、つまり中にあるところの理想に向かって進歩向上する徳、それの発揚がつまり文明文化であります。そういう綾、飾りというもの、価値のあるものを中に持たなければならない。外に出してしまってはいけない。これが文中であります。だから例えば、母、したがって女性はいいものを持っていればいるほど中に保っておく。いい徳を、いい才能を、いい頭脳を、そういう徳、智慧、能力、才能、芸能、そういったようなものがあればあるほど、中に持たなければならない。外へ出してはいけないというのです。

王者また然《しか》りです。王者という者は、自分の才智、芸能を衒《てら》うようではいけない。渾然として中に湛《たた》えるのでなければならない。それが坤徳である。それが発して乾徳になる。

王通の父〈王伯高〉

王通のお父さんの王隆〈王伯高〉という人がやはり非常に偉い人であります。これは親代々そういう傾向があったものと見えて、隋の文帝（隋の初代皇帝。姓名は楊堅。五四一～六〇四）が非常にこの人を尊重しました。漢の高祖（劉邦《りゅうほう》。前二四七～前一九五）を教えた陸賈《りくか》（漢代初期の政治家）という人がいるが、これは『新語』という書物を出している。文帝は伯高を自分の陸賈であるとまで称している。直言を忌まなかった人で、文帝をつかまえて「あなたはまことにお偉い人だけれども、学問をしないのが欠点だ」とずけずけ言っております。

今時の偉い人たちも、みな偉いには相違ないが学問をしませんね。今の日本の偉い人は、いわゆる知識、技能はあるけれども、徳を養う学問をしない。文帝にとってもやはりそこが痛いところであって、それをずけずけ言っている。それにもかかわらず、非常に尊重されたが、結局田舎に帰った。故郷は山西省の龍門で、そこへ引っ込んで隠棲してしまった。だいたい隠君子系統の人です。王通も全然世に出なかった。それはまあ時勢というものと併せ考えなければならない。乱世に出て野心家の有象無象《うぞうむぞう》と腕くらべをするということが嫌だったんでしょう。

隋の文帝

王通は初めから出なかった。そして学問と教育に没頭して、世間的野心の全然なかった人です。そういう意味もあって文中子と諡したのですが、この隋の文帝という人はなかなか名君です。隋というとみな煬帝《ようだい》(隋の二代皇帝。姓名は楊廣。五六九〜六一八)を思い出す。煬帝は文帝の次男でありまして名前を廣という。兄に勇というのがいる。姓は楊、文帝は楊堅というのであります。

この文帝は、揚子江北の後周(北周の別名。中国南北朝時代の北朝の一。宇文覚が建国。五代で隋に滅ぼされる。五五六〜五八一)の大宰相になった人であり、そして天下を簒奪《さんだつ》した人物でありますが、政治家としては非常に偉い人であります。やはり当代の王朝を開いただけの人であって、内政、外交の両面にわたって、非常に有能な卓越した人であり、政治家としては偉かった。けれども非常に気の毒な人で、家庭的には恵まれなかった。

第一その夫人が中国歴史上これ以上ないといわれるくらいの妬婦《とふ》、やきもちやきの奥さんだった。これはどうも困ったろうと思う。中国の歴史を読んでみると、やきもちやきの婦人が多い。だいたい英雄の夫人というものは妬婦が多い。まあそうかも知れませんね。英雄色を好むといって、とかく英雄というものは女性に対しては行儀が悪いから、自然にそうなるのかも知れませんが、その文帝の夫人というのはなかんずく極端な妬婦です。文帝が愛した婦人を片っ端から殺している。苗字《みょうじ》は独孤という。いかにもやきもちやきにふさわしい、独り孤なりと書いて独孤という。

このやきもちやきの残忍な夫人の次男の廣というのが、これがなかなか奸雄で、さしもの難物の母をすっかり丸めた。だからこの青年、只者ではないことがわかる。それはいいけれども、お母さんを丸めただけではなく、非常な野心家でありまして、結局これが同志と部下をうまく操縦して、だんだん勢力を振るって、兄の太子およびその子供が七人かあったんですが、これを全部殺して、おまけに父皇帝が病気で寝ているのを毒殺して地位を盗んだ。

これが名高い煬帝であります。煬ていといわないで、日本ではみな煬だいといっております。これは非常な奸雄ともいうべき人間、しかし人間のスケールは、政治家としては非常に大きかった人物です。当時としては毛沢東そこのけの大土木事業を盛んに行なって、殊に黄河と淮河《わいが》との間に無数の運河をつけたり、中国の交通行政の上でも一時期を画した人であります。

しかしこういう人ですから非常な独裁者であり、乱行も多かった。殊に遼東方面から朝鮮へかけて大遠征をやって、そのために非常な財政難に陥り、苛斂誅求《かれんちゅうきゅう》をやりました。その末期になりますと至る所で農民の反乱が起こった。これに乗じて野心家が至る所で蜂起して、隋末の大動乱になった。そして結局、離宮で臣下の宇文化及《うぶんかきゅう》（隋の反臣。六一八年、煬帝を殺し帝位につくが、翌年殺される。？〜六一九）に殺されるんです。その時、ちょうど五十歳であった。まだ若くして非命に斃れた。

この六朝末期から隋にかけての非常な頽廃と動乱の時代に、王通もその父〈王隆〉も愛想を尽かして、文帝からそれほど尊重されながら、衣を振るって故山に帰臥してしまった。

そういう遺風を受けて全然世に出《いで》ずして道を楽しみ、書を著《あら》わし、弟子を教えて顔回と同じように年わずかに三十二、あるいは三十四と思われますが、三十そこそこで亡くなった。吉田松陰も数えて三十で亡くなった。そういう意味でもよく似ておりますね。だいたいそういう人であります。ここでテキスト〈『中説』〉に入りましょう。

子不豫《ふよ》なり。江都變あるを聞き、泫然《げんぜん》として興《お》きて曰く、生民亂に厭《あ》くや久し。天それ、或は將に堯舜の運を啓《ひら》かんとす。吾れ焉《これ》に與《あずか》らざるは命《めい》なり。

「子不予なり」普通でない、楽しまない、つまり病気ですね。文中子が病気であった。ところが偶々《たまたま》「江都変あるを聞き」、これは煬帝が暗殺された（六一八年）ということです。さしもの煬帝が殺されたということを聞いて、「泫然として興きて曰く」、はらはらと涙を流して寝床の上に起き上がって曰く、「生民乱に厭くや久し。天それ、或は将に堯舜の運を啓かんとす。吾れ焉に与らざるは命なり」。これがその時の言葉であります。

儒教の生命

長い間いわゆる南北朝に分かれて天下が動乱を続けてきたのですが、もう民衆は乱に厭いて久しい。物窮《きわ》まれば通ずで、これから立派な政治が行なわれる運を開こうとしているのかも知れない。しかしその新たなる堯舜の運、新たな意義ある立派な時代が開けようという時に、自分が直接これに与る（関与する）ことはできないというのは、これは命《めい》というものである。いかにも若くして聡明な、多感多情の天才的な熱血男児の面目が躍動していますね。

こういう天下国家、あるいは時代、その大いなる流れ、そういうものに情熱を持つ、そういうことが儒教の生命です。このような時代を超越しようとか、あるいはそういう時代に無関心であるとかいうのは老荘や佛教系統に多い。儒教、儒士というものは、あくまでも時代、人間、政治というものに高い情熱を覚える。それが一つの生命でなければならない。

つまり儒教の一つの特色は、どこまでもリアルであるということ。アイディアル（理想主義）というものが文中子の中にある。まず第一に、どこまでも現実に徹する。非常に現実的、実際的、社会的、政治的である。これが一つの特色です。この時代的・社会的・民族的な熱血、情熱なくして儒というものを論ずることはできない。またそれでなければ儒とはいえない。

この短い一節が、陽明が「文中子は賢儒なり」といった一つの特色を表すものである。

別の所で彼はまたこういうことを言っている。

「子曰く、悠々として素餐《そさん》する者、天下皆是なり。王道いづくよりして興らんや」

こういう場合の悠々はいい意味ではありません。何もしないでのんべんだらりとしていることをいう。悠々に二つある。つまりいい意味は、落ち着き払って迫らぬことである。悪い意味は、のんべんだらりと何もしないこと。のんべんだらりと役にも立たないのにただ飯を食っておるというのが素餐。ただ飯を食っているというのが、見渡す限り今日の世の中の有様である。

「天下皆是なり」。これでは「王道いづくよりして興らんや」。王というのにはいろいろの意味があります。詳しくいえば王の一字だけでも何時間でも説ける。最も面白い意味は、天地人を一貫したもの、という意味を表すという。この解釈はなかなか哲学的である。あるいは「王は往なり」。天下の人心がそこへ帰往する、これが王である。あるいは王というのは玉を糸で結んだという字だ。原始的には玉の象形文字であるともいう。その他いろいろありますが、こういうのは面白い解釈であります。いずれにしても天下万民がこれに帰往するような徳を持った人が王、そういう徳を持って天下万民を帰往させる、懐《なつ》けるというのが王道である。そういう王道というような、人間の理想的な道がこれではどこから興るであろうか、興りようがない。いずれを見ても、のんべんだらりとしてただ飯を食っている有様である。そういう無為の時代に対する慨嘆である。

今でもそういう気が実際しますね。「悠々として素餐する者、天下皆是なり」。艱難克己する風がどこにもない。末法の時代をよく表している。老荘や佛教の表現とだいぶ違っています。

楚、難作《おこ》る。使を遣して子を召く。子往《ゆ》かず。使者に謂《い》ひて曰く、我が爲に楚公に謝せよ。天下崩亂す。至公血誠に非ざれば安んずる能《あた》はず。苟《いやし》くも其の道に非ずんば、禍の先と爲ることなし。

「楚、難作る」。その隋の末期に至る所で動乱に乗じて野心家が盛んに現れた。いわゆる革命反乱の所在《いたるところ》に勃興した中に、「楚、難作る」とありますから、これはおそらく今日の江西省鄱陽《はよう》湖付近ですね。江西省の南昌とか廬山《ろざん》といったあの辺が、つまり昔の楚であります。そこに林士弘（鄱陽の人。隋末、操師乞とともに蜂起した。?〜六二二）という豪傑が起こった。これは後失敗して殺されますが、その林士弘が王通に渡りをつけたのか、あるいは林士弘などが騒動を起こしたので、その地方の有力者、実力者が王通に助けを求めたのか、どちらか。

至公血誠

「楚、難作る。使を遣して子を召く。子往かず。使者に謂ひて曰く、我が為に楚公に謝せよ」。私の代わりに一つ楚公に挨拶してもらいたい。「天下崩乱す」。天下が崩れ乱れる。「至公血誠に非ざれば安んずる能はず」。この血誠という言葉が後世よく使われる。誠は大事です。しかし血の通った誠でなければ、抽象的な誠、元気のない誠、生命のない誠ではしようがない。

「至公血誠に非ざれば安んずる能はず。苟くも其の道に非ずんば、禍の先と為ることなし」どうしても止むに止まれない、それが必然にゆくべき道であるというならば、それはいかに禍を蒙ってもいたしかたない。やらねばならない。そうではないのに進んで禍を買う、即ち禍の先となる、自分が先頭に立って禍を招くようなことはすべきでない。だいたいこういう天下崩乱した時に、いい加減な人間が飛び出していって何の役に立ちますか。徒《いたず》らに禍を蒙るだけのことである。この天下の崩乱を苟くもいかなる禍を蒙っても救うというのは、至公血誠でなければだめだ。

これは実に見識が透徹していますね。現在も誠の人はたくさんいる。ただ残念なことに血の気が足りない。いわゆる至公血誠でない。これはよほど血のたぎった誠でないとどうにもならない。と言われてみると、これは我々も痛いところです。その次も同じです。

李密《りみつ》、王覇《は》の略を問ふ。子曰く、天下を以て一民の命を易《あなど》らず。李密出づ。子、賈瓊《かけい》に謂《い》ひて曰く、天下を亂さん者は必づ是の夫《おとこ》ならん。災を幸とし、禍を念《おも》ひ、強を愛して、勝を願ふ。神明與《くみ》せざるなり。

「李密、王覇の略を問ふ」。この李密（隋末期の反乱指導者。五八二〜六一八）もなかなか面白い男です。これも隋の末期に出た梟雄《きようゆう》、奸雄の代表的な一人であります。家産を散じて大いに士を集め、またつとめて『孫子』『呉子』『六韜《りくとう》三略』といった兵書を読んだ。そして王者気どりで、いつも黄牛に乗って、牛の角に書物をぶら下げて、特に項羽（秦の末期、劉邦と天下を争った一方の雄。前二三二〜前二〇二）伝を愛読したというんだから、項羽を以て任じたようですね。このことから彼の風貌をしのぶことができる。たいていは漢の高祖（劉邦。前二四七〜前一九五）の方を真似るものですが、高祖ではなくて項羽を愛したというのだから、これはよほどロマンティックなところがあったに相違ない。

項羽というのは部下とも相抱き、相擁すようなところがあるかと思うと、怒ると何もかもみんなぶちこわしてしまうというような破壊性もあり、また反面に例の虞美人《ぐびじん》などと熱烈な恋愛をするというような、非常にロマンティックな者だが、漢の高祖となると、徳川家康みたいなもので、一筋縄ではゆかない。まことに老獪《ろうかい》無双、見ようによれば堅実にして乗ずる隙のない人物。だから見物人からいうならば、家康だの漢の高祖などというのはあまり面白くない。それよりは欠点だらけ、しかしなんともいえない長所のある秀吉や項羽の方が面白い。

李密は大いに項羽を愛して、ひそかに自ら擬しておったのかもしれない。隋末の動乱に乗じて相当勢力を張ったが、運悪く山西の太原《たいげん》の方の鎮台（地方方面軍の長官）をしていた唐の高祖〈李淵《りえん》、唐の太宗の父〉、この倅《せがれ》の李世民《せいみん》〈後の太宗〉、そういう英雄にぶつかったものだからやむを得ず、伊達政宗が豊臣秀吉に降ったようなもので、とうとう唐に降り、後に謀叛の嫌疑で殺されたというような人物です。

「李密、王覇の略を問う」。王道、覇道のあらましを尋ねた。そうすると王通曰く「天下を以て一民の命を易《あなど》らず」あるいは易《か》えずでもよろしい。王道というものは、たとえ天下の為といえども一民の命を軽んじない。天下の為だから一人の人間ぐらい殺したって、犠牲にしたって何でもないというのは王道ではない。天下の為といえども、たった一人の人間の命さえ決して軽々しくしない。これと取り換えない。これは非常な名言である。古来しばしば王道を論ずる時に引用される言葉です。「天下を以て一民の命を易らず」。あるいは「一民の命に易《か》へず」。軽々しく取り扱わないという時は命を易らず。

天下を以て一民の命を易らず

ここらがマルクス・レーニン主義だとかスターリン主義とか毛沢東イズムだとかいうものと違うところだ。彼らは天下の為とあらば一民はおろか、万民を物ともしない。天下を以てすれば万民の命を易る。天下を以て万民の命に易えて悔いざるものである。そこに東洋革命精神と近代西欧革命精神と大いに違うところがある。

房杜・姚宋

「李密出づ」。〝何をいうか〟というわけだ。そんなことを言っておって天下を取れるか。「子、賈瓊に謂ひて曰く」。この賈瓊という人がまた非常に偉い人です。後に唐の太宗の代、唐の太宗といえば房玄齢《ぼうげんれい》、杜如晦《とじょかい》という大宰相（これを房杜という）、それから玄宗の時代に姚崇《ようすう》、宋璟《そうえい》という名宰相がいて（これを姚宋《ようそう》という）、この房杜、姚宋は名宰相、大宰相の典型としてよく引き合いに出される。賈瓊はこの房玄齢、杜如晦と並び称せられた人物であります。この賈瓊という人も弟子であったらしい。

「子、賈瓊に謂ひて曰く、天下を乱さん者は必ず是の夫ならん。災を幸とし、禍を念ひ、強を愛して勝を願ふ。神明与せざるなり」。災難を幸いとし、禍を考える。強を愛して勝を願っている。これは神が許さない。奸雄というものは天下が乱れなければ手足を伸ばす所がない。つまり世の中が乱れなければ頭角を現すことができない。腕を振るうことができない。だから野心家に禁物は平和です。

野心家は世の中が乱れなければどうにもならない。くだらない地位に甘んじて、こつこつと月給をもらってあくびをしながら暮らさなければならない。世の中が引っくり返るので頭角を現すことができる。乱を念うというのは野心家の常です。したがって大衆心理からいうならば、あまり長く平和が続いて、決まりきってくると面白くない。民、みな乱を念うということになる。

あまりきちんと世の中が型にはまってしまって、しかもその中に人間がぎっしり詰まっていると、どうにも手足の伸ばしようがない。大の男もろくなことはできん。月給といってもたかが知れているし、金を使おうといってもろくに使えない。仕事をしようにも仕事はない。そうなってくると理屈を抜きにして乱を思う。つまり破壊的になる。そうでなければデカダンになる。あるいは神経衰弱になる。それが極まってくると、何ということなく、やがて革命だとか何とか、いわゆる乱を思うことになる。そんな中から風雲児、奸雄などというのが出てきて、ムッソリーニとなり、ヒットラーとなり、スターリンとなり毛沢東となる。なり損ねた者はうやむやに消しとんでしまうが、その中の何人かが成功するというわけだ。これはしかしよくない政治の責任でもある。そういう乱を好むということは「神明与せざるなり」で、みな果たして終わりがよくない。

> 溫大雅問ふ。之を如何にして政を爲《な》さしむ可《べ》きか。子曰く、仁以て之を行《おこな》ひ、寛以て之に居り、深く禮樂の情を識る。敢て其の次を問ふ。子曰く、言必ず忠、行必ず恕、之を鼓するに利害を以てするも動ぜず。又其の次を問ふ。子曰く、謹にして固、廉にして慮、齪齪焉《そくそくえん》として自ら保つも、以て發するに足らざるなり。此れより降つては則ち穿窬《せんとう》の人のみ。何ぞ政に及ぶに足らん。抑々《そもそも》貟に備はらしむ可きのみ。

「温大雅問ふ」。この人もやはり唐の初めの偉い人で、唐の太宗から好遇を受けて重臣となった人です。「温大雅問ふ。之を如何にして政を為さしむ可きか」。政治を為《な》さしむる要《よう》諦《てい》はどういうものでしょうか。「子曰く、仁以て之を行ひ、寛以て之に居り」、政治を行なう根本は仁である。同時にそれは寛大でなければならない。「深く礼楽の情を識る」。礼というのは統一・秩序である。楽というものは、その溌剌たる動き、流動である。「深く礼楽の情を識る」。これは難しい。

「敢て其の次を問ふ。子曰く、言必ず忠」、忠というのは進歩向上をめざして努力すること。「行必ず恕」、思いやりがある。包容ができる。「言必ず忠、行必ず恕、之を鼓するに利害を以てするも動ぜず」。利害を以て煽動しても動かないというのはその次である。「又其の次を問ふ」。これも難しいから、もう一つ低い所はどうでしょう。「子曰く、謹にして固《こ》」、慎み深くして固い。「廉にして慮」、廉潔でしかも思慮が深い。

「齪齪焉として自ら保つも」。こせこせ、せかせか、自ら保つ、つまり保身の術に汲々としていること、ひたすら間違いのないようにとばかり考えてこせこせしていることだ。保身ばかり考えていて、まあ間違いはないけれども、「以て発するに足らざるなり」。人を奮発させるに足らぬ。これは一番政治家としては下である。「此れより降っては則ち穿窬の人のみ」。穿はうがつ、穴をあける。窬《とう》も同じことです。あるいは窬は垣を乗り越えること、人の塀、垣を乗り越えること。つまり泥棒ですね。窬は「ゆ」という音もある。ゆと読む時は犬くぐりのことですね。「此れより降っては則ち穿窬の人のみ」。禄盗人《ろくぬすっと》に過ぎない。「何ぞ政に及ぶに足らん。抑々員に備はらしむ可きのみ」。そんなのはそこに置いといて、場ふさぎにしておけばそれでいいんだというような、ナンバーなんぼというだけの人間で、言うに足りない。なかなかこの辺は辛辣ですね。

子曰く、治亂は運なり。之に乘ずる者あり。之を革《あらた》むる者あり。窮達は時なり。之を行く者あり。之に遇《あ》ふ者あり。吉凶は命《めい》なり。之を作《な》す者あり。之に遇《あ》ふ者あり。一來一往各々數を以て至る。豈《あ》に徒《いたずら》に云はんや。

これは非常に深い、そして剴切《がいせつ》な（急所に当たる）意見です。「治乱」、世の中が治まる、世の中が乱れるというのは一つの運である。時代の大きな動きである。この運に、一つの時の動きにうまく乗る者があるかと思えば、また、革《あらた》むる者がある。時の動きを変えるという者もある。その時勢に窮すると達するとは、その時期に外れて窮する、あるいはそれに乗ると達する、窮達は時というものである。いつでも窮するわけでもなければ、またいつでも達するわけのものでもない。これは時というものである。運に対していうならば、時というものである。時に遇《あ》わなければ達すべき人も達することができない。窮せざるを得ない。また時に遇えば、窮していた人間が思わざる栄達を得ることもある。この時を行く者あり、之に遇う者あり。ちゃんと時を知って、自ら時の中を歩いてゆく。これは面白いですね。

「之を行く者あり。之に遇ふ者あり」。時に遇うというのはぶつかる。つまり主体性がない、偶然的である。偶然、時に行きあう者がある。かと思うと、どこまでも主体性を失わない、自主性を失わずに、窮達にかかわらず時を行く者がある。然る所以《ゆえん》を知って自主的に歩いて行く者がある。非常に優れた識見です。「治乱は運なり。之に乗ずる者あり。之を革むる者あり。窮達は時なり。之を行く者あり。之に遇ふ者あり」。たいていは遇うんです。偶然ぶつかる。

「吉凶は命なり」。吉か凶かというのは命である。絶対的なものである。必然的なものである。これは人間の打算や理屈ではどうにもなるものでもないが、しかしその命を作《な》す者がある。創造する者がある。かと思うと、その命にぶつかる者がある。遇う者あり。すべて主体性があるかないかによることである。「一来一往各々数《すう》を以て至る」。

数

「数《すう》」というのは、そういう運、命《めい》、時、そういうものの中にあるところの因果の関係とか、理法のことである。「一来一往各々数を以て至る」。この中にはちゃんと厳然たる因果関係がある。単なる数ではありません。「子曰く、治乱は運なり。之に乗ずる者あり。之を革むる者あり。窮達は時なり。之を行く者あり。之に遇ふ者あり。吉凶は命なり。之を作す者あり。之に遇ふ者あり。一来一往各々数を以て至る。豈に徒に云はんや」。大見識であります。いかにも深く思考させられる。道を学ぶ本当の意味で哲学を持つと、運の如何、時の如何、命《めい》の如何にかかわらず、各々の数《すう》というものを知って、どこまでも自主的、自発的に行動することができる。次に房玄齢が出てきました。

房玄齢《ぼうげんれい》、主を正し民を庇《かば》ふの道を問ふ。子曰く、先づ其の身を遺《わす》れよ。曰く、請ふ其の説を究《きわ》めん。子曰く、夫《そ》れ能《よ》く其の身を遺《わす》れて然《しか》る後に能《よ》く私無し。私無くして然《しか》る後に能《よ》く至公《しこう》。至公にして然《しか》る後天下を以て心と為《な》す。道行《おこな》はる可《べ》し。玄齢曰く、主を如何せん。子曰く、通や其の説を究む可《べ》からず。蕭《しょう》・張《ちょう》だも其れ猶之《なおこれ》を病めり。噫《ああ》子《し》の及ぶ所に非ず。姑《しばら》く爾《なんじ》の恭を守り、爾《なんじ》の愼を執れ。庶《こいねが》はくは以て人に事《つか》ふ可きなり。

「房玄齢、主を正し民を庇ふの道を問ふ。子曰く、先づ其の身を遺れよ。曰く、請う其の説を究めん」。もっと詳しくおっしゃっていただきたい。「子曰く、夫れ能く其の身を遺れて然る後に能く私無し。私無くして然る後に能く至公。至公にして然る後天下を以て心と為す。道行はる可し。玄齢曰く、主を如何せん」。臣たる者の心得はよくわかりました。主に対してはどうすればいいでしょう。我らは主持ち、君主を戴いている。これに対してはどうでございますか。「子曰く、通や其の説を究む可からず」。わしはその点に関してはどうも究めることができない。わしばかりではない、「蕭・張（漢の名相・蕭何《しょうか》と張良《ちょうりょう》）だも其れ猶之を病めり」

こうして読んでいると論語を思い出す。（憲問篇に）子路が（君子の条件を）問うた時に、孔子が「己を脩《おさ》めて以て敬す」。それだけですか。「己を脩めて以て人を安んず」。それだけですか。「己を脩めて以て百姓《ひゃくせい》を安んず」と言ったら初めて子路は喜んだ。「己を脩めて以て百姓を安んずるは、堯舜も其れ猶之を病めり」とあるでしょう。それと同じ筆法であります。

主に仕える難しさ

蕭何は漢の高祖の総理大臣、張良は参謀総長です。韓信は正直者で、とうとう誅戮《ちゅうりく》されましたが、蕭何はうまくやる。張良は逃げて、隠遁してしまった。蕭何、張良のような賢人でさえ「其れ猶之を病めり」。主をどうするかということになると、これは容易ではない。「噫子の及ぶ所に非ず」。ああお前などの及ぶ所ではない。「姑く爾の恭を守り、爾の慎を執れ」。どこまでも慎しみということをしばらく守ってゆくがいい。「庶《ちか》はくは以て人に事ふ可きなり」。または「以て人に事ふ可きに庶し」。そうすれば何とか主に事《つか》えてゆくことができるであろう。

乱世というのは、そんなものでしょうね。ナチスの歴史を見ても、ずいぶん革命の同志が犠牲になっている。ムッソリーニのファッショを見てもそうです。ソ連に至ってはひどい。スターリンによってどれくらい同志が誅戮されたか。毛沢東また然り。毛沢東などは満洲をまかせていた高崗《こうこう》（中国共産党の幹部。一九〇五〜五五）をついに自殺させた。これは瑞金《ずいきん》（国共内戦当時の中国共産党の主要根拠地。江西省東南部にある）から出て逃げ回って、いよいよ行く所がなくなった時に高崗が延安（陝西《せんせい》省北部の都市。中国共産党軍の根拠地）に呼んでくれた。足を向けて寝られぬ相手である。それをとうとう粛清してしまった。

これが覇道の嫌なところです。今度の朴正熙《パクチョンヒ》（韓国の軍人・政治家。大統領。一九一七〜七九）でもそうだ。これは朝鮮動乱の前に、朴正熙が麗水という所の連隊長をしていた。当時南朝鮮労働党という共産党がある。これが軍隊の赤化に成功した。その麗水の連隊をすっかり共産化した責任者に金某という者がいたが、それが叛乱を起こして山に入った。そしてずいぶん李承晩（韓国の初代大統領。一八七五〜一九六五）や米軍の討伐軍を悩ました。その朴正熙は捕まって死刑の宣告をされた。その時に転向を誓って、それを彼の同志、といっても彼はご承知のように満軍育ちであります。金日成討伐のために関東軍が養成した青年将校の一軍であります。その当時の彼の同志が同情して、彼の転向を認めて彼を助けた。そこへ中共侵略があって猫の手も欲しい時であるから、朴正熙も軍隊へ復帰を許されて、それからだんだん軍功を立てて偉くなった。彼をそういうふうにして救った同志の一人は、今度彼が捕らえた金東河をはじめとする連中であります。朴正熙からいうならば恩人であり、親友である。それを自分の政権のために、可愛い部下の罪状を彼らから責め立てられて、その罪状を覆うことのできないために、金鐘泌を亡命させるとともに、一網打尽に昔の親友、恩人を捕縛して投獄した。やっぱりこれは覇道ですね。王道ではないな。朴正熙がどんなに偉い男か知らないが、道より見ればこれは幻滅を感ずる。残念なことである。こうして考えると王者というものはいないということがわかる。

本当の意味で偉大な政治家というものはいませんね。みな功名に駆られた野心家だ。こういう人に事えるのは難しいでしょうね。スターリンに事えるのにフルシチョフも慄《ふる》えていたらしいが、毛沢東もそうだ。朴正熙などに事えるのは、さぞかし骨が折れるだろうと思う。「姑く爾の恭を守り、爾の慎を執れ。庶はくは以て人に事ふ可きなり」。これはなかなか事えられぬ。

賈瓊《かけい》、群居の道を問ふ。子曰く、同じて正を害せず。異して物を傷《やぶ》らず。曰く身を終

ふるまでして行ふ可《べ》きか。子曰く、烏《いずく》んぞ不可ならんや。古《いにしえ》の有道者は内、眞を失はず。外、俗に殊ならず。夫《そ》れ此の如し。故に全きなり。
子、薛收《せつしゅう》を謂《い》ふ。善《よ》く小人《しょうじん》に接《まじわ》り、遠ざけて疎《うと》んぜず。近づけて狎《な》れしめず。頽如《たいじょ》たり。

「賈瓊、群居の道を問ふ」。大勢一緒にいる衆と交わる道を問う。「子曰く、同じて正を害せず」。一緒になって、しかも正を害しない。「異して物を傷らず」。異を立てて反対して物を傷らない。反対してぶっつぶすことはありますね。反対しても物を傷るということをしない。賛同すると付和雷同するということになったり、とかく正義を害するが、同じて正義を害せず、異して物を傷らず。これは難しい。これができたならばたいへんな人物です。

「身を終ふるまでして行ふ可きか」。一生それでよろしいか。「子曰く、烏んぞ不可ならんや」。どうしていけないことがあろうか。「古の有道者は内、真を失はず。外、俗に殊ならず」。これは名言です。内、真を失わず。そしてそれを外に出すというとみなからあまり違っているから毛嫌いされたり、それこそ「同じて正を害し、異して物を傷る」ということになる。内、真を失わず、しかも外は、見掛けは俗に異ならず、見掛け、外見はみなと一向違わないようであって、中は厳として真を持っている。真《まこと》を失わない。「子、薛収を謂ふ」。薛収（唐高祖の天策府参軍）というのは、これは親子ともに偉い人物。お父さんは薛道衡（隋の文帝に深く重んぜられた）という。「善く小人に接り、遠ざけて疎んぜず。近づけて狎れしめず。頽如たり」。論語の孔子の言葉によく似ていますね。

小人というのはうるさいもので、（つき合ってみて）じきに嫌になるが、その小人にもよく交わって、そして遠ざける。小人はあまり近づけてはいけない。遠ざけると人間は疎んずるのですね。あ

遠ざけて疎んぜず、近づけて狎れしめず

いつはつまらんと遠ざけて、（なおかつ）疎んじない。遠ざけて疎んじないというのは、どこかに真心、情がなければならない。「近づけて狎れしめず」。近づけるというと小人はじきに狎れる。それを狎れしめないというのは、どこかに威厳がなければならない。怖いところがなければならない。頽はくずれるということ、格式張らない、よくこなれていることをいう。「頽如たり」。よっぽどできた人であったとみえますね。「善く小人に接り、遠ざけて疎んぜず。近づけて狎れしめず。頽如たり」。いい言葉ですね。非常に難しいことであるが、人間である以上、社会生活をする以上たいせつなことです。

子曰く、君子は招く可《べ》くして誘ふ可からず。棄《す》つ可くして慢《あなど》る可からず。軽々しく譽

め、苟《かりそめ》に毀《そし》り、憎を好み、怒を尚《たっと》ぶは小人《しょうじん》なるかな。

「子曰く、君子は招く可くして、誘ふ可からず」。礼を厚うして招くことはできるが、利益だの何だのということで誘惑することはできない。君子を棄てることはできる。君子というものは「棄つ可くして、慢る可からず」。馬鹿にすることはできない。「軽々しく誉め、苟に毀り、憎を好み、怒を尚ぶは小人なるかな」。軽々に誉めるかと思うと、わけもなく悪口をいってみたり、じきに人を憎む。じきに腹を立てるというのは、これは小人である。

子長安に在《あ》つて曰く、歸らんか。今の異を好み、輕々しく進む者、率然《そつぜん》として作《な》し、取る所無し。

「帰らんか、帰らんか。吾が党の小子、狂簡、斐然《ひぜん》として章を成す。之を裁する所以《ゆえん》を知らず」というのが論語（公冶長篇）にあるが、同じ口調である。「子長安に在って曰く、帰らんか」、帰ろうよ。「今の異を好み」、何でも何か異なったところがあればいい、ありきたりのものでは面白くない。「今の異を好み、軽々しく進む者、率然として作し」、率然、思慮分別なく軽率な振る舞いばかりで一向取るところがない。つまらないおっちょこちょいが、何やら物珍しげに軽挙妄動するばかりで、さっぱり取るところがない。

子曰く、我未だ誹《そしり》を見て喜び、譽を聞いて懼《おそ》るる者を見ざるなり。

そういう人は本当に自ら自己の完成に努力している人です。それほど真に自己に生きることはなかなかできないことです。

仇璋《きゅうしょう》、薛收《せつしゅう》に謂《い》ひて曰く、子《し》三有七無《さんゆうしちむ》を聞けりや。收曰く、何の謂《いい》ぞや。璋曰く、諾の責め無く、財の怨み無く、利を専らにする無く、苟《かりそめ》の説無く、善を伐《ほこ》ること無く、人を棄つること無く、憾《うらみ》を蓄《たくわ》ふる無し。薛收曰く、請ふ三有を聞かん。璋曰く、慈有り、倹有り、天下の先と爲《な》らざる有り。收曰く、子是に及べるか。曰く此れ君子の職《こと》なり。璋何ぞ焉《これ》に預からん。子、之を聞いて曰く、唯其れ之れ有り。是を以て之を似《しめ》せり。

三有七無

「仇璋、薛収に謂ひて曰く、子三有七無を聞けりや。収曰く、何の謂ぞや。璋曰く、諾の責め無く、財の怨み無く、利を専らにする無く、苟の説無く、善を伐ること無く、人を棄つること無く、憾を蓄ふる無し」。この七無ですね。㈠諸の責めというのは、うん、イエスの責任である。いったん承諾したら実行しなければいけない。その責任である。うんと言っておきながらやってくれないじゃないか、というのは諸の責めである。㈡金を持っている人がそれを出させようとする。それを出さないというと怨む。㈢利を専らにして分けないというと、分け前を争って人は怨む。㈣人間はとかくいい加減なことをいうものであるが、苟の説、いい加減なことを言わない。㈤善を伐らない。㈥人を棄てない、見放さない。㈦憾《うら》みを胸中に蓄えない。さらりとして忘れる。これが七無である。

「薛収曰く、請ふ三有を聞かん。璋曰く、慈有り、倹有り、天下の先と為らざる有り」。これは『老子』に書いてある。慈愛がある。倹がある、ぜいたくでない、身を持すること倹約である。お先走りをしない。天下の先と為らざるあり。

「収曰く、子是に及べるか」（あなたは）そこまでできるか。

「曰く、此れ君子の職なり。璋何ぞ焉に預からん。子、之を聞いて曰く、唯其れ之れ有り。是を以て之を似せり」。いやいや、これは仇璋はそういうけれども、彼はちゃんと三有七無を身につけている。それだから彼がそれをお前にいうことができたのだ。この似すというのは、仮借といいまして、示と音が同じだから仮に使うのですが、いい言葉ですね。

子曰く、貧賤に處して懼《おそ》れず。以て富貴なる可《べ》し。僮僕《どうぼく》其の恩を稱して以て政に從ふ可《べ》し。交遊其の信を稱して以て功を立つ可し。

「貧賤に処して懼れず。以て富貴なる可し（貧賤の境遇に打ちひしがれないでいられる人こそ富貴の地位に値する人なのだ）」「交遊其の信を称して以て功を立つ可し（友人・知人がこぞって信用する人にして初めて社会的に役立つ仕事ができる人なのだ）」はわかるが、なるほどと感心させられるのは、「僮僕其の恩を称して以て政に従ふ可し」という言葉ですね。召使どもがありがたがるという人で初めて民を治めさせてよろしい、政に従わせてよろしい。これは実に剴切です。

政治家の資格

これは少し注意すると、ざらにあることです。役所や会社に行ったら大臣だ、重役だと威張っているけれども、その召使だとか、料理屋、お茶屋などという所へ行って、その仲居やおかみなどに言わせると、くそみそなのがずいぶん多い。こんなのは本当の政治家の資格はない。「僮僕其の恩を称して以て政に従ふ可し」。そのとおりです。

実にこれは味がある。しかしこれはそのとおりだけれども、しからば僮僕がその恩を称すればみな偉いかというと、そうでもないですね。僮僕というものはまたそれらしい単純なものですから、奸雄にかかったら僮僕をちょろまかすくらいわけはない。偉い人ならば必ずその恩を称するが、逆、必ずしも真ならずで、僮僕恩を称するが故に、その人必ず偉いとは限らない。その意味からいうと、これは注意しなければならない。政に「従う可し」はよろしいが、「従わしむ可し」とはいえないですね。これは、自分が政に従うのには僮僕がその恩を称するくらいでなければならんということはわかるが、「従わしむ可し」とすれば、これは傷がある。

子曰く、君子に非ざれば與《とも》に變を語る可《べ》からず。

これも論語（子罕篇）にあるのと同じことです。論語には「与《とも》に学ぶ可し。未だ与に道を適《ゆ》く可からず」。一緒に勉強するということはだいたいできますね。しかし一緒に道を行くということは、これはたいへんだ。あそこへ行こうという者もいるし、しばらくここで休もうという者もいる。早く行こうという者もいる。なかなか一緒に道を行くということは難しい。況んや「与に道を適く可し。未だ与に立つ可からず」。道を行くということは、なんとか一緒に行けないこともないが、与に立つということはたいへんだ。況んや、変に処して与に権《はか》るということは、とんでもない事変《アクシデント》が起こった時にどうするかということになると、これはなかなか与に権ることはできない。

言い換えれば、ここにあるように「与に変を語る可からず」。決まりきったことならそれは話になる。しかし変わったこと、変になると、これはなかなか与に話せない。これは男女、夫婦関係で考えれば一番よくわかる。ボーイフレンドとか、ガールフレンドと一緒に遊んでいるのは、これは何でもない。さて夫婦になって生活を一緒にしようとなるとなかなか……。まして夫となり妻となって、親戚友人、いろんなものを相手にして、一つのしっかりした家庭をつくるということになると、単なる夫婦生活と違ってこれは非常に難しい。まして何か問題が起こった時、夫婦がぴったりと呼吸が合って相談ができるというのはなかなか難しい。

子《し》、房玄齢《ぼうげんれい》に謂《い》ひて曰く、成を好むは敗の本なり。廣を願ふは狭の道なり。玄齢問ふ。功を立て、言を立つるには如何《いかん》せん。子《し》曰く、必ずや力を量《はか》らんか。子《し》、姚《よう》義を謂ふ。與《とも》に友たる可《べ》し。久要忘れず。賈瓊《かけい》は與《とも》に事を行ふ可《べ》し。難に臨みて變ぜず。薛收《せつしゅう》は與《とも》に君に事《つか》ふ可《べ》し。仁にして佞《ねい》せず。董常《とうじょう》は與《とも》に出處す可《べ》し。介如《かいじょ》たり。

「子、房玄齢に謂ひて曰く、成を好むは敗の本なり」。成功することばかり考える、これは失敗する本である。「広を願ふは狭の道なり」。むやみに広めようとすると狭くなる。「玄齢問ふ。功を立て、言を立つるには如何せん。子曰く、必ずや力を量らんか」。自分の力を量らなければならない。「子、姚義を謂ふ。与に友たる可し。久要忘れず」。姚義は友達になれる人間である。久要忘れず。久しき約束を忘れない。たいてい大事なことも月日の経つうちに忘れてしまうが、久要を忘れない。「賈瓊《かけい》は与《とも》に事を行ふ可し。難に臨みて変ぜず。薛収は与に君に事ふ可し。仁にして佞せず。董常は与に出処す可し。介如たり」。共に出で、共に居る。行動を一緒にすることができる。介如の介というのは堅いということ。節操をもって堅いことである。この董常は文中子門下の顔回といわれる人です。

子曰く、吾仕へず。故に業を成す。動ぜず。故に悔なし。廣求せず。故に得。雑學せず。故に明らかなり。

いちいちもっともですね。これ実に現代人に猛省を促すものではありませんか。この世を挙《こぞ》ってのサラリーマン根性、軽挙と妄動、飽くことを知らぬ物欲、雑学と末技、ジャーナリズムの流行、こうしたことがどれほど現代人の成業を妨げ、人間そのものを破綻させ、昏昧ならしめているか、計り知れぬものがありましょう。

文中子曰く、吾れ禮を關生に聞く。樵《たきぎ》を負ふ者を見るに焉《これ》に幾《ちか》し。樂を霍《かく》生に正す。竿を持つ者を見るに焉に幾《ちか》し。吾将《まさ》に退いて諸《これ》を野に求めんとす。

これはどうも優れた識見ですね。ただ、これを考証学者に言わせると問題なんです。文中子がこう言ったということは弟子が書き記したのですが、その関生というのは関朗のことです。これは文中子からいうと百年も前の人である（北魏《ほくぎ》・太和年間の人、字は子明）。易の大家でありまして『関子易伝』という本がある。

「吾れ礼を関生に聞く。楽を霍生に正す」。霍生というのはどういう人か。霍汲だろうという説がありますが、よくわかりません。もし文中子が言ったとするならば、関生というのはこれは関朗のことではない。当時さほど有名でない人のことに相違ない。とにかく自分は礼を関生に聞いた。即ち政治、道徳、その他人間社会の法令、制度組織、秩序に関することです。これを関生に聞いたが「樵を負ふ者を見るに焉に幾し」。山賤《やまがつ》、きこりを見ると、そこにこそ礼がある。そこにかえって礼がある。楽を霍生に正したが「竿を持つ者を見るに焉に幾し」。即ち漁夫、釣りする者を見るに焉に幾し。どうも堂々たる学者、文人などよりも、素朴な野人の方にかえって本当の礼楽が存在する。「吾将に退いて諸を野に求めんとす」。これなども文中子の調子の高い、識見の透徹したところをよく表している言葉です。

子、形を相せず。疾を禱《いの》らず。非義を卜《ぼく》せず。

非義を卜せず

文中子は「形を相せず」。人相を見るというような、形を見ることをしない。これは形を以てすれば、孔子にも誤ったということがある。なかなかわからない。また病を禱らない。病を持つだけの理由があって病むのである。また義に非《あら》ざることを占わない。泥棒をするのにうまくゆくのかどうかなどということを占ってみたところでしょうがない。非義を卜せず。これは易占の大原則です。卜することは正しいことを卜さなければいけない。

子曰く、君子虚譽を受けず。妄福を祈らず。死義を避けず。

「君子虚誉を受けず」。内容のない誉め言葉を受けない。「妄福を祈らず」。妄《みだ》りなる福、理由のない福を祈らない。「死義を避けず」。死なねばならない時に死ぬのを死義という。

これを避けない。義として死に当たれば、つまり死すべき時に死す。それが死義である。これを避けない。厳粛な言葉です。

子、家におるや、孩孺《こども》と雖《いえど》も必ず狎《な》る。其の人を使ふや、童僕と雖も必ず容《かたち》を斂《おさ》む。

衿を正す、姿勢を正す。非常になつかしい、人なつっこい人であって、同時にどこか威厳があって、自《おのずか》ら形を正さずにはおられないような人である。

房玄齢、薛収《せつしゅう》に謂《い》ひて曰く、道の行はれざるや必せり。夫子《ふうし》何ぞ營營《えいえい》たるや。薛收曰く、子《し》は夫子《ふうし》の徒に非ずや。天子道を失へば則ち諸侯之を修む。諸侯道を失へば則ち大夫之を修む。大夫道を失へば則ち士之を修む。士道を失へば則ち庶民之を修む。之を修むるの道は師に従うて常無し。誨《おし》へて倦まず。窮して濫《みだ》れず。死して後已《や》む。時を得れば則ち行き、時を失へば則ち蟠《ふ》す。此れ先王の道續いて墜ちざる所以《ゆえん》なり。古は之を時を繼ぐと謂ふ。＊詩に云はずや、縦《たと》へ我れ往《ゆ》かざるも、子寧《な》んぞ音を嗣がざらん。之れを如何ぞ行はれざるを以つて廢せんや。玄齢惕然《てきぜん》として謝して曰く、其れ行や是くの如くこれ遠きか。

＊詩経鄭風に、「青々たる子が衿《えり》。悠々たる我が心。縦《たと》へ我れ往かざるも、子寧んぞ音を嗣がざらん」とあり、娘がその恋人に、「たとえ自分が往かずとも、消息ぐらいはありそうなもの」という意味の詩であるが、それを道徳的に解釈する儒家の風で、ここでは本文に記する意味の例証に引用されたものである。

「房玄齢、薛収に謂ひて曰く、道の行はれざるや必せり」。もうどうにもならない。今時はどの点から考えても道の行なわれようわけはない。乱世である。「夫子何ぞ営営（忙しく往来する）たるや」。こういうところ、論語にもありますね。「薛収曰く、子は夫子の徒に非ずや」。君は先生の門、仲間ではないか。「天子道を失へば則ち諸侯之を修む。諸侯道を失へば則ち大夫之を修む。大夫道を失へば則ち士之を修む。士道を失へば則ち庶民之を修む」。代わりにだんだん修めてゆくよりほかはない。「之を修むるの道は師に従うて常無し」。それ相応にやるほかはない。

「誨へて倦まず。窮して濫れず。死して後已《や》む。時を得れば則ち行き、時を失へば則ち蟠す」。蟠す。じっと雌伏《しふく》する。「此れ先王の道続いて墜ちざる所以なり。古は之を時を継ぐと謂ふ。詩に云はずや。縦へ我れ往かざるも、子寧んぞ音を嗣がざらん。之れを如何ぞ行はれざるを以つて廃せんや。玄齢惕然（畏れつつしむ意）として謝して曰く、其れ行や是くの如くこれ遠きか」。なるほど、人間の行というのはこれほど遠大であるか。「行はれざるを以て廃せんや」。行なわれないからといって廃めるということではなく、行なわれなければますますやらなければならない。「これ夫子営々たる所以だ」と。いい問答です。論語の孔子及び、孔子の弟子と隠者とのいくつかの問答も同じ調子、同工異曲であります。

以上、『文中子』十巻の中からなるべく短い、そして感銘の深いものを摘録してお話ししたのですが、文中子という人は確かに賢儒であります。

儒教の真面目

当時の儒教の真精神を代表する人である。これを熟読玩味しますと、なるほど儒教というものはこういうものであるなということがわかる。

儒教というものは、どこまでも人間というもの、時代というものに徹していこうという。これを避けたりこれを超えたりしない。あるいは単にこれを批判したりするものでもない。どこまでも人間と現実に徹して、これを改めてゆこうとして、それができようができまいが、必ずしもその報いとか成功を求めない。功徳を求めない。良心、真理、道に徹してゆこう、どこまでも現実を重んじ、実践に徹してゆこうというのがその真面目《しんめんぼく》である。

そこで佛教でいうならば、つまり聖道門《しょうどうもん》というものが儒教と最もよく合う。聖道門というのは、たとえ佛の教えがいかに宏遠で、またいかに親切であっても、これを要するに佛の教えを信じ、佛の教えを聞く人びとが、その教えを聞いて自ら努力しなければ効果を挙げることができない。いわゆる佛果・証果・神聖な

聖道門と浄土門

る結果を得ることができない。これを要するに自力に徹しなければいけないというのが聖道門である。

しかしながら、そんなことを言っても末法濁世《じょくせ》の無力な、物のわからない哀れな凡人の身になったら、そんな難しい佛の道を学び、行《ぎょう》ずるということはとうていできそうもない。そうすると、末法の凡夫は佛の教えに与かることができないかというと、そうではない。佛の教えはそれほど狭くはない。そこにいくと、阿弥陀《あみだ》佛のありがたい慈悲の法門がある。人間が一切の智慧、一切の難しい問題を捨てて、一心になって佛の悲願、衆生の一人だも救われない限り、断じて佛の座に上らないという大慈大悲の佛の願を信じて、ひたすら無心になってこれにすがれば救われる。なまじ頭を働かせたり、理屈を言ったり、なまじもがいてみても何にもならない。末法濁世の凡夫ほど、これは何にもならない。それよりも、そういうすべてを捨てて、一念至心になって佛の悲願にすがればよい。それによって救われる、というのは浄土門である。

聖道門と浄土門、日本では法然《ほうねん》・親鸞《しんらん》が浄土門の代表で、禅などは最も聖道門の方であります。これはしかし一応の分け方であって、これを深く追究すれば、聖道門を難行道《なんぎょうどう》といい、浄土門を易行道《いぎょうどう》という。果たして易行道が易行であるか。考えようによっては易行道の方がもっと難行道であるかも知れない。

というのは、さらでだに煩悩の強い俗人、愚夫愚婦が一念至心になって……ということはつまり、自分のあらゆるものを捨てて一心不乱になって佛にすがるというのだが、人間にはなまじ猿智慧だのつまらない才能だの理屈というものがあって、人間が自分を捨て切るなんていうことは決して易しいことではない。むしろ難しい理論だの、難しい戒律だとかいうようなものでも、そこに何か拠《よ》るものがあって、それに頼ってやってゆく方が楽かも知れない。一切を捨てて佛の、弥陀の慈悲にすがるなどというのは言うべくして、それほど人間の煩悩というものは簡単に捨てられるものでもない。易行道必ずしも易行道ではない。あるいは難行道よりももっと難行道であるかもしれない。難行道というけれども、考えようによっては難行道の方が易行道であるかもしれない。少し深く入っていったら聖道門だの浄土門だのということは、一般が言うようなものではない。

諸教帰一

それと同じように、儒教だとか道教だとか佛教だとかいうものが違うというけれども、なるほど違うことは違うが、少しく中へ入っていったならば、世間普通の人間が軽々に言うような差異ではない。

儒教はどこまでも現実的というけれども、そこに命《めい》だ、時だ、運だという問題になってゆきますと、これは非常に深遠な問題、深遠な思索であり、それにまた命に従う、あるいは運を啓《ひら》くというような問題になったら、これは浄土門の佛や、弥陀の慈悲にすがるというのと同工異曲、同じことでもある。だからそういうふうな現れるところ、あるいは調子、形というものは違っても、少し奥へ入って行けば真理は一つ。諸教は帰するところみな同じである。儒から入っても、佛から入っても、あるいは老荘から入っても、深くさらに行くというと融通無碍《むげ》である。容易に同異を論ずるようなことはできないものがある。そういう境地がわかって初めて異を論ずることもできる。この辺の同異というものは非常に微妙なものであります。

いずれにしても、こういうそれぞれの教え、諸教というものの真髄をよく知って探究してゆきますと妙味津々《しんしん》、道味津々である。

まあこれくらい優游涵泳しておいてでないと、それから後の禅だ、朱子だ、陽明だなんだということを論じても、弊害のみあって危険である。それで少し優游涵泳というか、少し道草を食ったようですけれども、これは道草ではない。大事なことなのです。これだけをやっておいて、それからだんだん禅だの陽明に入ってゆくことにいたします。

第十二章　達磨正伝の禅風〈I〉

吉田松陰を偲ばせる隋《ずい》の若き天才的教育家・王通〈文中子《ぶんちゅうし》〉が、隋の煬帝《ようだい》が離宮で殺されたという報を聞いた時に、起き上がって、「生民乱に厭《あ》くや久し」。長い間天下の民衆がもう戦乱に厭いている。「天其れ或《あるい》は将《まさ》に堯舜の運を啓《ひら》かんとす」。天は窮《きわ》まれば通ずで、この辺で立派な人物によるところの政治を開こうとしているのかも知れない。ただ残念ながら私がこれに与《あず》かることを得ないのは命《めい》であると慨歎したという、まことに印象の深い一カ条を読みましたが、王通〈文中子〉の感じ取ったとおり、隋の後に、即ち千年の歴史上にも類《たぐい》まれなる偉大な英雄・李世民《りせいみん》、後の唐《とう》の太宗（五九八〜六四九。唐の第二代皇帝。在位六二六〜四九）が出現したのであります。この人によって唐の王朝が初めて開けたわけであります。

唐の太宗

煬帝が死ぬと、果たせるかなたいへんな動乱に陥って、北支・中支にかけて群雄一時に蜂起して大動乱になりました。前回の文中子の時に出てきた李密とか竇《とう》建徳とかは、それぞれの立役者ですが、その連中が次第に片付きまして、ちょうどわが国の戦国時代が家康によって統一されたように、当時山西地方を抑えていた李世民の父の李淵《りえん》（唐の初代皇帝。五六五～六三五）が、李淵を戴く李世民の力によって次第に国内を平定して、ついに天下を統一いたしました。

この李世民は文字通り英雄という人で、若い時から群を抜いておりました。多数の人材を周囲に集めて、しきりに学を講じ歴史を検討し、すべて彼の偉大な風格が当時の豪傑どもに反映しておりますから、よほど生まれつきの出来物《できぶつ》といえる。

そして彼が天下統一の後に政治を任せたのは名高い房玄齢《ぼうげんれい》（五七八～六四八）と杜如晦《とじょかい》（五八五～六三〇）であります。これを後世「房杜の政」、あるいは「房杜の治」といいますが、シナの歴史にこういう言葉が伝わるくらい善政を布《し》きました。この房玄齢や杜如晦は非常に偉い人で、『唐書』をひもといてその伝記を読みますと、人間にもこれほどの人物がいるものかと、つくづく感じさせる偉大な宰相です。こういう伝記を読んで現代の政治家を考えると、同じ人間であるのに、どうしてこうも違うのかと思われるほどであります。

この李世民が帝位についた年号は貞観《じょうがん》、これが二十三年続いた。李世民はこの二十三年間帝位にあって驚くべき政績を挙げ、国力を発揮しました。その勢力の及ぶ所ほとんどのアジアを開拓して、まさに大アジア国を建設した。この貞観の政を説いたものが『貞観政要《じょうがんせいよう》』であります。これは日本にも伝わって、いち早く源頼朝がこれを学んでいる。頼朝の夫人政子はこれを仮名書きにして版に付しております。徳川家康も盛んに研究した。家康は頼朝を非常に学んだ人であります。頼朝の『東鑑《あずまかがみ》』と併せて『貞観政要』をよく勉強している。したがって唐の太宗の政、房杜の治、貞観の政というものは、日本にもたいへんな感化を及ぼしたものです。

これだけの英雄でありますが、残念なるかな、わずかに五十三歳で亡くなっている。あまりに戦乱の平定にエネルギーを使って身体をこわしたのでしょう。もう十年太宗が生きていたら、よほど歴史は変わったろうと思われる。とにかくシナ三千年の歴史上、異論なく代表的英雄と申してよろしい。

中国の三大帝王

シナの歴史で、古い時代はしばらくおいて、秦《しん》の始皇帝《しこうてい》以後の政治を見る時に、三人の偉大なる革命建設の帝王を挙げることができる。その一は後漢《ごかん》の光武皇帝（姓名は劉秀《りゅうしゅう》。後漢の建国者。前六〜後五七）で、唐の太宗は非常に光武皇帝に私淑している。光武皇帝の臣に有名な鄧禹《とうう》（光武帝を助けて共に後漢を建国。二〜五八）という英傑がいる。あの後漢帝国の初期の立派な政治は光武帝と鄧禹がやったといってよい。唐の太宗は房玄齢のことをしばしば鄧禹に比している。

その二は唐の太宗で、その三は清の康熙《こうき》皇帝（清の第四代皇帝。一六五四～一七二二）であります。康熙は年号で、これは聖祖という。この人は満洲から入って中国を征伐し、天下を支配した、いわば異朝の天子である。征服者がつくった政権でありますが、しかしプライドの高い、反撥力の強い漢民族が、この康熙皇帝だけは自分たちの民族を征服した支配者であるということを忘れてしまうほどの立派な道徳政治をやりました。この康熙皇帝は各国の政治学者の間でも非常によく知られておりまして、フランス革命史にいろいろ政治評論家が出ておりますが、この中にエソクラシーという言葉が残っております。倫理はエシックスですから、これは道徳政治、倫理政治ということです。康熙皇帝はつまりエソクラシーといってよい政治をやった。

この三人が有名なシナ二十四史の中で最も輝ける存在といってよいでありましょう。後世の宰相たる者は少なくともこの三人の政治、それから頼朝だの家康だのの政治ぐらいは研究すべきものだと思う。こういうことを真剣に御研究になったのは明治天皇であります。さすがに偉大なお方だったと思う。明治天皇がお亡くなりになって以来、こういう学問は廃《すた》れました。惜しいことだと思う。

この大英雄が六朝《りくちょう》、隋の後に確かに文中子の感じ取った如く現れて、非常な新しい時代を開きました。その時に佛教界も実に人材が輩出しました。

春になると百花斉放でいろいろの花が一時に開く。秋になると満山の木々が紅葉するようなもので、人材というものは平均して出てこない。どうもある時期に一時に出るようでありますす。これはどうも惜しいことで、平均して出てくれれば世の中は平均して良くなるのだろうが、どうもそうはいかないのは自然のどういう摂理でありましょうか。

これはさておいて、佛教界にもいろいろの人物が出ました。まず第一に指を屈すべきは例の玄奘三蔵《げんじょうさんぞう》（唐の学僧。インドの佛跡を巡礼し、帰国後、佛典漢訳事業を行なう。六〇二～六六四）であります。この人から法相《ほっそう》（宗）ができたのですが、この玄奘三蔵は長安を出て中央アジア、西域からインドへ、そしてインドからいろいろの経典その他を持ち帰ってたいへんな影響を与えた人物であります。

それから法然《ほうねん》・親鸞《しんらん》の先駆をなすところの名高い浄土宗の開祖であります善導《ぜんどう》（隋の僧。浄土教の大成者。六一三～六八〇）、その前に道綽《どうしゃく》（唐の浄土教の僧。五六二～六四五）という人が出た。法然・親鸞は最も道綽・善導の感化を受けている。それから名高い天台（宗）の灌頂《かんじょう》、華厳《けごん》（宗）の杜順、智儼《ちがん》など多くの優れた禅僧が出た。そうしてここに偉大な佛教文化の花が開きました。

同時に道教も発達した。唐の王室は李姓であり、老子がやはり李姓であったという伝説がある。そこで同姓だというので老子を尊重し、ひいては道教を尊重したので道教もなかなか発達しました。佛教と道教とのいろいろな軋轢葛藤《あつれきかっとう》などを辿ってみると興味津々《しんしん》たるものがありますが、これは余事であります。

こういう最中に現れた禅門で代表的な人は、第五祖といわれる弘忍《こうにん》（六〇一～六七四）という人です。それから慧能《えのう》（六三八～七一三）、これを六祖という。この人がほとんど近代禅の祖師のようになっております。この辺から禅は歴史的にちょっと変わる。これまではいわゆる初期禅というものです。達磨《だるま》の教学をそのまま伝えるのが弘忍までの前期であります。それまで、つまり南朝の末期、梁《りょう》から隋・唐にかけて、達磨から弘忍に至る禅師たちが活躍するわけです。

達磨のことはこの前にお話ししました。復習の意味でプリントをご覧ください。

> **達磨《だるま》　洛陽嵩山《すうざん》を根據とす。生涯遊化六十年。二入四行を教へ、楞伽經《りょうが》を重んず。**

達磨の真骨頂

達磨というと象徴の達磨（人形）をみなすぐ念頭に浮かべて、坐禅ばかりして何もしなかった人のように思うのですけれども、そうではない。坐禅は彼の信仰、彼の教学、彼の修行の一つの在り方であって、実は「生涯遊化六十年」。これは彼の伝記の中にある言葉です。六十年の間、ずいぶん信者を教化《きょうげ》することに努力した人で、専《もっぱ》ら洛陽の近所にある嵩山《すうざん》（ここに拳法で有名な少林寺という寺がある）を根拠に教化活動、いわゆる布教のために熱心に努力した。そして「二入四行」ということを教えた。

つまり理から入っていく理入《りにゅう》と、実践行から入ってゆく行入《ぎょうにゅう》がある。その行入に報冤行《ほうえんぎょう》、随縁行《ずいえんぎょう》、無所求行《むしょぐぎょう》、称法行《しょうほうぎょう》という四つの行を立てた。この二入四行ということは、この前にお話をしました。その時に申しませんでしたが、達磨は教外別伝《きょうげべつでん》・不立文字《ふりゅうもんじ》といわれるが、しかし決して経というものをまるっきり論じなかったのではない。いろいろの経典の中で特に楞伽経《りょうがきょう》というものを重んじたようです。

〔楞伽經〕楞伽城主婆羅那夜叉《ばらなやしゃ》、如來を禮讃す。佛呵々大笑、身より無量光明を放ち說法す。諸法本來無相、如實に之を觀じ、法と非法とを棄てよ。無相は一心。一心は如來藏。無相の智慧を修行せば無生法忍三昧《ざんまい》を得べしとす。

楞伽というのは難しい文字ですが、楞は棱、または稜と同じ文字です。この楞伽という名前は考古学的に、あるいは地理学的に申しますと、セイロンにある嶮峻な山の名前になっております。そこでお釈迦さんが説法されたというのでありますが、実際は問題外であります。一つの経典の中のフィクションと思われるが、この楞伽という所に城を構えていた婆羅那夜叉《ばらなやしや》王、これがある時に佛の説法の際に聴聞して、つくづくと如来を礼讃した。ところが「佛呵々大笑、身より無量光明を放ち説法す。諸法本来無相、如実に之を観じ、法と非法とを棄てよ。無相は一心。一心は如来蔵。無相の智慧を修行せば無生法忍三昧を得べしとす」。

これは楞伽経の本質を簡訳してそこへ私が出しておいたのでありますが、達磨の理入の話をした時に、理入の本質を表すものを何かというので指摘しておきましたが、特にかいつまんで申しますと、当時は翻訳佛教、理論佛教、御利益《ごりやく》佛教でありますが、そういう戯論《けろん》に随《したが》わず、「更に文教（文が言という字になっているのがある）に随わず。此れ即ち理と冥符《めいふ》し、分別有る無し。寂然無為《じやくねんむい》、之を理入と名づく」。

どうもこの如来を主とすると、どうしても知識的・概念的・論理的になって、体験とか実践とかいうことが遊離している。その弊害、つまり空理空論がひどかったからそれを戒めて、さらに文教、あるいは言教に随わない。それはどういうことかというと、これは即ち「理と冥符して」、真理と冥々のうちにというのでありますから、これは概念的・論理的というのではない。直観的・具体的にきっぱりと一致する。理と冥符する。主観とか客観、主体と客体と、そういう「分別有る無し」。これである。つまり従来のような御利益宗教、そろばん勘定の信仰とか、あるいはお経に従っていろいろの知識や理論を主とするような、そういう理の宗教ではない。そういう感情的・主観的なものに随わないで、本当の自分を体得してゆく。

それはどういうことかというと、この宇宙万有というものは、そのままに一つの偉大な真理である。万有、宇宙、造化《ぞうか》、これは理だ。真理である。これはロゴスというのと同じ考え方で、プラトンやヘーゲルなどが論じたが、これはちっとも新しくない。すでに達磨が論じている。ただそれを概念的・理論的に追究するのではない。もっとぴったり身体で一つになる。つまり体得する。そしてこれに主体とか客体とか、あるいは観察者とか非観察者であるとか、そういう分別というものが全くなくなってしまう。つまり造化そのもの、真理そのものと一体になる。こういうのが理入である。

理入というけれども、理入というのは知識的・論理的なというのではなく、真理そのものと一体になって、そうして自然が「天行健なり」で、かくして春夏秋冬やむことなく千変万化するように、自然に行《ぎよう》じてゆく。人間そのものが真理であり、人間の行はその真理の自ずからなる心理である。理入。これが達磨の真骨頂であります。これを達磨が教えた。

現象的にみると、いろいろの姿、いわゆる有相無相があるけれども、真理と冥符すれば、一切そういうのはそのまま無相である。

無生法忍三昧

諸法は本来無相である。これをあるがままに観ずる、自然をそのままに観ずるのである。

自然がそのままに光を放つように、自然に自ずから光明というものがあるように、如実に、そのままに直観するのである。如実にこれを観ずる。したがって法と非法とを棄てる。これが存在、実在である、これが非存在であるというような、そういう法・非法を棄てよ。

この無相はしからばどういうものかというと、これは要するに一心である。人間の一心は、言い換えれば如来蔵である。この無相の智慧、深い直観的智慧を修行するというと、「無生法忍三昧を得べしとす」。これが楞伽経の所説である（「無相」については三二八頁参照）。「無生法忍三昧」というのは——無相は無生である。はかない生命、生病老死、そういったようなものが、そういう人間の惑いといったものがなくなる。生は生、死は死、すべてが自然、真実である。その無生の法に徹することを儒教では「忍」という言葉で表す。無生法忍、それに徹底することが三昧である。無生法忍三昧を得べし。つまり宇宙そのものに人間がなりきることができる。この楞伽経は四巻本、七巻本、十巻本がある。達磨の当時にあったのは四巻本のようであります。

> **如來**　佛の尊稱、十號の一。

そこで如来と如来蔵ということが我々としては問題になる。元来、如来というのはこれ自体深い意味を持っております。非常に興味津々たるものがある。文字そのものに興味がある。梵語の原語では tathāgata といい、佛の尊称です。佛に十ばかりの尊称がある、その十号の一。これは原語に従うと、「如実に到来する」という意味です。来るということを逆にいえば去るということですから、如来は如去といってもよいのだが、如去ではどうもしっくりこないから如来。あるいは「真実に到来したもの」あるいは「真実に住しておるもの」「真実を悟ったもの」というような意味を持つ。

如来と如来蔵

このtathāgataを如来と訳したことは非常に面白い。如と訳したのは面白い。これは如しという字で、真実に似ているという意味です。如というのは「ゆく」という字ですね。宇宙万有は静止したものではなく、無限の創造、変化である。そこで「ゆく」と読み、「まにまに」という。如実といえば「実の如し」であるとともに、「真実に到達する」という意味であり、あるいは「真実そのまま」をいう意味ですから、日本でいえば「惟神《かむながら》」というのが如実、あるいは如来に当たるわけです。日本語の翻訳はまさに「惟神」でありま す。

女偏である。よく考えたもので男偏、夫偏ではだめで、男偏に口と書いてもよさそうなものだが、やはり考えてみると女偏でなければいけない。如の字の旁《つくり》、これは口ではなくて領域、世界を表す。女の領域、女の世界、女の本分という意味です。万物を生成化育する大自然、即ち大法という、そのままの姿はそれこそ「産霊《むすび》」である。いわゆる生である。創造である。これを如実に表すものは何か。やはり子供を産むことである。いかなる英雄哲人といえども男は子を産めない。如何なる女性といえどもこれはできる。どうも女の方がやはり自然に近い。そこで女偏を使って如という字はできているわけです。

この真実につく、あるいは真実に近づく、真実に到達する、真実に安住する――これが如来である。〇〇如来というのはみなこういう意味を持っておるわけであります。ところが如来というのは何も佛様に限ったものではない、道を修めればみな如来である。すべての人間は本来みな如来である。如来を持っているのである。そのことはまた楞伽経に実に細やかに説いている。

〔楞伽經〕如來藏。如來藏は自性清淨にして三十二相を轉じ、一切衆生の心中に入る。大價寶の垢衣《くい》に纏《まと》はるが如く、如來藏の常住不變なること亦復如是《またまたかくのごとし》。

〔如來藏經〕我れ佛眼を以て一切衆生を觀るに、貪欲恚癡《どんよくいち》の諸煩惱の中に、如來智・如來眼《げん》・如來身有り。結跏趺坐《けっかふざ》、儼然《げんぜん》動ぜず。善男子よ、一切衆生は諸趣に在りと雖も、煩惱身中に如來藏有りて常に染汚《せんお》さるることなく、德相備足して我が如く異なし。

その如来の限りなき潜在力、これを蔵という。如来蔵はしたがってもう一つ後を読んだ方がもう少し早くわかりますね。如来蔵経というのがあります。

「我れ佛眼を以て一切衆生を観るに、貪欲恚癡の諸煩悩の中に、如来智・如来眼・如来身有り。結跏趺坐、儼然動ぜず」。これが大事なところで、達磨の最も力説したところです。私が佛の眼を以て一切衆生《しゅじょう》を見るに、一切衆生はみな如来だ。みな持っている。いわゆる如来蔵である。「貪欲恚癡」即ち人間の限りないおろかな貪欲、あるいはいかり〈恚《い》〉、あるいはおろかさ〈癡《ち》（痴）〉、貪欲恚癡の諸々《もろもろ》の煩悩の中に、ちゃんとこの如来智、如来眼、如来身がある。これが衆生の中に「結跏趺坐し、儼然動ぜず」。ちゃんと現実に存在している。ここが大事なところですね。如来身は何も衆生から、我々一般の人間から離れたところにある佛様ではない。我々の中に如来は儼然として存在している。我々が如来を持っている、如来蔵なのです。

そこでまた楞伽経、「如来蔵は自性清浄にして」、それ自体非常に清浄で、「三十二相を転じ、一切衆生の心中に入る」。みな人間は生まれる時に如来蔵、非常にそれ自体清浄にして三十二相を備えておるところのもので、それがちゃんと体内にあってこれを蔵して出てくるのである。「一切衆生の心中に入る」。人間が身籠《みご》もる、孕《はら》む、生まれる時に与えられて出てくるのである。これは「大価宝の垢衣に纏はるが如く」、たいへんな値段の宝が垢じみた着物の中にくるまって出てくるようなものだ。なんだかつまらない小倅《こせがれ》が生まれてきたと見えるが、それは実は垢じみた着物にくるまって大価宝が存在するようなものだ。「如来蔵の常住不変なること亦復如是〈是の如し〉」。どんなにつまらなく見えても尊い宝、つまり如来蔵をもってみな生まれてきているのだ。それは常住不変、常に変わらぬことなのだ。

三十二相

三十二相というのはこれは非常に面白いものであります。いろいろの経論の中に三十二相が詳しく説いてありますが、玩味してみると実に興味津々たるものがあります。例えば三十二相の一相に「踵満足相《しょうまんそくそう》」というのがある。跟とも書く。踵と同じ、人間のかかとです。踵が満足でなければならない。ふっくらとしてきれいでなければならない。だから年を取ったり病気になったりしますと、踵がざらざらしたり、ひびが入ったりへこんだりします。夏、素足になっているわけですが、よその家に行った時など人の悪い話だけれども女の人の踵を見る。女に限らないが、踵の悪いのは必ず老衰が始まっておる。あるいは病体、病身であります。踵のきれいなのは第一、芸術的ですよ。芸術的であるばかりでなく、健康、生理的にこれは大事な問題です。辰巳《たつみ》芸者（江戸・東京深川の芸妓）は素足を尊んだというが、素足の美というのは非常に意味がある。触ってみてざらざらするなんていうのはそもそもいけない。だから昔の人は銭湯なんかへ行くと軽石ですって踵をきれいにしたものです。

この三十二相を研究すると実に面白い。ちょっと五、六相挙げますと、手が膝を過ぐるの相、「手過膝相《しゅかしっそう》」というのがある。手を伸ばして膝の下まで及ぶ。我々はどうしても膝には届かないが、歴史の書物の中にときどきありますね。例えば『三国志』の蜀《しょく》の天子劉《りゅう》備玄徳《びげんとく》は手を伸ばしたら膝を過ぎた。これは立派な相なんですね。自分の耳が見えたというんだから耳も大きい。化け物みたいな英雄だったと見える。

また「両腋満足相」というのがある。両方の腋下が円満の相。三十二相を読んで初めてなるほどと思った。腋がそげているのは不健康、病相であってよくない。ここはふっくらと豊かでなければいけない。

どうもえらいことを観察したと思うんですが、実はこれをある時に双葉山で思い出した。双葉山が全盛時代、ある晩どこかで一緒に飲んでおりまして、いろいろ質問をした。仕切りをしてすっと立った時に、手はどうなっているのが一番いいのかと聞きましたが、「わらを一筋腋にはさんで、それが落ちないようなのが一番いい」という。わら一筋がふわりとはさまって、それがくっついて離れないくらいがいい。なるほど、やってみるとやはり名人の言葉ですね。両腋が豊かな、両腋満足相であると落ちない。真向法《まっこうほう》をやって感ずることは、両腋が豊かになることだ。両腋が柔らかく、しかも円満でなければならない。両腋満足相、いちいち味が深い。

その次は「肩円満相」。肩が円満でなければならない。肩ひじを張ったようなのや、肩がげっそり落ちているなどというのはいけない。それから「歯白精密相」というのがある。歯が白く揃っているのがいい。すけているのはいけない。

それから「広長舌相《こうちょうぜつそう》」。舌の幅が広く長く、広長舌がいいらしい。舌が狭く短かいのはいけない。非常な雄弁家は舌を出して鼻の頭がなめられるというんですが、どうも私にはできない。三十二相にだいぶ欠けています。だから雄弁のことを広長舌という。よく「長広舌」というが、それでも同じことだが、佛典の三十二相では「広長舌」と書いてある。

それから「梵音深遠相《ぼんのんじんのんそう》」というのがある。一鐘をならすような声、梵音、真実の声ですね。それが深く遠し。その声が遠くへ届く、透る声でなければならない。これが大事な声の相である。

それから「眼色如紺青相《げんじきにょこんしょうそう》」。眼の色が紺青のようだ。インド人にはよくある。日本では少ない。これはやはり人種や土地に関します。あながち一般的にはいえません。緑眼白人種には通用しませんね。これはインドのお経ですから……。インド人には確かにあります。

それから「無見頂相《むけんちょうそう》」というのがある。これは首から上、特に額から上の方に、ちょっと凡眼ではわからない何か深いものがなければならない。俗眼にわからない尊いものが出ておらなければならない。

そういうことが頭の相から、眼の相から、声の相から、驚くべきことが書いてある。男根まで三十二相の中に入る。至れり尽くせりと申すべきものだ。

こういう本当に学問求道をすると、三十二相が備わってくる。そもそも三十二相をちゃんと持った如来蔵に人間というものは生まれてくるものなのです。

即身成佛

その次に「結跏趺坐（坐禅をするとき、左右の脚を互いに反対の股の上に置く如来の座り方）、儼然動ぜず。善男子よ、一切衆生は諸趣に在りと雖も」。諸趣というのは六趣、つまり地獄、餓鬼、阿修羅、畜生、人間、天上という、あの六趣六道ですね。いろいろの状態の中にあるけれども「煩悩身中に如来蔵有りて」、いかなる煩悩の身体の中にもちゃんと如来蔵というものがあって、即ち如来の限りなき蔵ですね。潜在的なものがあって、「常に染汚さるることなく、徳相備足して」、即ち三十二相備足して、「我が如く異なし」。この点からいうならば、衆生と佛も同じだ。

当時の有難や宗教、御利益信仰で、佛、如来といったようなものを、人間から非常にかけ離れた超越的なものに考えることは間違いである。佛も人間も同じなのだ。我々のいかなる煩悩身中にも佛と同じく如来蔵があるのだ。身佛、つまりわが神体と佛とは差別がない。法を学び、法を行ずれば即身成佛するのだ。その身体がそのままに佛になるのだ。即身成佛は何も弘法大師に始まるのではない。ちゃんと達磨大師が楞伽経に基づいて説いている。

> 九喩をあげて解説す。未開の花の中、如來身ありて結跏趺坐《けっかふざ》するが如く、巖樹の中に淳蜜《じゅんみつ》あるが如く、貧家に珍寳あるも家人知らざるが如く、貧賤醜陋《しゅうろう》の女、轉輪聖王《てんりんじょうおう》を孕《はら》み下劣賤子《げれっせんし》の想を作《な》すが如く云々。

しかもその中に、九つの喩《たと》えをあげて解説する。「未開の花の中、如来身ありて結跏趺坐するが如く」、花がきれいに咲いている。その花の中に如来身があって結跏趺坐している。ある人はしべを見てそう思うであろう。花粉を見てそう思うであろう。うてなを見てそう思うであろう。

また「巖樹の中に淳蜜あるが如く」、山奥の巖のほとりにそびえているところの樹の中に淳蜜（純粋な蜂蜜）があるように、「貧家に珍宝あるも家人知らざるが如く」、貧乏の家に珍しい宝があるが、家の者はそれを知らない。これはその例をときどき見ますね。田舎の家なんかにゆくと、おやっと思うようなものを、古人の手紙などを襖のつづくりに張ったり、何にも知らないで珍宝を無慚に使っている者がよくある。

「貧賤醜陋の女、転輪聖王を孕み下劣賤子の想を作すが如く云々」、貧賤醜陋の女が転輪聖王を孕みながら、「また餓鬼ができやがった」なんていうのは、実はこの餓鬼たるや、転輪聖王である。せっかく転輪聖王を孕みながら、それを持てあましている。その転輪聖王、あるいは転輪王、あるいは輪王などと略して申します。輪王寺という寺は、つまり転輪聖王寺ということです。これは転法輪、法というものは衆生を済度《さいど》する、衆生を乗せて迷いから悟りへ導く、いわば乗物ですから、これを法輪という。これを転ずることを転法輪といいます。

転輪聖王

転輪は「回転」ということと、「邪魔をするものを破砕する」という二つの意味があります。転輪聖王というのは、如来蔵をもって、そうして三十二相を具備し、天より珍宝、いろいろの金銀銅鉄などの宝を身に備えて、それをもって煩悩を排除してゆく。これが転輪聖王です。いろいろの智慧だとか才能だとか、その他いろいろのものを与えられている。そして煩悩を排除して衆生を済度してゆくという働き、与えられた尊い如来蔵を使って本当に道を行じてゆく。これが即ち転輪聖王であります。

我々が修行すれば、みなそれぞれ転輪聖王になる。そのせっかくの転輪聖王を孕みながら、それを知らないで下劣賤子の想を作すということが書かれている。こういう人間の中に本来備わっているところの尊い真理を、その当時の迷える宗教、淫祠《いんし》邪教《じゃきょう》、あるいは戯《け》学《がく》・戯論佛教に対して達磨は真剣にこれを説き聞かせた。

〔續高僧傳九等〕慧可《えか》　楞伽經《りようが》を熟讀す。萬法一如、身佛無差別を說き、卽身成佛の義を立つ。僧粲《そうさん》〈璨〉を得。同じく門下に慧布《えふ》あり。慧可亦之を敬重す。布曰く、淨土は乃ち吾願に非ざる也。如今《によこん》願ふ所、衆生を化度せん。如何ぞや蓮華中に在って十劫《じゆうごう》受樂せむは未だ三途處苦《さんずしよく》救濟に若《し》かざる也。

二祖慧可

その達磨大師に教えられて悟りを開いたのは慧可《えか》（慧可ばかりではありませんが）、これが二祖、達磨が開祖とすれば慧可（隋の禅僧。四八七〜五九三）は二祖といわれる。慧可は達磨の教えを受けて楞伽経を熟読した人です。そして「万法一如、身佛無差別」であるということを悟ってこれを説いている。そして「即身成佛の義を立てた」一人であります。慧可はその門下に僧粲《そうさん》（粲は璨と王のつかないのとあるが、どちらでもよい）を得た。同じ門下に慧布《えふ》もいた。慧可はまたこれを敬重した。

慧布曰く「浄土は乃ち吾願に非ざる也」。そんな現実の生活から遠く離れた十万億土の彼方に成佛することは我が願いではない。いま私が願うところは、あまねく一切の衆生を教化して、済度（罪業から救って悟りの彼岸へ渡す）することである。「如何ぞや蓮華中にあって十劫受楽せむは」、そういう華やかな花の中にあって、永久に楽しみを受ける。いわゆる極楽西方浄土に往生して蓮華の座に法楽を受けるなどということは、「未だ三途処苦救済に若かざる也」。未だ三途（地獄・餓鬼・畜生の三悪道のこと）――つまり衆生のたどる迷いの道ですね――の苦しみを救済するに若かざる也。蓮華中にあって永遠の楽しみを受けるなどということは、それは自分の願うところではない。三途のほとりにうろうろしているところの衆生の苦しみの中におって、皆の苦悶をしているのを救うに若かぬのである。こういう精神に徹していたのであります。

万法一如、身佛無差別

禅というと、何か現実から離れて、ひとり身を清く、あるいは超然として自ら高く止まって衆生を眼下に、眼中に没却するというように考える人が多い。そんなものは決して禅ではない。禅というものはどこまでも、達磨以来みな楞伽経を熟読して、「万法一如、身佛無差別」を説き、「即身成佛の義を立てた」人で、どこまでも衆生済度に徹底しようとした。普通に考えているのとはだいぶ違うのが本当の禅であります。

僧粲《そうさん》　姓氏郷貫《ごうかん》不明。磊落不羈《らいらくふき》、世事を意に介せず（房琯碑文）。乱離《らんり》の世に出て文献亡び考據《きょ》し難し。専ら舒州皖公《かんこう》山に隠棲、後周武帝の排佛に遇ひ、太湖の司空山に去來し、蹤跡《そうせき》不明。道信《どうしん》を度《ど》し、廣東羅浮《らふ》山に遊び、皖公山に返り、巖藪《がんそう》の間に一生を終ふ。大業二年寂《じゃく》。信心銘の作あり。達磨理入の深理を説きたるもの。至道無難《しどうぶなん》。惟《ゆい》嫌揀擇《けんかんたく》。

三祖僧粲

この二祖の法を継いで三祖といわれるのが僧粲（慧可の弟子、？〜六〇六）、この人はちょうど六朝末期から隋にかけての動乱の時代に出た人でありますから、達磨、慧可と同じように、殊に慧可と僧粲は動乱の影響を受けて非常に苦労をした人であります。記録などがあまり伝わっていない。どこで生まれてどうしたかよくわからない。非常に「磊落不羈」の人で「世事を意に介せず」というのが名高い房琯（唐・河南の人。字は字律。玄宗の時、吏部尚書）の碑文にある。

「乱離の世に出て文献亡び考拠し難し。専ら舒州（安徽省安慶）皖公山に隠棲、後周武帝の排佛（五七四年。周武の法難）に遇ひ、太湖の司空山に去来し、蹤跡（あしあと）不明。道信を度し（その時道信は年十三であった）、広東羅浮山に遊び、皖公山に返り、巌藪の間に一生を終ふ。大業二年（六〇六）寂。『信心銘』の作あり。達磨理入の深理を説きたるもの」。

その『信心銘』の初めにあるのが「至道無難。惟嫌揀擇」。『信心銘』というのはたいへん傑作であります。要するに達磨の理入の理法を韻文的に説いたものであります。

道信《どうしん》、僧璨《そうさん》の法を嗣ぐ。願はくは、和尚慈悲を乞ふ。解脱の法門を與へよ。璨曰く、誰か汝を縛《ばく》す。曰く、人縛する無し。璨曰く、何ぞ更に解脱を求めん乎《や》（続高二六）。大業中江西九江に至り、廬山《ろざん》大林に留まること十年、湖北黄梅の雙峯の泉石を愛し住山三十年。唐の高宗永徽《えいき》二年寂。壽七十二。諸州學道の者從遊す。會下《えか》五百餘に上る。

四祖道信

その僧粲の法を継いだ道信。これは四祖といわれる。この人は年十三にして僧粲に侍す。「大業中、江西九江に至り、廬山（江西省北部、九江市の南にある山。景勝地）大林に留まること十年。湖北黄梅（湖北省東端。九江市の北）の双峯（破額、破頭山という）の泉石を愛し住山三十年。唐の高宗永徽二年（六五一）寂。寿七十二」。ところがこの頃になりまして、方々から道を学ぶ者が次第に集まって、会下（門下）に集まってきた者が五百余に上った。僧粲くらいまではいわゆる巖藪の間に一生を終えて、師に常時つき随《したが》う者はなかったのですが、道信に至って黄梅の破額、破頭山に三十年も隠棲した。つまり初めて居所が一定したわけです。そこで慕い寄って来る者が五百余に上った。つまり宗団、法団が自ずからできてきたわけであります。

この人がだんだん修行して、ある時に僧粲に言った。「願はくは、和尚慈悲を乞ふ。解脱の法門を与へよ。粲曰く、誰か汝を縛す。曰く、人の縛する無し。粲曰く、何ぞ更に解脱を求めん乎《や》」。これと同じような問答が達磨と慧可とにある。これはおそらく後世の作者がこしらえたものか、あるいは人間のことですから、人間の煩悶求道というのはだいたい型が同じです。だから同じようなことが現実にあったのかも知れません。

弘忍　黄梅の人、周氏。七歳道信に従ひ、雙峯に於て左右に侍す。道信寂《じやく》後、東の馮茂《ふうも》山に移る。二十餘年、五百或いは一千の學徒を領す。大衆殆ど耕樵して自給自足の生活をなす。生活卽修道。道信を西山、弘忍を東山と稱す。高宗咸亨《かんきよう》五年寂、七十四。

五祖弘忍

その道信の法を継いだ者が弘忍であります。この人は湖北黄梅の人、七歳から道信についた。「七歳道信に従ひ、双峯に於て左右に侍す。道信寂後、東の馮茂山に移る。二十余年、五百或いは一千の学徒を領す」。道信以来の集まった求道者をこの人が率《ひき》いていった。「大衆殆ど耕樵して」、この頃の求道者の群れは殆ど自ら田畑を耕し、自ら木を伐って、自給自足の生活をしていた。生活即修道であった。この道信は同じ双峯ですけれども西山派といい、弘忍が東の馮茂山に移ったので東山派という。これは

（唐の）高宗の咸亨五年（六七四）に入寂している。七十四歳。

この時までは専ら学問修道が中心で、ほとんどいわゆる教団としての体制はなかったわけであります。道を慕う者、その人の徳を慕う者が東西南北から自ずから集まって共同生活をする。みな自炊をしながら専ら道を修行しておった。組織だの体制だのというものはできていなかった。ところが五百、一千と集まってくると、どうしても集団生活になりますから、そこでだんだん弘忍の後から禅者、つまり禅を修める求道者たちが特殊の組織・体制を取るようになっていって、百丈和尚の時に初めて禅の体制が確立する。その端緒を開いた者が道信、弘忍であります。それまでは実に純一無雑であった。

慧能《えのう》　廣東の出。姓は盧《ろ》。三歳父を喪《うしな》ひ、貧苦の中に育つ。一日薪を負うて市に至り、人の金剛般若を誦するを聞き、悚然《しょうぜん》として感發す。弘忍の會下《えか》に詣《いた》り、修行八月、印可を受けて曹溪《そうけい》に返る。神秀《じんしゅう》と所解《しょげ》の傳あり。

六祖慧能

ところが弘忍の門下に慧能という者と神秀《じんしゅう》（六〇六頃～七〇六。北宗禅の創始者）という者が現れた。この慧能が六祖ということになっております。ほとんど今日の禅は慧能から出ている。広東の曹溪《そうけい》という所の出身であります。姓は盧。「三歳父を喪い、貧苦の中に育つ。一日薪を負うて市に至り、人の金剛般若を誦するを聞き、悚然（おそれ入って）として感発す。弘忍の会下に詣り、修行八月、印可を受けて曹渓に返る。神秀と所解の伝あり」。このことは後で申します。

この慧能より先に神秀という人がいた。これは一に道秀とも言い、河南省の出身です。非常に背の高い、風采の堂々たる美男子であります。特に眉が秀で、耳が大きかった。「秀眉大耳」と書いてあります。異人の相を具しておる非常な偉い僧です。経書や儒書、儒教にも非常に通じていた人であります。

それからもう一人、ほとんど禅僧は忘れているようですけれども、慧安《えあん》という人がいます。この人も弘忍の弟子でたいへん偉い人であります。これは陝西《せんせい》省の終南山付近の人で、名山大川を周遊して弘忍に会うてこれに学び、後に湖南省の洛陽の近くの嵩山（達磨がいた所）の少林寺に止まった。神秀と並び称せられる非常な偉い人であります。

偈

この慧能、神秀たちが弘忍について学問修道しているときに、あるとき弘忍が、「お前らは何か覚《さと》るところがあったなら偈《げ》に表して見せよ」と命じた。偈というのは深い心境を、精神的な覚りを、だらだらと意識的な論説にしないで、もっと生き生きと直観的な詩の形、リズミカルな韻語の形で表現したものをいう。つまり深い人間の覚りといったようなもの、直覚・直観といったようなものは、これを説明してしまったら何にもならない。せっかくのものを分析してしまったら肝腎のものがどこかにいってしまうのと同じで、それをそのまま放り出すのが詩でなければならない。だから昔から言うに言えないというような心境というものはみな詩とか歌とかいうものになる。学問求道して、その深い心境を詩の形で吐露するのが偈である。「偈で示せ」と命じた。

すると神秀が廊下の壁に一つの偈を出した。

身是菩提樹　　身は是れ菩提樹
心如明鏡台　　心は明鏡台の如し
時時勤払拭　　時どきに勤めて払拭《ふっしょく》せよ
莫遣惹塵埃　　塵埃を惹《ひ》かしむること莫《なか》れ

「身是菩提樹」、身は是れ菩提樹のようなものだ。我々の身体はそのまま菩提を表す求道の象徴である。「心如明鏡台」、心は明らかな鏡台のようなものである。「時時勤払拭」、時々に勤めて払拭せよ。わが心は明鏡台のようなものであるが、時々に勤めて払いぬぐえ。「莫遣惹塵埃」、塵埃を惹かしむること莫れ。せっかくの明鏡台に塵埃をつけぬように、その時々に、始終つとめて払拭せよ。こういう偈を出した。

そうすると、これを見た慧能が、「これはいい。いいけれども未だ了せず」まだ本当のところまでいっておらぬ、途中の段階である、と言って、

慧能の偈

菩提本非樹　　菩提本樹《もと》に非ず
明鏡亦非台　　明鏡亦台に非ず
本来無一物　　本来無一物
何処有塵埃　　何れの処にか塵埃有らん

「菩提本非樹」、菩提本樹に非ず。身はこれ菩提樹なんていうのは要するに現象的なたとえ話である。「明鏡亦非台」、明鏡亦台に非ず。心という明鏡、亦台に非ず。伝えておるところの書物によって二、三文字が違っております。明鏡亦非台というのが心鏡亦非台となっているのもあります。「本来無一物」、一身、如来蔵というのは一物無し。何も物ではない、限定された身体ではない、無相である。したがって「何処有塵埃」、何れの処にか塵埃有らん。塵埃なんていうものは禅からいうならばない。いわゆる「無生法忍三昧《ざんまい》」をここに表した。何れの処、この二字が仮払といっているのもあります。意味には変わりありません。

確かにこの方が深いですね。この方が達磨以来の禅の真諦《しんたい》（真実の悟り）を得ている。先のはそういう如来、真実、道に至る道程、修行の段階、あるいは修行の条件を言ったに過ぎない。これはまことにいいけれども、しかしこれでは未了であるといってこれをつくった。

そうすると、その晩弘忍はひそかに慧能を呼んだ。この慧能は広東からわざわざ出かけて黄梅に行って随身（つき従う）したのでありますが、何しろ大勢いるところへやってきた新参者ですから、いきなり米つきだとか、木を切るといった作務《さむ》、労務の方に廻されて、専ら米つきをやっていた。大勢集まっている先輩たちからは、何か広東の奥のとんでもない田舎から、変な奴がやってきたくらいにしか見られていなかった。それをちゃんと弘忍は眼をつけていたのですね。

獅子岳快猛

偉い人というのはやっぱり鑑識が高いもので、この講座で何かの折に話したことがありますが、高野山の奥に獅子岳という山があって、そこに快猛《かいみよう》という和尚がいた。何代目であったか忘れましたが、この人のことを獅子岳快猛という。この人などやはり、（高野山の）金剛峯寺で二十何年味噌すり坊主をやっていた。誰もこんなのがいるとは知らない。寺の大衆はほとんど眼中に置かなかった。しかし快猛の師の管長はつとに注視していた。そして一日、突如としてこれを挙げて管長を譲った。いわゆる衣鉢《いはつ》を伝えたという人です。

この快猛という人は、実に悠揚迫らざる人で、何しろ二十何年黙々と味噌すりをやっておったという人ですから……。ほとんど物に動ずるということがない。そこで中に小僧の面白いのがいて、一度でもいいから、あの和尚をびっくりさせてみたいという念願を起こした。しかしどうしても驚かない。そこで和尚が毎晩寝る前に閼伽《あか》水といいまして、鉄鉢にお供えの水を入れ、それを捧げて奥の院に詣られる。それを参道の杉の木立に隠れていて、和尚が鉄鉢を捧げて静々と通るのを見過ごして、いきなりドーンと一発鉄砲を撃った。これにはさすがの和尚もびっくりして尻餅をつくだろう、今夜こそは魂消《たまげ》るだろうと思ったところが、和尚はパッとそこに立ち止まって、やおら鉄鉢を傍の石の上に置いて、そしておもむろにあたりを見渡して「ああ驚いた」といって、何もないのを見すましてまた悠々と歩いて行った。後で何とかいうかと思うと、それっきりで、鉄砲を撃った奴がいたとも何ともいわぬ。それでその僧もとうとう和尚を驚かすことは諦めたという話なんです。

怪猛は二十何年も黙々として、一向人に認められようとも思わずに修行三昧をしておった。それをまた二十何年もじっと見ている師匠も気の長い話だが、昔から案外、宗教とか学問の方の選挙というのは、見ようによっては俗界・俗人の選挙よりももっと猜疑《さいぎ》心、陰謀排擠《はいせい》の激しいものです。俗に坊主根性、医師根性というが、案外医者が不養生で坊主が根性の悪いものです。この宗教界の管長選挙なんて見ると、俗界の選挙よりももっとひどい、話にならない。この法を伝える、衣鉢を伝えるなどというのは、最も神聖なものだと思われるけれども、実はこれも非常にうるさいもので、だから二十何年もじっと見ておったというのは、必ずしもその進境をじっと注意しておったばかりではなく、やはり周囲に対する細かい配慮があったと思う。

弘忍はその晩慧能を呼んで、「お前はできておる。わが法をお前に伝える」と言い、衣鉢を彼に与えて「すぐ帰れ」と言って広東に帰した。そしてそれを後で発表した。それでも伝説によると、衣鉢を取り返すために後を追っかけたという説や、またそれを取り返しに行った者が、慧能に会ってすっかり敬服し、懺悔《ざんげ》して弟子になったというようないろいろの伝説があります。これはみな伝説であります。

> 神秀　道秀　南頓北漸
> **慧能との對立は傳説にして則天武后の朝に敬重せられ、慧能を尊重して之を推薦す。**

曹洞宗

とにかく慧能は広東の曹渓に帰る。曹洞宗はこの曹渓の曹と、後の洞山大師の洞と二つ合わせてこの名前が出来ている。曹渓に帰って行ないすましていたが、どうも俗人というものは情けないというか、贔屓の引き倒しというか、ここに最も腹を立て、くやしがったのは神秀だろうという俗人らしい邪推をして、それから神秀と慧能は仲が悪くなった。もともと仲が悪いのを知っていたから弘忍が逃したんだと、こういうふうにだんだん理屈をつけている。

南頓北漸

それから慧能の方は広東に帰って全く世の中に出ないで、達磨その人の如く縁に随って悠々と教化をやっていたのですが、何の因縁によるか、神秀の方は、これはそもそも河南の人ですから都に近い人であります。これが問題の則天武后《そくてんぶこう》（唐の高宗の皇后。のち聖神皇帝と称す。六二四～七〇五）に招かれて非常な礼遇を受けている。輿《こし》のまま宮殿中に入ることを許されて、あの則天武后が跪《ひざまず》いて礼拝するというような、手厚い礼を以て遇せられた。武后はこれに寺を建ててやり、至れり尽くせりの供養をしました。神秀ばかりでなく、先ほど申した慧安も迎えられて非常な優遇を蒙った。そこで後世の有《う》象無象《ぞうむぞう》は、神秀の方は例の偈からもわかるように、だんだん手段、道程、過程を履《ふ》んでゆくから北漸派という。慧能の方は南頓派といって、ここから禅が二派に分かれたという。そうして南頓派と北漸派の睨み合いが始まったというのですが、これはとんでもない嘘です。

というのは、いろいろな文献を徴してみると、神秀という人はそういう浅はかな人ではない。神秀はやはり慧能に敬服し尊重して、則天武后に熱心に広東の慧能を推薦した。さもあろうと思う。慧能を敵視して排斥するようなら、これは宗教家でも禅師でもない。しかしそういうことは一切お構いなしに、面白おかしく、仲が悪くて喧嘩したもののように伝わっている。それをそのまま信じている人がずいぶん多い。禅僧の中にも多いが、真実は決してそうではない。神秀は熱心に慧能を推薦している。

しかし後世禅を学ぶ人からいうならば、なんといったって達磨以来、道信、弘忍くらいまでは、そのほとんどが深山というか、いわゆる巌藪《がんそう》の間に超然として修道した。それが本来の達磨禅であります。ところが、それからのちの慧能はいかにも禅の法燈を継ぐ者としてふさわしいが、神秀に至っては宮中に召されて、しかも則天武后というような問題の女帝に厚遇せられ、何万という人びとがそのお寺に参った。これはどうも面白くない、そんなものは本来の禅ではないという傍焼《おかや》きも多分に交じって、神秀を必要以上に悪く言い、不自然に慧能をもち上げる。この辺から少し禅の弊害というものが始まってくる。

これは神秀のために一言弁じておかなければならないことですが、則天武后という人が佛教の興隆に尽くしたこともたいへんなものです。その点においては唐の太宗以上です。

太宗もやはり非常な悩みがありまして、革命建設の過程においてずいぶん戦をし、多くの人を殺している。帝位に即《つ》いた後もいろいろの戦乱のために無辜《むこ》の人民を犠牲にしている。それから自分が帝位に即く前に、そもそも兄に建成、弟に元吉という者がいた。それが非常に焼き餅を焼いて太宗を排斥しようとしたことがある。ために太宗は手ずから兄弟を成敗した。これが太宗の一生の悩みになった。後になってこの兄弟をはじめとして、彼が太宗となるについて自ら誅した者が一千を超えるとある。革命というものにはこれが免れないですね。平和革命などというのは口先で言うことであって、どうしても革命の時には犠牲が出る。権力とはそういうものです。犠牲なくして権力の授受ということはない。東洋政治学には禅譲という言葉があるが、これは理想であって現実にはない。

太宗はそれをよほど苦にして、多くの戦死者を出した所に寺を建てたり、自ら誅した者の菩提を弔うために佛教を奨励している。

禅の変化

それからもう一つ、慧能くらいまでは今日の禅宗によくある棒とか喝《かつ》とかいうものはない。払子《ほっす》なんていうものもない。これは臨済とか徳山とかいろんな者から始まる。たった一つ例外として、慧能が一度、怒鳴ったことがありますが、ほとんどない。まことに自然であり、まことに綿密であり、慇懃《いんぎん》丁重懇切であります。決して人を「馬鹿っ」と大喝したり、警策で引っぱたいたりなんてことはしなかった。

だから弘忍までが禅の自然の時代、いわゆる如来の時代です。その境目が慧能で、それから禅がいろいろの意味で変わってくる。

第十三章　達磨正伝の禅風〈II〉

この間は達磨《だるま》の初期の禅に返りまして、それから二祖の慧可《えか》、三代目の僧粲《そうさん》、四代目の道信《どうしん》、五代目の弘忍《こうにん》、六代目の慧能《えのう》、ここまでをだいたい達磨禅の初期とする。ここから禅が少し変わり出してくる、というお話をしました。

この達磨禅の初期は、後世に発達した禅とは非常に趣を異にする。また後世になるに従って非常に発展した一面に、達磨禅の正統、道統からみるとどうかと思われるようないろいろの弊害も誤解も生じてきている、というようなお話をしました。ついで、この弘忍の門下に慧能と、もう一人神秀《じんしゅう》という人がいて、もっといえば慧安《えあん》という人もいて、この三人がとくに名高い。神秀もやはり六祖といわれている。慧能が南に帰って南宗《なんしゅう》といわれ、神秀が北、洛陽に迎えられて北宗の祖になった。この弘忍の次の代になって禅が南北二宗に分かれ、南を南頓《なんとん》（頓は頓悟《とんご》の意）といい、北を北漸《ほくぜん》（漸は漸悟の意）といって、この南北二宗の対立が表れ出し、純一なるべき禅門に、こういう対立が表れるようになった。ことに北宗の祖といわれる神秀が則天武后《そくてんぶこう》に礼を厚うして招かれ、北宗が則天武后の朝廷において非常に繁栄したことから、複雑な感情問題も起こってせっかくの禅が乱れてきた。

教外別伝・不立文字の真意

この際にもう一度達磨の禅風というものを念を押しておく必要があるのですが、達磨には後世になるといろいろの誤解が多い。その第一は、達磨という人は教外別伝《きょうげべつでん》・不立文字《ふりゅうもんじ》で、文字を読む、お経を読む、そういう意味の学問を排除して、専《もっぱ》ら坐禅と頓悟、即ちある機縁によるところの直覚による悟道、頓悟というものを重んじた人である、と思われていることである。いわゆる教外別伝・不立文字、直指人心《じきしにんしん》・見性成佛《けんしょうじょうぶつ》ということが禅の建前になっているのですが、こういう考えを浅薄に受けとって、禅というものは理論を立てないものである、経を読まないものである、そういうものを超越して、人間を鋭敏な直覚に導くものである、というふうに考えて、その果ては、だんだん教えというもの、理論というものを排斥し、軽蔑する。そういうものに携わらない方がむしろ禅であるという考え方、これは外道《げどう》です。

そういう外道的な考え方がだんだん多くなってきた。そして禅というものはただ坐禅をし抜けばいいのだ、というふうになってきた。この傾向は無理からぬことであると同時に、非常に弊害がある。しかしこの岐《わか》れ方は、達磨その人の時からすでに生じている。達磨という人は決して坐禅ばかりやっていた人ではない。あのダルマという玩具からだいぶ誤られておる。ダルマというとたいていの人があの玩具を思い出す。

このあいだ禅の起こる由来、その社会的背景をお話しした時にも触れましたが、シナに渡来した佛教というものは、どうしても免れないことですが、主として二つになった。

第一は御利益《ごりやく》信仰というものです。今日の時代を考えてもわかる。在来の宗教が生命を失ってしまうとともに、ここに新興宗教というものが普及してきた。この新興宗教というものを見渡してみてすぐ気のつくことは、みなさん御利益信仰です。法華経を信ずれば、お題目を唱えていれば病気が治ったとか、仕事がうまくゆくとか、なんとかかんとかみな御利益信仰、ありがたや信仰。したがって奇蹟というものを無闇に求める。そういう御利益信仰が一方において非常に流行する。

そうなると、お寺を建てるとか、僧侶を立派にするとか、これこそ緋衣だの紫衣だのといったような僧侶自身が特異な服装をたてるとか、またいろいろの音楽的なものを配するとか、佛像を盛んにつくって殿堂を営む。いわゆる伽藍堂塔を営む。これこそ像法《ぞうぼう》というものです。御利益信仰とこの像法。信仰やその教えの造形的つまり感覚的方向に発展してお寺を建てる。ちょうど南北朝の終わり頃には、当時のシナの人口は大体五千万人程度と思われる。河南の洛陽だけでもお寺の数が四百何十といわれる。

当時の僧尼の総数はほぼ二百万を超したといわれている。非常なものです。それから隋《ずい》あたりにかけて一番有名なものでいえば洛陽の側の龍門の石窟、それからこの頃、発掘のためにに特に有名になったのが大同の雲崗《うんこう》の石窟です。ああいうものはみな当時像法でできたものです。そこで盛んに祈禱《きとう》したり、あるいは御利益を祈って佛をつくったり、寺を建てたり、僧を供養したりした。政府もお寺には税金を免除する、寺に仕えれば労役の徴発も免除されるというようなことで弊害もひどくなってきた。

こういう御利益信仰の流行と同時にどんどんインド佛教の経典の翻訳が始まりました。お経の伝来、その翻訳、即ち佛教理論の根柢であるところの経典の輸入、翻訳、即ち訳経というものが盛んになった。

一面において低級な俗間の信仰、一方において知識階級における理論佛教、徹底していうなら戯学《けがく》、戯論《けろん》、空理、空論、そういったものが盛んになった。そこへ達磨大師がやってきて本当の宗教、本当の信仰というものは、そういう御利益信仰でもなければ、空理・空論でもない。自分というものの本性を徹見することである。また直ちにそれをそのまま人に悟らせる。本性を直視して人間そのものがそのままに佛となることを教える、これが本当の宗教である。それは単なる理論佛教ではない。そういう意味で教外別伝・不立文字といったので、経そのもの、理そのものを排斥したのではありません。経理というもの、経典というものと、佛教の生命、真髄と混同することを戒めたのである。それをさらに混同してしまった。それで達磨自身は、例えば経の方面でいうと楞伽経《りょうがきょう》というものを重んじたということをこの間も話しておきました。決して経を読まなかったとか、経を説かなかったという人ではない。例えば楞伽経というものを非常に重んじ、慧可でも、僧粲でも、道信でも、みなこの楞伽経を達磨から受け継いで非常によく研究しております。

無相の智慧

先般、プリントにあげておきましたように「諸法本来無相である。如実にこれを観じ、法と非法とを棄てよ。無相は一心。一心は如来蔵。無相の智慧を修行せば無生法忍三昧《ざんまい》を得べしとす」。つまり我々が直接経験するところの現実の森羅万象、あるいは人間のいろいろの心理、こういうものはあるにはあるけれども、それは変化してやまないものであって、決して常住不変のものではない。即ち相（かたち、あらわれ）というものはあるが、それがそのままに常住しているのではない。いわゆる実存、実在ではない。絶えず消滅し、変化するものである。そういう諸々の相というものは、変化、消滅の本体に返るとむしろ無である。

有相は、実は仮の姿であって無相である。然《しか》らば無相とは何ぞや。有の根柢、有の本体に何があるのかといえば、それは無相としか言うことはできない。何かと言えば、つまり「言」を概念に表せばそれは本体ではないのですから、無という他はない。即ち有相は無相であるが、無相とはこれを要するに心である。人間の心というものも、喜怒哀楽、あるいはいろいろの認識だとか、知覚だとか、推理だとか、想像だとかいうものは心の有の働きで、本当の心というものは本体的にはもっと深い。いわゆる無心である。これを如来蔵という。心は如来蔵である。如来とはもちろん梵語〈タターガタ＝tathāgata〉の翻訳でありまして、「真実より来《きた》れるもの」、あるいは「真実に到達せるもの」、現在の変化してやまない、消滅してやまないところの仮のものではなくて、そういうものの根源であり、本体であるところの真実、それから出たもの、それに到達したもの、どちらでもよろしい。逆にいえば如去《によこ》である。来は去である。だから原語には如来という意味もあるし、如去という意味もある。

いずれにしても、如来といえば「真実から来た」ということで、如去といえば「真実に到達した」と、自分を中心にしていうならばそういうふうに翻訳することができる。つまり真実より来たもの、真実に到達したもの。そして我々の本当の心というものは、即ち如来蔵、如来の無尽蔵、無限なる真実そのものである。

それは次にあるように、「如来蔵は自性清浄にして三十二相を転じ、一切衆生の心中に入る。大価宝の垢衣《くい》に纏《まと》はるが如く、如来蔵の常住不変なること亦復是《またまたか》くの如し（楞伽経）。我れ佛眼を以て一切衆生を観るに、貪欲恚癡《どんよくいち》の諸煩悩の中

実存即菩提

に、如来智・如来眼・如来身有り。結跏趺坐《けっかふざ》、儼然《げんぜん》動ぜず。善男子よ、一切衆生は諸趣（地獄・餓鬼・畜生・修羅・人間・天上の六趣ともいう）の中に」、一切衆生というものはうごめいているけれども、その「煩悩の身中に如来蔵があって常に染汚《せんお》さるることなく、徳相備足して我が如く異なることなし」（如来蔵経）と言って、いろいろの喩《たと》えをあげて、「未開の花の中に如来身ありて結跏趺坐するが如く、巌樹の中に淳蜜《じゅんみつ》あるが如く、貧家に珍宝あるも家人知らざるか如く、貧賤醜陋《しゅうろう》の女、転輪聖王《てんりんじょうおう》を孕《はら》み下劣賤子《げれつせんし》の想を作《な》すが如く云々」と。

つまりそれまでの、教えを説き、信仰を求める者は、佛とか如来とか、あるいは極楽浄土とか、そういう人間の理想像、人間としての理想の境地というものを、卑《いや》しい自我、いろいろと苦悩の多い現実の実在、実存、そういうものと対立させて考える。そして人間というものは現実においては、実存としての人間は無限の煩悩を持ち、あらゆる苦悩に満ちた存在である。これでは人間は助からない。然らば人間は如何《いか》にして救われるかというと、ここに如来佛という理想像をたてて、理想の境地をつくって、そして人間がそれに向かって進むのだとする。つまり人間が、実存というものを離れて理想の像を描き、理想の境地をたてて、それに向かって進もうとするのだが、それは二元的であり、相対的である。

そうではなく、人間そのもの、現実そのもの、実存そのものを離れて、理想像もなければ極楽浄土も何もあるものではない。そういうもののすべては有相であって、そういうものの本体は無相であり心である。人間そのもの、実存そのものの中に、理想像も理想の境地もみなあるのである。

煩悩がそういう無相だとすれば、煩悩がそのまま菩提である。また自分の身体はそのまま佛であり、佛は衆生《しゆじよう》である。身佛衆生、修懺《じゆざん》（修行と懺悔《ざんげ》）無差別である。身佛衆生というのは何も差別がない。本来はこれが無相である。これが如来蔵である。即ち自我や実存から離れたところにあるものを内にもってきた、即ち身体そのものについて、現実の身体、現身《うつしみ》、実存、そのものについて、そのままそれが佛になるのだという即身成佛。

即身成佛というと、密教、日本でいうならば、弘法大師あたりから始まったようによく人は言うのでありますけれども、決してそうではなく、この人間というもの、佛というもの、現実というものと理想というものとを、絶えず二元的に多元的に説かれてきた、その相対を打破して、これを絶対に、実在にもってきた、内面化した。そしていち早く即身成佛、煩悩即菩提であるということを達磨がはっきり指示したのです。それは涅槃経《ねはんきよう》はじめ如来蔵経とか、そういうお経に縷々《るる》として説かれている。

女が妊娠をする、子供をもつ、その子供がそのままに佛であり、如来蔵である。その胎児にはあらゆる尊いものがみな含まれている。未だ開かざる花の蕾の中には、そういう意味からいうならば如来がちゃんと坐禅しているのである。きれいな花の中に蜜があるが如く、立派な菩提心というものは、その中にみな存在しているのである。女が子供を産むということは、そのままに転輪聖王なのである。

転輪聖王、略して輪王という。今でも輪王寺というお寺がある。輪王というのは、そういう智慧、悟りを働かすことに依って煩悩を破ってゆく、そういう遍《あまね》く廻《めぐ》るということと、煩悩、惑《まど》いを破っていくということと、二つの作用そのものが法輪である。それを転ずる。これに金輪、銀輪、銅輪、鉄輪の四輪をたてて、そのうち金輪は、全世界を支配する。自由自在に全世界に活動して煩悩を打破していく。「金輪際」とはここから出た言葉で、「全世界、洩れなく」という意味です。

直心

子供というもの、胎児、赤ん坊というものは転輪聖王である。赤ん坊が本来もっているところの尊いものをよく育ててやりさえすれば、これはあらゆる煩悩を打破して人の世を理想の天地にする、菩提の尊い存在である。それを教養のない母親は「また餓鬼が生まれやがった」ということで、下劣賤子の想をなす。これはもったいないことである——というのが達磨の教えであり、その教えを慧可、僧粲、道信と代々受け伝えて来たのであります。決して達磨は教外別伝・不立文字といって、経を説かなかった、哲学を説かなかった人ではない。彼自ら特に楞伽経を重んじ、それを代々伝えている。ただ当時のような御利益信仰、あるいは空理・空論を排した。

それは真理というものを重んずるが故に、真実というものを愛するが故に、そういうとんでもない方便的・手段的な、功利的なものを排除したにすぎない。それを「教外別伝・不立文字」という。いくら本を読んでも、いくら理論を聞いたところで、本人がその如来蔵であるところの真実の心、直心《じきしん》というものに訴えなければ、それを受けとらなければなんにもならない。

瀉瓶

そこで教外別伝というのだが、それは経を排斥するのではない、形式的な経では得られないというので教外別伝というのです。それは単なる理論や、概念的、論理的説明では本当に伝えることができない。これを「瀉瓶《しゃびょう》」という。

これは一つの瓶《かめ》の水をもう一つの瓶に移すように、教えというもの、悟りというものはこれと同じだというのです。師という瓶の中のものを弟子という別の瓶に、ちょうど一瓶《ぺい》の水を、一瓶に注ぎ込むように、身体の中にあるものを別の身体の中に移すのである。これが瀉瓶である。空理、空論、理論の遊戯、したがって知識的教授、知識的暗記、推理、そういったものではないというのが教外別伝である。瀉瓶である。

それだけに師と弟子の、師資《しし》の直接の伝授というものを、つまり師伝というものを重んずるのです。イデオロギーとか、なんとかいうものではない。なぜ重んずるかというと、それは、瀉瓶であって、師の身体の中にあるものを、身体になっているものを、弟子という身体の中に入れるように伝える。ただ師となり弟子となったところでしようがない。せっかくの瓶でも底が抜けておったり、どこか欠けておったりすれば、せっかく入れてやってもみな抜けてしまう。

その瀉瓶、即ち師伝というものを、ただ単に師を持つ、ある師から受けるというふうに考えて、今度は師家争いをやる、あるいは系統争いをやる、これが派閥になる。これはとんでもない間違いである。

この禅も五代目弘忍ぐらいまでの間、弘忍から六代目の神秀、慧能、というところまでは専ら瀉瓶でいっておる。これが非常によく行なわれております。ところが六代目以降になってくると、そういう瀉瓶が単なる系統、派閥の傾向をもってきたということは非常に惜しいことだが、これはすでに達磨の時にもう表れている。人間というものは真理を追いながら、とかく煩悩になりやすいということはここにも表れる。

頭陀派と教化派

達磨はそういう人でありましたが、すでに当時達磨を慕って集まった弟子の中に頭陀《ずだ》（ドゥーダ dhuta の写音）派というものと、教化派というものが自《おの》ずから表れた。

頭陀というのは漢語に訳すると抖擻《とそう》という。これは抖《と》も擻《そう》も、払い除けるという文字です。あらゆる人間の煩悩だとか、迷い、惑い、執着、そういうものを一切払い捨てて真実を行《ぎょう》ずるという意味が原意である。だから後世でも禅僧が行脚《あんぎゃ》する、托鉢することを「抖擻する」という。つまり直接自分自身が、いろいろの有の姿〈有相〉、即ちいろいろの煩悩、あるいは妄想、そういったものを捨てて真実の自我、真我というものを打ち樹てるということを専門に修行する。

そのためには現実問題として経済生活などしている隙《ひま》がないわけです。ことにインドでは当時の社会風習で、信仰、修行に生きる人にはみな布施《ふせ》というものを民衆はした、それを受けたのです。廻って歩かねばそれを得られないから、その日食べるに必要なものだけは一わたり廻って歩く、これを行脚という。そして、供養を受ける、布施を受ける、それを乞食《こつじき》という。

だからインドの乞食は日本の乞食と違って偉いものです。シナの乞食もそうです。「いいことをしなさい」と言ってかえって乞食の方が威張っている。ブラジルやアルゼンチンの方へ行ってもそうです。馬に乗って乞食が堂々と歩く。人家に行くと馬上から靴でドアを叩く、中から賽銭《さいせん》をもって出てくる、それを受け取って得々として去ってゆく。つまり相手に善いことをさせてやる、というのが乞食で、だいぶ日本の乞食と違う。

そこで頭陀というのは、行脚して、つまり托鉢して物を貫って歩く意味に変わってしまいました。しかし本来の頭陀という意味はそういう意味ではなく、自分の煩悩や、妄想を払い捨てて、本当の自己、真実の自我、真我というものを打ち樹てるために専心の努力をするものを頭陀というわけです。

しかしながら本当に真実の自我というものを打ち樹てる、いわゆる即身成佛するためには、やはり学ばなければいけない。尊い如来、佛、先哲の、即ち師の教え、その教えの由って存するところの経というものを学ばなければならない。教わらなければならない。そこで頭陀も尊いことであるけれども、ただそれを考えて歩いておったところで真実の自我をたてるという美名というか、そういう観念になってしまって、茫々として暮らしてしまって、無内容になる傾向がある。そこで、やはり学ばなければならない、教えなければならないという経論、経学を重んずる派、つまり教化に傾く者と頭陀派に傾く者との二派が、すでに達磨の時にありました。これがだんだん後世になるに従ってはっきり分かれてくるのです。

しかし弘忍ぐらいまでは、それがさすがに分離したり背反したりすることはない。自ずから二派に分かれながらも、その間に自ら統一はあった。頭陀必ずしも教化を軽んぜず、教化必ずしも頭陀を軽んぜず、頭陀派と教化派とが相俟《あいま》っていた。それが慧能に及んで截《せつ》然《ぜん》と分かれ出した。慧能が分けたのではないんです、慧能の弟子になって分かれてきた。

野狐禅

これについても後世非常に誤解が多い。どうも後世の禅僧を見ていると、どちらかといえば、教外別伝・不立文字をそのままに受け取って、これを浅薄に解釈して、教化というものを軽んずる。軽んずるばかりでなく、そのうち頭の悪い、あまり勉強しても学問のできない坊主には深遠な哲学、経理が分からないものだから、そんなものはだめだという方が都合がいいので、そこで、ただ坐禅さえすればいい、ただ頭陀をやればいいと力説して無学粗笨《そほん》の禅坊主がたくさん出てきた。

そこで禅というものの尊い伝統についても、禅僧が本当の禅を知らない、禅の歴史を知らない、という最も祖師の真業に背いて得々たる禅僧が増えてきた。これが禅が後世になって衰えた、とくにシナにおいて衰えた所以《ゆえん》です。日本は幸い徳川時代に偉い禅僧がたくさん出たのでまだいい。ところが明治以後になって、またこれが駄目になった。野狐《やこ》禅というのが増えてきた。

人間のいわゆる転輪というものは不可思議なものでありまして、像法の時代になると、だんだん信仰が真実を離れて感覚的になってきた。その像法の産物であるところの雲崗の石窟であるとか、あるいは敦煌《とんこう》の発掘が進むようになり、達磨当時の経典などが陸続として発掘された。

これはありがたいことで、それによって、今までほとんど禅僧が研究を怠って埋没していた大事な禅の初期の祖師たちの業績とか経典とかいうようなものがだんだんわかるようになってきた。それによって研究すると、後世禅学でいわれてきた有名な史実とされていること、あるいはそのまま信奉されてきているいろいろのことがとんでもない誤りであることが、たくさんわかってきました。

それは真禅のために非常に慶すべきことです。まず後学の禅を語るものは、(五祖)弘忍まではいわない。だいたい慧能から始めるのです。六祖《りくそ》大師、この六祖といえば慧能でありますが、この慧能の「法宝壇経《ほうほうだんきょう》」というものが、禅を論ずる最も有力が手がかりとなっているのですが、この法宝壇経などの真価もこのごろすっかりわかりました。

この六祖、それからその門下から始まった南北二学の分派、南頓北漸の争いは誤りであるということがはっきりしました。この間も鎌倉で有名な禅師が(名前は遠慮しますが)集まっている中で得々として、慧能、神秀、つまり南頓北漸の由来を講話して、こっぴどく神秀をけなしつけて慧能の礼讃をして、我々は六祖大師の嫡々真伝とか言ってござる。こういうのはやはり無学です。現在のこれは有名な禅僧の大部分といってよいと思うが、よほどの篤学の人でないと、これから以前、つまり本当の禅の祖師たちの真の禅風に関しては逆にご承知でないことが多い。

ごく大事なところを話しますと、まず弘忍の師です。弘忍はこれを東山という。禅では東山派という。弘忍の師の道信は双峯（破額、破頭）に三十年も閉じ籠もって修道した人です。それに従って五百人もの会下《えか》の人たちが集まって、そこで生活を共にしながら学問修行しておった。この道信に七歳の時から従った弘忍は、道信寂後《じゃくご》の五百乃至《ないし》千人といわれる大衆を統率して、道信の寓《すまい》をそのままに維持した。その破額、破頭の双峯の東の方に馮茂《ふうも》という山があり、これに移った。それで弘忍を東山といい、道信を西山というのです。

神秀と慧能

この弘忍のところに学んで、そして弘忍和尚が非常に感服してほとんど弟子扱いしないで、むしろ友達扱いしたのが神秀です。これを一番弟子の上座にした。時には自分と個別に並ばした。「東山の法門ことごとく秀にあり」と弘忍が誉めている。

この神秀という人は実に容貌の秀れた人で、かつまた弘忍のところにくる前に広く経学、史学に通じて、学問教養も立派にできておった人です。この人が世法、即ち世の中を如何に治めるかという政治および道徳から、もっと深く自分自身を究めたいという発心《ほっしん》をして禅に参じ、弘忍の会下に参じたわけです。

そしてこの人がほとんどその五百乃至千人の弟子を弘忍の代わりに指導していたのですが、そこへある時に広東から樵《きこり》の倅《せがれ》であった慧能という青年が飄然《ひょうぜん》としてやって来た。この慧能は薪《たきぎ》を売りながら、二宮尊徳のように始終道を求めて思索していた。これがある時に町で金剛経を論じている者がいるという話を聞いて非常な霊感に打たれた。これが大事です。人間は感動ということが大事です。一つの霊感というものがなければ身心は生動しない。

この感動性、感受性、霊感性、いわゆるスピリチュアリティー(spirituality)とか、あるいはインスパイアリング(inspiring)という、そういう感動性のない人間はどうにもなりません。これを触発してやることは非常にむずかしい。これは天稟《てんぴん》です。慧能はそういう感受性、霊感性の発達していた人です。それから佛理というものに眼を開いていい師を求めていて、この弘忍和尚のもとにはるばる広東から訪ねてきた。その時、五百または千に上るといわれた雲水が弘忍を中心にして自然の生活を営みながら求道修行しておった。その中へ投じて彼は米つきをやりながら修行していた。

そうして年月を送るうちに、弘忍和尚がある時に弟子たち一同を集めて、吾々は熱心に修行しているが、その悟るところを偈《げ》にして〈悟りを長々しい理論的表現をしないで、最も直観的なポエティカル・フォーム(詩の形式)で表す、これを偈という〉提出せよと言われた。すると寮の壁に神秀が、

「身は是れ菩提樹、心は明鏡台の如し、時々に勤めて払拭《ふっしょく》せよ。塵埃《じんあい》をして惹《ひ》かしむるこ

と莫《なか》れ」

身体は菩提の樹だ。我々の身体はそのまま菩提を表す求道の象徴である。心は森羅万象一切を映すところの、明らかな鏡台の如きものである。ただ妄想の塵埃がかかるから、ときどき掃除をして、塵埃をつけぬようにしなければいけない――という偈を書いた。

弘忍和尚は「よくできておる」といって首肯されたが、神秀の偈を見た慧能が、「これはいい。いいけれども、まだ本当のところまで行っていない、途中の段階である」といって、「菩提本《もと》樹に非ず」という。「身は是れ菩提樹」などというのは、要するに現象的な譬え話である。「明鏡亦《また》台に非ず、本来無一物」。つまり心というものは無相である。「何れの処にか塵埃有らん」。払うべき塵もないのが本当の心である。だから真に無相の如来蔵であるところの心というものを覚《さと》れば煩悩もない。そういう塵埃を払うというような必要もない――こういう偈を出した（前出。三一六頁参照）。

これを見て弘忍は何も言わなかった。そして夜ひそかに慧能を呼んで、「お前は覚っておる」と言って、「わが師伝の衣鉢《いはつ》〈師から弟子に伝える師伝を表明するところの、師資《しし》相承《そうじょう》の証拠であるところの衣鉢（袈裟《けさ》と鉄鉢《てっぱつ》）〉を与える。これを持ってお前は故郷に帰れ」といって慧能を帰した。

これを後になって聞いて、これはたいへんだ、あんな奴に衣鉢をとられてなるものかと、後を追いかけて殺して衣鉢を奪おうという者がいたが、幸いに免れて、一人だけ会ったが彼は逆に慧能に教化された。そして慧能は無事に広東に帰り、曹渓《そうけい》という所で弘忍直伝の禅法を弘めた。いわゆる曹渓禅である。

だから曹渓の慧能が弘忍の直伝で、これが六祖である。それに比べると神秀の方は張り出しである。慧能は曹渓におって衆生を教化したのに対して、神秀の方は則天武后に迎えられて厚い庇護の下に、王侯貴族を中心に教化活動をやったが、これは権門富貴に服したもので、達磨本来の禅の精神に合致するものではない。慧能の方は以心伝心の直覚に立つもので、これを頓悟という。神秀の方は「時々に勤めて払拭せよ、塵埃をして惹かしむること莫れ」――なんて、これは禅の悟道ではなくて、一つの修行の段階を力説する、道徳の域を脱するものではない。禅教であって達磨禅の真諦《しんたい》(真実の悟り)を得たものではない。本当の禅宗は弘忍から慧能を通じて継がれるものである、こちらが本筋であると、後世の禅者の世界では信じ込まれている。

荷沢神会　ところがその後だんだん発見された実際の記録に徴しますと、そういうことは全然ないということがわかった。ないばかりでなく、これは実は慧能の最も有名な弟子の一人である荷沢神会《かたくじんね》(唐《とう》の禅僧。荷沢宗の祖。俗に荷沢神会という。六六八〜七六〇)が言い出したことである。そういうことは彼が言い出すまでは誰も知らなかった。知らなかったというよりも、そういうことは何も伝わっておりません。

神会よりもずっと先輩であった慧安も則天武后に厚遇されて、神秀と慧安の二人が、「南方に慧能という達磨禅の真諦を伝えた偉い禅師がいるから、これを招いて大いに教化に当たらしむべし」と、熱心に慧能を推薦している。

そして則天武后の次の中宗の時に、曹渓の慧能大師を朝廷へ招聘している。しかし慧能はその後のことでありますが、「神秀、慧安のような大禅師がいるから、今さら自分が出ても大したお役にも立たぬ」といって辞退している。

この二人と慧能との間は、後に発見されたいろいろの文献によりますと、すこぶる円満です。お互いに相尊重している。少しも対立抗争したような痕跡はないということが判明しました。のみならず、この神秀という人が則天武后に招聘されて、あの傲岸《ごんがん》なる武后が礼拝しているのですが、輿《こし》のままで宮廷に入って、武后が礼拝した。こういうふうに伝えられているけれども、これもだんだん調べてみると何も特別の待遇ではない。その時の神秀は九十四歳であります。九十四歳なら輿に乗せて運ぶしかない。だから世間に伝わっている俗説というものは当てにならない。この人は百何歳か生きた人であります。

この神秀と慧安は後、河南の洛陽の近くの少林寺という所に帰っているのでありますが、それならば、なぜ荷沢神会はそういうことを言い出したのかと言いますと――

神秀にはまた立派な弟子がたくさんあります。神秀の弟子に普寂《ふじやく》（北宗禅第二祖。六五一〜七三九）という人がいる。その兄弟子に義福という人がいる。この人びとの人物といい、悟道といい、また民衆に及ぼした教化というものは偉大なものです。殊に義福は非常に奇蹟の多い人で、殊に観相に通じていた。

普寂の弟子に一行《いちぎょう》（唐の科学者・密教僧。六八三〜七二七）という人、これがまた博学で天文暦数にも精通した人であり、これは後世にも伝わっている四柱推命（生年月日で運命を占う）の大家で非常に優れた人です。残念なことに四十五歳で亡くなっている。惜しい人です。この一行が早く亡くなることも義福はちゃんと予言している。まあこれは少し脇道に入るから話しませんが、こういう人たちの人物、悟道、学問、奇蹟などを話していると面白い。

そういうわけで、いわゆる世間の禅談に出てくるような、禅僧のいうようなこととは全然違うのです。それらの人びとによって当時の知識階級から一般庶民の間に禅が盛んになった。神秀を礼拝に集まる者が数万といわれるくらい、文字通り神のように尊重された。その頃荷沢寺にいた神会は問題にならなかった。

しかしまた、この神会も非常に偉い人です。おでこの発達した人で異相である。孔子によく似ているなどと書いてあるが、非常に異相で、「聡弁（賢と弁舌）測り難し」という非常な雄弁家であり論理に長じた人のようです。そこでこの人が神秀一派の教学や禅風を、「これはいわゆる漸教、即ち過程を重んずる派で、本当の禅の真髄を得たものではない」という攻撃を始めた。そしてこの人はまだ若かった。

こういう神秀その他の人びとが亡くなった後で神会が頭角を現してきました。荷沢神会が南頓北漸論を非常に広めた。これはもう今日歴々として証拠が集まっております。これほどの神会ですから、これはまあ理論的には大いに原因があるんでしょう。しかし真実はどうもあまり感服できない。しかもかつて神秀の会下に参じていたこともはっきりわかっている。神会はやはり神秀と調子が合わなかったんでしょうね。

これは私の想像だが（この想像には根拠がある）、むしろ神秀が神会に、「お前は曹渓に行って慧能禅師に学んで来い」。慧能なら神会は合うだろうというので、親切にわざわざ慧能の所へやっている。そして彼は慧能の下に参じて、洛陽に帰って神秀が亡くなってから攻撃を始めた。そこで初期禅の研究家、例えば宇井伯寿氏の如きは荷沢神会をかなり痛烈に非難しております。これについては私も公平な立場からいって宇井さんの考えを否定することはできない。多分に賛同せざるを得ないと思う。

それは理論的には彼は確かに合わなかったところがあるのでしょうが、多分に神秀やその一派が則天武后から尊重されたということがどうもお気に召さなかったらしい。

これもなかなか微妙な問題です。澤庵《たくあん》禅師が家光に非常に重んぜられ、幕府の政治の隠然たる顧問でありました。これを京都の一絲《いっし》〈文守《ぶんしゅ》〉和尚（江戸前期の禅僧。岩倉具堯の三男。一六〇八〜四六）という人がしばしば手紙をやり、またいろいろの場合に、澤庵が幕府に近づくということはよろしくないと、かなり痛烈に非難をしている。澤庵はあまり取り合っていません。一絲はとうとう幕府をいさぎよしとせず京都を離れなかった。

後世いわゆる尊皇家は、かかるが故に一絲を非常に褒めて、澤庵を罵倒する人が少なくない。けれども公平冷静に人間の命《めい》というもの、縁というもの、また志というもの、即ち人間的な深い考察をすると、そういう単純なる一つの見地から断ずるということは許されない。人間は理論の他に縁というものがあり、命というものもあり、また志というものもある。澤庵という人はどう研究してみても、権門富貴に近づいて、それによって満足するような人では絶対にない。それをいかにも権門勢家に近づく不潔な人間だときめつけることは、これは当たりません。

よく日本でもシナでもそうですが、巌穴（俗世から逃れている人）の間に非常に潔癖を愛したように見える人で、時の権門から礼を厚うして招かれると打って変わってそれに迎合するような――まあ近頃の例を取れば、戦時中は軍のお先棒をつとめておって、戦後急に引っくり返ってソ連や中共のお先棒をやっているのと同じような変化の人もたくさんいるので、それは当てになりませんね。ということは、浪人で天下国家を論じて侃々諤々《かんかんがくがく》やっているような人が、話をしてみると誰も問題にしないというために憤慨しているのが多い。だから、ちょっと政府や総理などから声を掛けられたら、打って変わって、「あいつは話せる」なんて提灯を持つようなのがざらにいますからね。

人間の人格とか議論とか主張とかいうものは案外わからない。権門富貴の間にあって淡々として名利《みょうり》に執着のない人もあるし、巌岫《がんしゅう》の間にいかにも高く矜持しておって、心の中は実は案外偽物がいる。

第十四章　禅と則天武后

神秀《じんしゅう》が礼遇された則天武后《そくてんぶこう》（姓名は武照。六二四～七〇五）というのは驚き入った女だ。人物の本質や運命はしばらくおいて、神秀禅師にはこれは苦手というか、厄介というか、災難というか。

稀代の女傑

しかしまた則天武后ぐらい歴代の政治史、帝王史の中にあって、複雑怪奇な人物も珍しい。とにかく、女にもこんなのが有り得るかと思うような人物です。第一に非常な美人です。そして非常な能力、頭脳、才能を持っている。それから聖賢のような志も確かに持っている。かと思うと、スターリンも毛沢東も兜を脱ぐような権力欲の権化《ごんげ》でもある。悪魔のような権力欲を持っている。非常な信仰心、例えば神秀とか慧安《えあん》のような人を心から礼を厚うし、身を低うして崇拝するような道心を持っているかと思うと、残虐極まりない悪魔のようなところを持っている。王者として、堂々たる人物・男性を縦横に駕御《がぎょ》する能力を持っているかと思うと、とてつもないデカダンス。これくらい女として男遊びした女もちょっとないだろう。

とにかく、ふしぎな女性である。それもその辺のカフェやキャバレーにいるような女ではない。あらゆる意味においてとても線の太い、スケールの大きい女性で、このくらいになると小説家も書けないでしょうね。道理で、則天武后を小説にした、戯曲にした、映画にしたという話を聞いたことがない。この女性を皇后にした高宗（唐《とう》の第三代皇帝。在位六四九～六八三）は非常な災難でした。

婦徳の典型・文徳皇后

これに比べると、お父さんの太宗の夫人・文徳皇后という人は、世にもこんな立派な婦人があるものかと思うような偉い婦人です。こういう婦人がいたら一度お目にかかりたいと思うような頭の下がる女性です。さすが歴史的大英雄である太宗の皇后たるには、まことにふさわしい婦人でありました。あらゆる意味において容色才幹優れ、武后と反対に婦徳の高い、婦人として非常に磨かれた立派な、本当の意味で典型的婦人であり、有徳の婦人です。それこそ恋愛史としても、インドのシャー・ジャハーン皇帝（インド、ムガル朝第五代皇帝。在位一六二八～五八）の妃と好一対をなすロマンティックな、ドラマティックな女性でもある。さすがの太宗もこの夫人には心から敬服したというよりは、随喜しておったようであります。

平生身を持《じ》することも非常に倹素です。自分の親戚、一族、外戚というものは常に政治上禍《わざわい》をなす。だから「外戚をお取り立てになってはいけない。幸福に暮らさせたいとは思うけれども、権要の地位につけてはいけません」といって、皇后自ら自分の親戚を権要の地位につけさせなかった。そして彼らを呼んで、「お前たちは私の縁で、陛下のおかげで生活を楽しませていただくことができれば、それで満足し、感謝しなければいけない。この上にまだ地位、権力を求めることは身を亡ぼし、家を亡ぼし、ひいて国家蒼生のために罪をつくることである」と訓戒しております。それから太宗を諫めることも実に手に入ったものです。

こんな女房も世の中にあるかと思うほど立派なものです。そして太宗にも心酔していた。太宗が病気にでもなると、いかなる侍女よりも医者よりも自らが献身的看護をされた。いつでも着物の中に毒薬を持っていたと書いてあります。その皇后が不幸にして病気で、太宗よりも先に亡くなった。太宗が枕頭にあって心痛していた時に、最期を覚悟して慇懃《いんぎん》に別れを告げ、枕の下から薬を出して「私はあなたがご病気になられた時、もし万一のことがあったら、その場でお後を追うつもりでありました。これがもう要らなくなりました」と言って見せた。太宗は非常に感動した。ちょっとこういう皇后は類がない。

その正反対が則天武后です。太宗と高宗とは親子だったが、よくもこんなに違うと思われるほど、高宗は女房運の悪い人です。しかし女房運が悪いとは知らずに亡くなったから、高宗はよかったかも知れません。

残虐な計略

この則天武后は唐の太宗の時の女官の一人で武氏という。才人（後宮の女官の名称の一つ）という地位の女官であり、やはり太宗のお手付きの一人です。太宗が帝王としては若い五十三歳で亡くなった時に二十六歳であった。太宗が亡くなると、あれだけの英雄に侍していたものだから非常に感動したものとみえて、長安の感業寺というお寺に入って尼になった。ところが、太宗が亡くなったあと帝位を継いだ高宗が、太宗の三年忌に感業寺に行ってはしなくも武氏と会った。そうして太宗の追憶をして泣いて語り合ったという。

ところがその時に高宗の皇后と愛妃〈蕭淑妃《しょうしゅくき》〉がいたが、この二人が非常に仲が悪かった。そこで女の浅ましい智慧というのか、皇后は気違いじみた発案で相手の愛妃を懲《こ》らしめるために、せっかく尼さんになっている武氏を還俗《げんぞく》させ、宮中に入れて髪が生え揃った時にこれを高宗に提供したわけです。

武氏は絶世の美人だったので高宗がこれに惑溺して、今度は皇后はもちろん蕭淑妃まですっかり袖にしてしまった。馬鹿を見たのはこの二人です。今度はこの二人が仲よくなって武氏と対抗したけれども、これはあらゆる意味でたいへんな女で、とても太刀打ちできない。武氏はその頃から次第に野心を抱きます。

そのうちに武氏の腹に高宗の子供ができた。それは何しろ絶世の美人が産んだのですから実に可愛い。子供がない皇后は憎い武氏が産んだのだけれども、あまりに可愛いので時どきそれを見に行く。それを見て武氏が考えついた。

ある日皇后が子供をあやして帰った後、武氏は子供を絞め殺すのです。こんな例はシナの歴史上にも他にない。そして絞め殺して泣いていたところへ高宗が入って来た。高宗も子供が可愛いものだから、いつも入ってくるとまず子供をあやす。あやしてみたところが死んでいるものだから魂消《たまげ》てしまった。びっくりして武氏を呼びつけた。すると武氏が泣いている。どうしたのかと言うと「皇后が……」と言って泣いて何も言わない。そこで高宗は「おのれ、皇后めが」と激怒して二人を捕らえて牢にぶちこんだ。そして武氏を皇后に冊立すると言い出した。

そこで太宗時代からの生き残りの名臣たちが驚いて百方諫言するけれども、高宗はどうしても聞き入れない。聞き入れないばかりか、武妃は時どき皇帝の後の簾中にいて、せん方なくとぼとぼ退席してゆく先代からの重臣を「この野郎!」といって声が聞こえるくらいに恫喝するようなことも、しばしばあるというんですから相当な度胸です。

その後、自分の腹にできた賢という太子があります。この太子が、宮中で蕭淑妃の子供が軟禁されて目も当てられないような悲惨な境涯にあるのを知り、非常に同情して母を諌めたことがある。すると非常に怒って、とうとうこの子供を殺している。その次の男の子もまた排除している。鬼というのか、どういうのか、恐ろしい心の持ち主である。それで群臣は震え上がった。

しかし高宗は非常に善良な、徳川でいうと秀忠みたいな人です。さすがに武妃を皇后に立てるという勅命を出しかねていたわけです。ところが太宗が残された李勣《りせき》（唐初期の名将。?～六六九）という名将軍がいる。これは本当は徐という姓であるけれども、唐の外征、つまり周辺の異民族の討伐に大功があったので、その功労を賞するのあまり太宗は自分の李家の姓を与え、徐勣を李勣といわせるほど、礼を厚くして遇した大将軍である。その頃はもう老将軍であります。

高宗がこの李勣を呼んで武妃を皇后に冊立するという問題について意見を徴した。そうすると李勣は、これが後世史家によって非常に厳しく批判を受けるところですが、「そういうことは陛下のお家の問題でありまして、臣下である私どもの関知するところではございません」。こういう返事をしている。なるほど、そうかというので、高宗はすっかり喜んでしまって、とうとう周囲の反対を押し切って武妃を皇后にしてしまった。そのために諌めた連中が次々と迫害されることになった。李勣はとんでもない返事をしたものです。

李勣の歴史中の一つの重大な問題点であり、汚点です。しかし結局、李勣の子供の李敬業というのは則天武后の排斥を企ててついに殺される。結局、李勣は則天武后にやられてしまうのであります。どういうつもりでそういうことを言ったのかわからないが、それは彼の一代の誤りであった。

天皇・天后

ここに一つ面白いことは、皇后に立つと武后は進言して、夫である高宗を皇帝の称を廃して「天皇」という称号を取らせている。「天皇」は日本に始まると思ったら、ちゃんと高宗が「天皇」になっている。そして自分を皇后といわずに「天后」といっている。すごいもんですね。非常に権力欲、名誉欲の強い女であったようです。ところが天皇になって五年にして高宗は中風になる。中風は三年五年七年などといいますが、高宗はよほど看護がよかったと見えて、二十年間生きていた。その二十年の間というものは全く則天武后の一人舞台です。高宗天皇は唯唯《いい》諾々である。

狄仁傑

その間に狄仁傑《てきじんけつ》（六三〇〜七〇〇）という偉い宰相がありました。文字通り仁傑です。天下の桃李悉く公の門にありというくらい、人材を集めてその盟主となった人ですが、また、この狄仁傑ほどの人物が則天武后のすっかり薬籠中のものとなっている。もちろん狄仁傑は大半外敵に当たっておりました。

その頃、満洲族やトルコ族の侵略がありました。狄仁傑はその討伐軍の司令官になってほとんど外征に従っていたが、その代わりに彼はいろいろの人材を抜擢登用させて、そしてまた武后に政治上の意見を忌憚なく進言する。武后はそれをよく用いている。蓋《けだ》し政治家としての武后は立派なものです。狄仁傑が薬籠中のものとなったというが、しかし必ずしもそうばかりでもない。狄仁傑も相当に武后を教え導いて、立派な治績を上げている。

則天大聖皇帝

そして高宗が亡くなると子供の哲というのを上げて皇帝に立てた。これを中宗（六五六～七一〇。高宗の第七子。則天武后の子。在位六八三～六八四。七〇五～七一〇）といいますが、しかし、これをすぐに廃して、その弟を立てた。これを睿《えい》宗《そう》（六六二～七一六。高宗の第八子。母は則天武后。在位六八四～六九〇、七一〇～七一二）という。しかし、間もなくこれを皇太子にして、武后自身が皇帝になった（六九〇）。そして古《いにしえ》に越える、つまり古にもないという意味で、「越古金輪聖神皇帝」と号した。物すごい名乗りを上げたわけです。そのうち臣下の方から「越古金輪はあんまりである、これでは佛教に偏り過ぎる」というので、それではと「則天大聖皇帝」となった。それで後世、則天武后というのです。

そうなると、これに迎合する者がたくさん出てまいりました。もちろん、こうなるのには洛陽を中心にして六万人からの役人やら学生やら農民やらの各界代表を集めて、「天后様にとにかく天子になっていただかなければ天下は救われません」という歎願をさせた。

つまりこの頃社会党や共産党がよくやるデモというものを強要した。なかなか政略家ですね。そうして天下の民衆の要望により、よんどころなく、然《しか》らばわしが帝位につこうというので、悠々と越古金輪聖神皇帝になったわけです。

武后の淫虐

そうすると僧侶の中からも則天大聖皇帝に阿諛迎合《あゆげいごう》する者がでてきた。

大雲経というお経がある。このお経は、こういう僧侶たちのためにつくったものだと書物に書いてあるが、そうではありません。調べてみると大雲経というのはインドにある。これをシナで訳したものですが、これは弥勒《みろく》信仰を説いたものであります。白蓮《びやくれん》教の時にお話しした、過去は燃燈《ねんとう》佛、現在は釈迦佛、未来は弥勒佛が現れて天下の衆生《しゆじよう》を救うという、その弥勒信仰を説いたものです。

この大雲経に目をつけて、それにいろいろの註釈を加えた。そして「陛下は弥勒の化生である。化身である。即ちこの世の中を救うために女皇の姿を借りて化身となって現れたものである」というえらい礼讃をして、大雲経を註疏《ちゆうそ》して（註釈と解説を付して）武后に奉った。武后は大いに嘉《よみ》して（良いと認めて褒める）大雲寺という寺を各地に建てさせて、大雲経を増刷し、それぞれの大雲寺において読ませ講義させた。

そして一方において非常な罪をつくっている。第一、前の皇后および蕭淑妃を惨殺《ざんさつ》しております。非常に残虐な殺し方をして、そのために、これは伝説かもしれませんが、武后の所へ夜な夜な皇后や蕭淑妃の幽霊が出る。そこで、さすがの女傑も長安の宮殿にいたたまれなくなって、洛陽に移って、ついに長安に帰らなかったと書いてあるが、なるほど史実の上でも武后は洛陽に移ってから長安に帰っておりません。

その他、一方において驚くべき善政をやりながら、一方において、気に入らない者はどんどん誅戮《ちゅうりく》した。殊に密告制度を布《し》いた。この制度が非常に民心を暗くした。そうすると、またこの密告制度を利用して憎むべき佞奸《ねいかん》な役人、あるいは酷吏が出てきます。これがせっかくの武后の善政をすっかり暗澹《あんたん》たるものにした。そういうこともあって、武后は良心を苛《さいな》まれたのでしょう。

それともう一つは、個人的な淫乱残虐、淫虐というものがひどい。洛陽に天竺《てんじく》から二人の僧が白馬に積んで渡来した経典を入れたという白馬寺という寺がありますが、この寺に懐義という坊さんがおりました。名は「義を懐《おも》う」だが、実際は「不義を懐う」でありまして、懐義ではなく懐不義である。これが非常な美男で弁舌が巧みである。すっかり武后に取り入って、いつの間にか非常な寵愛を受けて白馬寺の寺主に納まった。ところが、この男はすっかり得意になって、ありとあらゆる放縦をやる。しまいには寵に甘えて武后をなめてかかって、武后の亭主面《づら》してふざける。そこで武后の逆鱗《げきりん》に触れて、ある時に彼が参内《さんだい》すると宮廷の庭で武士に命じて撲殺させた。そして彼を封じた白馬寺で焼かせている。

そういう残虐なこともやりました。

また有名なのは、張易之《ちょうえきし》、張昌宗というたいへん美男の兄弟がいた。この兄弟に武后の手がついた。手がついたなどというと男と女が逆のようだが、とにかく手がついて、これが非常に喧伝された。そのためこれに阿附《あふ》（諂い従う）する人が多く、「六郎の顔、蓮華の如し」ともて囃した。この兄弟は五郎、六郎というのですが、特に弟の六郎がきれいだったらしい。「六郎は蓮華のように美しい」と言ったら、「いや、そうではない、蓮華が六郎に似ているんだ」と言ったという話が残っているくらい、武后はこの兄弟を寵愛して始終側近に置いている。この兄弟の一族や、これに阿附する連中が非常な権勢を振るい、非道の限りを尽くしている。

そういうわけで武后は実に偉大なる矛盾の女子であり、そして偉大なる性《さが》の女である。実に複雑極まりない、容易に批評できない女傑であります。しかしそういう苦悩もあるのでしょう。一方では懐義というような者を寵愛するといったことをやりながら、一方においては優れた名僧智識（高僧）を尊重し供養しているのです。なんともふしぎな女性でありますが、これに九十四歳の老禅師・神秀が礼を厚うして迎えられた。この則天武后に礼遇されたということは、荷沢神会《かたくじんね》から言うと得たり賢しであります。神会は神秀を阿諛迎合の徒といわんばかりに非難をした。しかし神秀はそういう権門富貴を喜ぶなどということは少しもなかった。それこそ超然として解脱《げだつ》しておった人であります。

この頃の禅というものは、前にも申したように、本当に自ら修め、人を教化《きょうげ》するという地道な道風でありました。熱喝痛棒というようなものは全然ない。ごく自然です。ところが面白いのは、六祖慧能《えのう》が初めて弟子をぶっているんです。それまで師が弟子を打ったという記録はない。いわゆる棒喝《ぼうかつ》というものです。要するに棒というのは打つことです。喝というのは怒鳴りつけること。

棒・喝の始まり

ところが記録に出ているのでは慧能が初めて神会を打っている。これを六祖系統の人は神会と六祖とのきびきびした禅問答の例にこれを説いているけれども、公平冷静に文献〈法宝壇経〉を見ると、非常にもったいをつけて褒めて書いてある。

その時の神会はまだごく若いんです。そして慧能にぶつかっている。これを冷静に読むと、どうも、「この小僧！」というようなところが、慧能の口吻《こうふん》にある。しかも、これを本当に打ったんだと思うんです。ここは非常に微妙なところで、いわゆる、弟子を教化する一つの手段として後世に伝わっているような棒を加えるのではなくて、もっと自然に「この生意気な小僧めが……」というので、三つ叩いたとあるから、平手打ちを三つ喰わせたのではないかと思う。そういうことを言うと、こちらの系統の禅僧は大いに怒りますが、それが自然ではないかと思う。それがつまり棒喝の始まりで、それまではそういうことはありません。こういうのが、禅が禅臭くなる前の本当の禅のありのままの話です。

禅家では特に門下のことをよく会下《えか》といいます。つまり会《え》というのは、一つの禅の講座に集まるグループのことです。五祖弘忍《こうにん》の会下において初めて南宗と北宗が分かれた。南が慧能、北が神秀と、対立を生じた。

北宗の不運

北の神秀の方は漸教《ぜんきょう》、漸く進む、だんだんに進む漸修を旨とし、南の方は頓《とん》、頓禅と称して頓悟を尊ぶ。そして達磨《だるま》禅の正統は南宗慧能の方であると言われ出した。それのみならず、神秀が北の朝廷、即ち則天武后の朝廷に重んぜられた。そのこともまじって、則天武后があああいう人であったから、それに対する複雑な感情も交じって、南宗を持ち上げ、北宗、つまり神秀の派を非常に悪くいうことが、後世ではむしろ常識にまでなった。しかしそれはたいへんな間違いである。

最近特に敦煌《とんこう》の発掘その他が進んで、いろいろな文献が豊富に現れた。今まで見られなかった禅に関する文献も続々現れるに至り、ますますその正体がはっきりしてくると、事実はむしろ逆であることが分かってきた。慧能と神秀に関する例の偈《げ》の相違の如きも、どうも後世の偽作らしい。ああいう事実が考証学的に認められない。のみならず、むしろ神秀とか、神秀の他に慧安という人、これもやはり弘忍会下の高足（高位の弟子）であります。その神秀や慧安が、心をこめて武后や後の中宗皇帝に慧能を朝廷に招くべきことを薦めております。その結果、皇帝から優渥《ゆうあく》（ねんごろに手厚い）なる参内の詔勅まで出ており、その詔勅が残っております。それに対して、その時、慧能は年を取っておりまして中風《ちゅうぶう》の気味があった。そこで謹んで辞退している。

そういうことまで続々と発見されました。こういう達磨禅の正統の美談に対して、むしろ逆のことが喧伝されているということは、禅のために非常に忌《いま》わしいこととさえ思われます。これについては、北宗の運の悪かったことも影響しております。

唐の太宗という不世出の英雄が打ち樹てた革命政権、シナ四千年史上に燦然として輝いている、あの堂々たる唐王朝にしては悲惨な継承問題が起こった。これがもっと穏当に継承されていたら、あるいはこういう争いももっと形を変えたかも知れない。その第一の原因は、則天武后である。

宮廷クーデター

六十七歳になると、男でもそうだが、況や婦人においてをやで、もう菩提心の細やかになる年頃であります。「老いてますます盛んなり」ということはこの武后のことで、武后は自ら子供の中宗を廃し、中宗の弟である睿宗を立て、今度は睿宗を廃して皇太子にして、六十七歳にもなって自分が天子になった。しかも帝位にあること十五年、八十二歳まで長命した人で、世界の歴史にこれくらい規模の大きい、性質の複雑な、あらゆる意味において女傑という者は、遂に古今東西その比がないという人物であります。

この則天武后（帝位に就いて則天大聖皇帝）がようやく八十歳を超して病床に親しむようになる。その潮時を眈々《たんたん》として狙っていたのが張東之《ちょうかんし》（六二五〜七〇六）という人です。この人も七十幾歳で、これは徳川家康みたいな人で、もう少し武后の方が長生きしたら張東之の方が先に逝ったと思われるようなきわどいところで武后の方が病床に倒れた。その時はすでに狄仁傑も亡くなっている。

狄仁傑というのは「天下の桃李悉く公の門にあり」と称せられ、天下の人材が悉く狄仁傑の門に集まったというくらい、広く人材を愛する包容力ある大将軍であり、大宰相であります。この人を武后が重用した。しかし狄仁傑は武后の野心を抑えることができなかった。ということは、実にふしぎな関係というか、因縁というか……。この狄仁傑が亡くなったということは、さすがの則天武后をして政治的に一大衝撃を感ぜしめたようです。

その悲しみ方、落胆ぶりはまことに真剣です。そういうところの則天武后は実に偉いですね。その後、間もなく武后は病床に倒れ、いよいよ再起もおぼつかないと見てとった張東之は、敢然として宮廷クーデターを断行した（七〇五年）。

まず武后が寵愛して始終側近に置いた張易之、張昌宗という例の古今無双と言われる美男子、この連中を捕らえて一網打尽に誅殺した。そしてこれまで国号を周と号していたのをもとの唐に復元した。したがって唐の歴史は十五年間中断されていたのです。それが十五年目にやっと、もとの国号に返ることができた。

武后はそのクーデターを病床で知って煩悶懊悩したけれども、どうにもならない。間もなく亡くなりました。そして改めて中宗が擁立された。

唐王朝の腐敗

ところが、どうも唐の王室というのは恵まれません。これで解決したかと思うと、たちまちその反動が現れた。それは中宗の皇后に韋后《いこう》（?〜七一〇）というのがいました。この韋后はとても則天武后とはスケールにおいて、その質において比較にならないが、これがまたたいへんな野心家であり毒婦であります。ただしこういう女に限って、男でもそうですが、なかなか頭脳は鋭敏であり、機智に長《た》けている。手腕もあり、容易ならぬ賢明な人物である。

中宗が不遇の間、蔭になり日向になり、実によくこれを助けた。そして幸いにして運が開け、再び帝位に即いてからというものは、韋后がまた絶大な権勢を振るった。中宗は悉くこの韋后のいいなり次第になった。だいたい武氏の一族はほとんど張柬之のクーデターの時に一掃されたが、若干の者が免れて残った。その中に武三思《ぶさんし》という奸雄がいた。この三思の倅《せがれ》に中宗の娘、即ち安楽公主が嫁いでおる。武三思は中宗の外戚になるわけです。

これが中宗の即位とともに急に勢力を挽回して、深く韋后と結託した。ちょうど最近でいうと、（韓国の）李承晩大統領とその夫人を連想せしめる。李大統領の失政は、大統領夫人によるところが多い。これがそのとおりで、韋后が武三思と通じて、また宮廷の政治をひどく腐敗させた。

そうして中宗即位後わずか六年、韋后は遂に夫の中宗を殺して（七一〇年）自立を図った。則天武后はさすがに高宗を殺すことをし得なかった。しかし韋后は夫である天子を殺した。すごい女です。しかしたまたま中宗の弟の睿宗の子供で非常な傑物がおりまして、その名を李隆基という。これが敢然と兵を率《ひき》いてクーデターを断行する。幸いにして韋后一派を誅し、首尾よく政権を回復して睿宗を擁立した。三年にして睿宗は倅の隆基に禅譲した。この隆基が即ち名高い玄宗《げんそう》皇帝であります（唐の第六代皇帝。六八五～七六二。在位七一二～七五六）。つまり則天武后から玄宗皇帝の出現に至るまでの間、二十年余りというもの、唐の朝廷は腐敗堕落、混乱を極めたわけです。ただし則天武后の時は腐敗はしても、狄仁傑のような人材が朝廷にあって、政治はある程度の秩序、綱紀を維持していた。しかし、この中宗が復位した六年間というものは、これはもう沙汰の限りの状態に陥った。

頽廃の中の篤信

しかしこの中にあっても、非常に文化を奨励し、殊に宗教方面を見ると、実に敬虔《けいけん》な、篤信といいますか、礼遇を与えている。慧能、神秀、慧安。神秀はその頃、年すでに九十を超している非常な高齢であった。神秀や慧安に対する優遇は非常なものでありました。武后などは神秀に対して弟子の礼をとって限りない優遇を与えている。中宗になってもそうである。

その中宗に、「本当に政権を回復して天下を粛清するためには、まず道を明らかにしなければならない。それには天子自ら下万民に道を尊ぶことを身を以て示さなければいけない。今我々はすでに老いた。今南方、広東に慧能がいて弘忍の法を伝えている。この慧能を礼を厚うして朝廷に迎えなさい」ということを神秀、慧安が中宗に勧めた。

しからばというので中宗から優渥なる勅語を慧能に出している。けれどもその時すでに慧能は中風の気味があり、年もすでに七十を超え、とても勅命に応ずることはできないというので、礼を厚うして辞している。あの動乱、あの頽廃の中にそういうことができたというのは、その点立派である。けれども、とにかくそういう朝廷である。

そういう朝廷に阿附（へつらい従う）した連中であるというので、攻撃を専《もっぱ》らやったのが荷沢神会である。しかし神秀も慧安も、そういう権力に阿附するような人物ではさらさらない。

そういうことがありまして、弘忍までは一系でありますが、六代目になって南北に分かれて慧能が正統ということにだいたいなった。またこの慧能の会下に人材が輩出しました。荷沢神会の派の如きは途中で消えてしまいました。

第十五章　六祖慧能の禅

その慧能《えのう》が弘忍《こうにん》の印可《いんか》（悟りに証を与える）を受けて法を継いだのは年わずかに二十四歳。それから広東に帰って約十五、六年というものはすっかり韜晦《とうかい》（行くえをくらます）して、よくその履歴が分かりません。それから彼の故郷の曹渓《そうけい》に帰って、爾来三十数年にわたって地方に偉大な教化《きょうげ》を行なった人であります。だからだいたい四十過ぎから教化活動を始めたことがいろいろの記録に残っております。そして六十代の終わり頃からやや中風《ちゅうぶう》の気味で、それから十年ばかりの七十六歳の七月に入寂《にゅうじゃく》している（七一三年）。

六祖壇経

慧能がどういう教化をしたか、特にその思想・説教を伝えた物に「六祖《りくそ》壇経《だんきょう》」〈六祖大師法宝壇経〉というものがあります。略して壇経。この壇経を見ると、ほぼ慧能の宗風（宗教の傾向）を知ることができます。ところがこの壇経にはいろいろの種類があります。したがって専門の学者の間では壇経に関する考証議論が非常に多いのです。

これまた敦煌《とんこう》の遺蹟が発掘されて新たに壇経の新本なども出ている。そういう考証に基づいて点検してみると、また虚心になって壇経をひもといてみると、非常にいいところやら、感服しかねるところやら入り交じっている。これは六祖慧能が直接に著述したものでもなければ、また六祖の言行をそのまま伝えたものでもない。相当に後人の意見や筆の加わったあとがはっきりわかる。

しかしいろいろ批判すべきことはあるけれども、六祖慧能の説教、教化の内容は、確かに、これによって推察することができる。それは全く達磨《だるま》以来の宗風、信仰、思想、信念をそのままによく伝えております。この壇経の中の大事な点、即ち慧能の思想・信仰というものを二、三挙げておこうと思う。それは達磨会下《えか》以来と少しも変わらないといってもいい。

佛は人間〈吾〉を超越した存在ではない

六祖慧能は広東の貧家に育って、少年時代は薪《たきぎ》を背負って行商していた。ちょうど二宮尊徳の少年時代を思わせる。あまり学問はなかったといわれる。そこへ持ってきて達磨禅というものは、教外別伝《きょうげべつでん》・不立文字《ふりゅうもんじ》（文字を立てない）、文字に書き表された知識だの理論だのは、むしろ邪魔になるものだということが次第次第に転化して、文字だの理論だのを軽蔑し、無学を誇るというように脱線ぶりが少なくない。したがっていつの間にか、六祖を尊敬するの余り、贔屓の引き倒しというやつで、六祖慧能をすっかり無学に仕立て上げる禅僧も少なくない。

ところが決してそうではない。壇経などを読んでいると無学どころではない。慧能は金剛経、楞伽経《りょうがきょう》、維摩《ゆいま》、法華《ほけ》、涅槃《ねはん》、いろいろの経典を自在に引用しているところを見ると、これはやはり相当経学・経論の方も修めた人であることがはっきりわかる。後世の禅僧になると、己れの無学を飾るために、慧能を無学だとし、無学でないと悟れないようなことを言うとんでもない禅坊さんが少なくないのは笑止千万といわなければならない。

どうも道とか真理とかいうものは、俗人が取り扱うと得てして間違いやすいもので、武芸のできない者が刃物を振り回すのと同じことで、自らも傷つく。壇経を見ると、慧能が懇々として教えている一つの大事な要点は、佛というものは決して人間を超越した存在ではない、ということです。

当時、禅の信仰が盛んであるから信仰者は佛を求める。佛とは何ぞや、いかにして佛になるかという、佛を求めるということが盛んである。それは必ず一面において佛というものを超越的存在に持ってゆきたがる。つまり自分という現存在、実存を離れて、絶対者、超越者、何か佛というものを祭り上げたい。そういうものを要請する。ちょうど、いろい

ろの宗教において超越神、例えばエホバの神であるとか、アラーの神であるとかいうような
なものを要請するように、超越的存在としての佛を考えやすい。そうではないというのが
達磨正伝の考え方です。

佛というものは決して人間、自己というものを超越した存在ではない。現実を離れた存
在ではない。またそういう存在を要請して、それをいろいろに理論づける、そういう理論、
知識というものが佛であるのではない。佛というものは、自身、吾というもの、心という
もの、衆生《じゅじょう》というものを離れては決して存在しない。もし佛を求むれば、まず吾、心、現
実、衆生というものに徹しなければならない。これを離れて決して佛というものはない。
しかしながら、吾、心、衆生というものが、そのままに佛であるのでは、もちろんない。
吾、心、衆生というものは、そのままにその中に佛を持っている。吾は、心は、衆生は即
ち如来であり佛である。心は尊い如来蔵である。衆生の中に如来は存在している。

例えば母が子供を孕《はら》んだ。その子供は立派な如来である、転輪聖王《てんりんじょうおう》である。その子供を
立派に育てたならば、それは尊い転輪聖王、輪王になるのに、これを心なき衆生は、無知
なる母は、その子供を餓鬼と思う。うるさい餓鬼だなんて思う。そしてすっかりこの如来
さんを台なしにしてしまう。そうではない。

無相と無念

この身、この佛、衆生〈身・佛・衆生〉是れ無差別である。この三者は差別がない（心佛及衆生《しんぶつぎゅうしゅうじょう》、是三無差別《ぜさんむしゃべち》　華厳経夜摩天宮菩薩偈品で如来林菩薩が説いた唯心偈の一節）。この衆生の中に、わが身の中に、この心の中に、その煩悩の中に如来がある。これをよく体現すれば煩悩即菩提であり、即身即佛である。佛を求めようと思ったら吾に徹せよ、心に徹せよ、衆生に徹せよ、煩悩に徹せよ。これを離れて佛を求めてはならない。これを離れて知識や理論に走ってはならない。この世界は本来無相である。すべて一時の化現、あるいは仮名有《けみょうう》、仮のものである。森羅万象、この本というものは無限の創造であり変化である。少しも住《とど》まるということがない。その意味において無住である。

我々が直接経験するような存在というものは一時の相、仮の相であって、本来無相である。千変万化、創造変化してやまないものである。少しも住まることのないものである。無相の中に無限の相がある。したがって、天地造化、生そのものに徹すれば、これはそのままに無相である。この仮の存在、束の間の存在、形、そういうものに執着してはいけない。無相に徹しなければならない。そして無住を悟らなければならない。無住が本である。無相が体である。よく無住にして無相に徹したならば、我々はそのままに無限である。

一行三昧

だから禅はいかなる宗かといえば、無念宗であり、無相宗であり、無住宗である。いかなる物にも執着しない。いかなる物にも定着しない。そういう相を知らず、住を知らず、念を知らないものを煩悩という。煩悩というのは一つの相である。一つの念である。一つの住である。それに徹すればそういう相を打破し、そういう念を滅却して、よく無相、無住、無念を得る。無念は言い換えれば、そういう住を打破し、そういう念を滅却して、よく無相、無住、無念を得る。無念は言い換えれば、それが真如である。如はありのまま、惟神《かんながら》である。その真如がそのままに人間の心になり、これを直心《じきしん》という。煩悩が直心になればいい、真如になればいい。それは無念であり、無相であり、無住である。こういう信念、思想に徹してそのままに行《ぎよう》ずる。これを「一行三昧《いちぎょうざんまい》」という。雑行《ぞうぎょう》ではなく一行三昧である。

この道は何もこの世間を離れて出家する、寺に入るというような必要はない。俗界にあって日々の生活をしながら十分に達せられることである。むしろ俗を去って生活を遊離し、寺に入って煩悩にとらわれているならば、かえってそれは道の妨げである。よくこの道を解すれば、何も僧になったり、寺に入ったりする必要はさらにない。在家のままで結構。むしろその方が自然である。正直である。

壇経には、こういうことを懇々と説いている。

この達磨以来、神秀や慧能に至る達磨直伝《じきでん》、達磨正伝の禅法を見てくると、世間の禅とまるで違う。なるほどとわかる。

第十六章　禅の真髄——百丈懐海

この禅宗がだんだん盛んになって、禅宗に入ってくる禅の徒が増えるに従って、この間も言いましたように弘忍《こうにん》門下にすでに五百余人おったというのですが、弘忍のもう一つ前の道信《どうしん》の時にすでに五百人を超えたという。弘忍の末年の頃にはあるいは千人に達していたろうかと想像される。

それがだんだん増えてくると、初めのうちはそれらの人びとが集まって各地で百姓をしたり、樵《きこり》をしたりしながら参学修道していたけれども、人が増えるに従ってそうはいかなくなって、次第次第にそういう参禅参学の人びとの生活体制、即ち組織化が自然に必要になってくるに及んで、初めてそれに組織体制を与えたのが慧能《えのう》の孫弟子になる百丈懐海《ひやくじようえかい》(七四九〜八一四、後出)という和尚です。

この百丈もやはり達磨《だるま》禅の正統であるだけに、この人が初めて禅宗と称すべき組織体制を立て、禅寺をつくったのであります。その寺には達磨や慧能の直々《じきじき》の禅を伝えているものですから、寺はつくったけれども佛堂というものをつくっていない。法堂《はっとう》に集まって修行し思索する。あるいは講説、講義講論をする僧侶たちを入れる僧堂はつくっているけれども、佛堂はつくっていない。こういうところは日本の神道と最も相通ずるものがある。

日本の神社の中には往々にしてあるので、その代表的なものはこの師友会と非常に関係の深い大和の大神《おおみわ》神社です。この神社には神殿がない。拝殿しかない。神体はその山そのものである。ときどきこういう神社がある。これは非常に深い摂理を含んでいる。決して諸佛崇拝というような唯物的思想を脱却しない世の浅薄な宗教評論家、宗教哲学者のいうようなものとはまるで違っている。深遠な境地である。

慧能の晩年の弟子で代表的なものは青原行思《せいげんぎょうし》という人です。青原山におった人で行思和尚。

石頭希遷

慧能の最晩年、慧能が入寂《にゅうじゃく》する時、十四歳の少年に石頭希遷《せきとうきせん》というのがいる。

これは後に石頭山に入った人です。それで石頭希遷。この石頭希遷が、慧能が入寂する時非常に悲しんで、師の臨終の枕辺で「お師匠様が亡くなられたら私はどこへ行けばよろしいか。誰についたらよろしいか」と聞いている。その時に末期《まつご》の慧能が「尋《じん》思去《しきょ》」〈考えよ、思索せよ〉ということをいっている。考証学者にいわせると、ちょっとあやしいというんですが、まあそんなことはどうでもよろしい。非常に面白いことだ。去《きょ》というのは助動詞で矣《あい》とか焉《えん》というのに当てはまる。それを石頭希遷は言葉のとおりに解釈します。

それからというものはこの希遷少年は周囲の者が驚くほど坐禅、思索に没頭した。十四歳の少年がそんなことをというけれども、そうではないんです。

頼山陽、橋本左内、幸徳秋水の例

十四歳といえば例えば頼山陽《らいさんよう》（江戸後期の儒学者。一七八〇〜一八三二）が十三歳の時に詩をつくっている。「十有三春秋。逝《ゆ》く者は已《すで》に水の如し。天地始終無し。人生、生死有り。安《いずく》んぞ古人に類するを得て、千載青史に列せん」などと大人も顔負けするような詩をつくっている。これは十三歳の時です。江戸の父春水の所へ出した手紙の中に今の詩を書き添えた。春水先生それを読んで、倅《せがれ》もだいぶできてきたなと喜んだという日記があります。

十四歳というと、例えば山田方谷《ほうこく》（幕末〜明治初期の儒学者。備中松山藩の重役。一八〇五〜七七）、これは堂々たる律詩をつくっている。

橋本左内《さない》（福井藩出身の幕末の志士。一八三四〜五九）が『啓発録』を書きますが、たしか十四歳から書き始めて十五歳に書き上げた。第一に「稚心を去れ」なんて偉いことをいっている。子供っぽくてはだめだ。それから「振気」、気を振るい起こす。それから「立志」、志を立てよ。「勉学」、学を勉めよ。「択交友」、交友を択《えら》べ。この五カ条を堂々と解説している。そして最後の添書に、自分は多年父から経書や詩書を学ばされたが、どうも意気地がなくて、学問が思うように進まない。夜寝床に入って涙を流すことが屡々《しばしば》である。というようなことまで書いている。これが十四、五歳ですからね。

この間、ある人が最近出た幸徳秋水《こうとくしゅうすい》の伝記を送ってくれた。というのは秋水は土佐の幡《は》多《た》の中村出身でありまして、実は安岡家と姻戚、親類筋になる。私の高等学校の時の保証人が安岡雄吉で、衆議院に二度ばかり出ましたが、これとは子供の時からの親友であります。特にその雄吉の弟の秀夫というのがちょうど一高の前の西片町（東京都文京区）におりまして、「時事新報」の主筆をしておりました。ちょうど一高の前にあるものだから、腹が減るとそこへ弁当を食いに行く。そこへ行くと必ずビールを出してくれる。こんないい食堂はないというのでよく行った。

行くともう学校を忘れて秀夫と天下国家を論じた。秀夫が亡くなってから後のことです。「時事新報」の記者が私の所へ来ていうには、「家の親戚の青年が一高におって、これにはもう手を上げる」といって悲鳴を上げていたそうであります。この秀夫と幸徳は特に仲がよかったらしい。そのことが伝記に書いてありました。

この幸徳が八歳の時に漢詩をつくっている。これを八歳でつくったかなと思うような七言絶句をつくっております。頭の悪い年寄りのつくるのよりはもっと気のきいたものをつくっている。これがどうしてああいうこと（大逆事件）になっていったか。これは非常に面白いことです。

六歳くらいで論語や孟子を読んだ人は珍しくありません。子供というものは教えたら大したものです。教えないから大事な時期をのほほんとして過ごしている。私なんかも何かの時にはひょっと思い出すような文章だとか詩だとかいうものは、だいたい八、九歳から十五、六歳くらいの間に覚えたものばかりですね。年を取るとずるくなって記憶力が減退してしまって、「ああ、こういうことはああいう本に書いてある」ということはよく知っているけれども覚えない。

覚えるのは子供の時に限りますね。子供の時に勉強しておかないといけないと思う。子供の頭は白紙のようなもので、白紙に墨を落とすようなもので絶対に抜けることはない。

希遷少年は他の連中も驚くほど坐禅、思索に没頭した。文字通り、「尋思去」考えろと言われた。ところが何しろ十四歳の少年だから大悟するわけはない。そして神経衰弱になった。するとある僧が「それはお前、違う。師の言われたのは青原山の〝行思を尋ねて去（ゆ）け〟ということだ」というので、初めて悟って希遷は行思についた。慧能は六代ですから、これは七代、希遷は八代さんといわれる。実は同門の大先輩であるが、早く師に別れたものだからこちらへついた。

この青原行思（南岳懐譲《えじょう》とともに慧能の法を継ぎ、その法流は南岳下に対して青原下という。のち雲門、曹洞、法眼の三宗がこの法系から出た。七四〇年没）という人は

青原行思

偉い人で、あまり法門を広げることをしない。去る者は追わず、来る者は拒まずというような悠々たる風格の人です。この人の言行のいくつかは公案《こうあん》になって残っております。公案というものは元来極めて自然な素直なものなのですが、後になって、主として馬祖以後になって急にこれを仰々しくする癖がついた。以前は極めて自然である。

この青原行思は慧能の風を継いでいる。一つの逸話で後世公案になったものを見ますと、ある僧が来て行思和尚に佛法の大意を聞いた。今でもいますね。マルキシズムは一体どういうものか、民主主義の大意はどうだとか、みなこの大意を聞きたがる。そんなものは本物ではない。説明に過ぎない。

青原は廬陵《ろりょう》（江西省吉安の南）という所におったのですが、これは江西省における、王陽《おうよう》明《めい》の時に話をしようと思います。こういう慧能の弟子たちが湖南から江西、浙江、福建にかけてずっと法門を栄えさせたのですが、これはほとんど陽明の通った生活行動区域です。その点でもよく「陽明学は禅だ」といわれるが、廬陵にも陽明はしばらくいたことがある。「佛法の大意は?」と聞きましたら、青原は平然として、「さあ、廬陵の米はなんぼする

か」と聞いたという話がある。

こういうところからぼつぼつ面白くなって、公案が始まるんですが、盧陵の米はいくらするか。米がいくらしようが、これは米そのものに何の関係もない。人間が勝手に値段をつけるんです。佛法の大意だなんて、人間が勝手に解釈する、勝手にでっち上げる、理屈をつける、まとめる。これは米に値段をつけるのと同じことである。佛法は佛法を知ってみなければ何にもならない。佛法の大意なんて他人に説明してもらって、それであっさり片付けようなんて虫がよすぎる、と説明したら理屈になる。講説になる。そこで「佛法の大意は?」「盧陵の米はいくらするか」。こういうところが面白いですね。

ほかの宗派、いわゆる学説、そういうものと違うところだ。それは直ちに教え、道というものの真髄に踏みこまそうとするもので、説明、理論、概念、論理、そういうものに訴えないで、佛法そのものに飛び込ませる——これを頓悟《とんご》という。あくまでも枝葉末節に走らない。常に物の実体に、本質的に、生命に飛び込む。これを端的に把握する。これが本旨であります。そういう行き方が際だって慧能の門下あたりから発達してきました。

南岳懐譲と馬祖道一

この青原行思と並び称せられる南岳懐譲（湖南省南岳の般若寺《はんにゃじ》に住み、独自の禅風を宣揚した。この法系を青原行思の法系〈青原下〉に対して南岳下と称し、南宗禅の二大法流とされる。馬祖道一《ばそどういつ》がこの法流を伝承し、のち臨済《りんざい》、および五家七宗等の宗派に発達した。六七七～七四四）という人がある。湖南省の南岳にいた懐譲、この人と青原行思とがつまり七代といわれる代表であります。青原の門下に石頭希遷が出たように、南岳の門下に馬祖道一（姓は馬、名は道一。七〇九～七八八）というのが出た。これが八代である。石頭と馬祖が八代といわれる。これから後世のいろいろの禅門の流派がみな出てくるのです。その意味では青原、南岳、それから石頭、馬祖という者は禅門の大宗であります。

だいたい青原行思、南岳懐譲くらいまでは自然、素直で作為がない。全く即身即佛というところがあり、「心佛衆生、是三無差別」というところがある。無相、無住、無念というのがそのままに生きている。それから後になると、どこかに作為があるというか、形跡がある。どこかにいわゆる臭みが出てくる。あるいは型というものがある。石頭はそれほどでもないが、馬祖になるともう流俗です。

南岳懐譲が慧能についたのがだいたい二十三、四歳と思われる。それから十数年師事しております。そして湖北に去り、河南の嵩山《すうざん》に入って淡々として道の生活を営みながら、集まってくる参禅の徒に道を講じていた。その一人に馬祖があった。しかし馬祖は最初必ずしも南岳懐譲を訪ねて来たのではなくて、これも南岳に草庵を結んで専《もっぱ》ら坐禅、思索に没頭していた。この馬祖という人は風采、態度、人相すべてが特異な容貌魁偉《かいい》というような人です。

この前三十二相の話をした時に、広長舌という話をしましたね。舌を出したら鼻の頭に届くという広長舌相、この馬祖という人はぺろっと舌を出したら鼻の頭に届いたという人ですから、天稟《てんぴん》説法するように生まれた人でしょう。機略縦横という人物です。この人は怒鳴るので有名です。

馬祖の「喝」

喝《かつ》というのは馬祖から始まったといってよろしい。禅門でよく棒とか喝とかいう。棒は専らこの後の徳山《とくさん》宣鑑が本家本元みたいになっている。喝は馬祖です。馬祖はへどもどしていると頭から一喝を浴びせたらしい。

この馬祖の弟子が百丈懐海。百丈が初めて馬祖の大喝を浴びた時には、耳が聞こえなくなり目の前が真っ暗になること三日間、「耳聾《ろう》し、眼くらむ事三日」と書いている。よほどやられたと見えますね。

それほどできた人が大喝するのはそのくらいの値打ちがありましょうが、真似をして喝とやる人がある。こういうのはおかしい。「かーっ」なんて痰でも吐くようなのがあるが、これはもう醜態である。そんなものではない。青天の霹靂《へきれき》のように、天為自然に発しなければ喝ではない。馬祖はよく喝をやった。神経衰弱みたいな者には、棒喝でもやらなければ気合が入らんですね。

この馬祖は初めは南岳の一庵にいてしおらしく坐禅思索をしていた。それをちょっと変わった奴がいると聞いて懐譲和尚が見に行った。すると馬祖が坐禅黙想をしていた。懐譲和尚は「おい、お前は坐禅を学んでいるのか、坐佛を学んでいるのか」、坐禅の勉強をしているのか、佛になる修行をしているのかと聞いたが、さすがの馬祖もすぐには答えられない。すると懐譲が、「お前が坐禅を修行するというなら、禅というものは坐っておろうが、立っておろうが、そんなものにかかわらず禅は無相である。形がない。一相の住すべきものはない。坐りさえすればいいなんて思ったら大間違いである。

もし坐禅を学ぼうとするならば禅は坐臥にかかわらず。もし坐佛を学ぶならば〈もし佛になることを学ぶというならば〉佛は定相に非ず。佛というものは心・佛・衆生《しゅじょう》、是三無差別。すべて佛ならざるはない。特に坐禅をして佛になれるというものでもない。

佛は定相にあらず。いろいろの相がある。乞食《こつじき》非人になっている相もある。あるいは堂々たる帝王宰相になっているものもある。僧の姿をしていることもある。これは自由自在、それこそ無相、また無住である。もし必ず坐禅を学ぶと言うならば、それは禅の本意ではないし、坐佛を学ぶというならば、お前は佛の真意に背くものである。何を学ぶのか。何を修行しているのか」

こう言われて初めて馬祖は愕然として悟った。そういうところが本当の禅ですね。後世の人が禅といったら坐ることだ。そうでなければ禅といえば寺へ出かけていって公案を貫う。何か自分から離れ、実生活から離れた特殊な形態、特殊な経験、そういうものを求めようとする。そういうものは禅ではない。

達磨禅の真髄は、この身体、この心、日常の生活、そこにある。特別のものと考えてはいけない。こういうことが本当の達磨禅です。後世の特殊禅、あるいは歪められた禅とは違う。それを悟った馬祖はそれがよほど骨身にこたえたと見えまして、その懐譲により教えられ、大悟させられた。それを常に活かして弟子を教化《きょうげ》している。

平常心是道

ある僧が「今の佛法の大意は?」と同じような質問をしたら、「飯を食ったか」「はい、いただきました」「食器は洗ったか」「片づけました」「それでよろしい」、とか言って追っぱらっている。これは何か禅修行というものを特殊なものに考える、この妄想を救ってやろうというわけです。そうではない、日々の生活が、これが禅である。それを離れて禅の極意、悟りの正体なんて、そんなものはありはしない。これは自分の身体にある。日常の生活にある。その中から練り出さなければいけない。だから彼は常に「平常心是道」という有名な言葉ですが、常にこれを説いた。平常心是道なり。それのさっぱりわからない、何か一山当てようなんて亡者が出てくると、彼は大喝を浴びせた。

百丈懐海

その馬祖の法を継いだ第一人者ともいうべき人が百丈懐海（俗姓は王、名は懐海。七四九～八一四）ですが、これは玄宗の時代になる。これは福建の人であります。江西省のこれも王陽明にゆかりの南昌に大雄山という山がある。断崖絶壁の景勝の地であります。渓流がきれいで山に何となく霊気がある。それで断崖百丈といって一名百丈山ともいう。この百丈は俗姓を王氏という。

この人も例えば有名な「独坐大雄峯」という公案がありますが、これは何でもないことなんです。仰々しくいうべきことではない。しかしその意味は実に深い。そしてそれは実に馬祖の精神であり、南岳の精神であり、達磨嫡々相伝の禅の精神であります。

ある僧が来て、「如何なるか是れ奇特の事」と問うた。これは禅者によくある公案です。えらいもったいぶったように響くが、これを翻訳すると、「何か変わったことはありませんか」。よく皆いうことでしょう。たまに会うと、特に珍しい人に会うと、「何か変わったことはありませんか」。これを当時の言葉で書くと「如何なるか是れ奇特の事」ということになる。こう書くと奇特なんて文字が奇特に感ぜられるから、何かもったいぶった意味をつけたくなるが、そうではない。極めて平凡な俗語です。「何か変わったことはありませんか」。すると百丈和尚、「独坐大雄峯」と答えた。独り大雄峯に坐す。

独り大雄峯に坐す

私はこれを中学生の時に聞いて感心して、後で腹が立った。私に教えてくれた禅僧は、「大雄峯」が山の名前であることを知らない。大雄という字にだまされて、「堂々たる深山峡谷、高い大山雄峯のてっぺんにどっかりと坐るということだ。これは気持ちがいいだろうな。富士山のてっぺんに行って坐禅でもしたら、これはいい気持ちだろうな」という話をしてくれたんですが、そうではない。後になって、こっちが学問をし、禅を知るようになってわかったことなんですが、これは山の名前である。

「何か変わったことはないか」「わしがここで坐っている。これくらい変わったことはないだろう」。こういうことです。それでこそ平常心の道である。これは無限の味わいがありますね。どんな変わったことといったって、自分が今ここにこうしているということくらい変わったことはない。これはたいへんなことだ。それがしみじみわかれば、これは道である。何によらずそうだ。

お互いにこれだけの人間が今夜顔を合わせて、こういう話をしたり聞いたりするということは奇特の一事だ。ちょっと都合があったら来られない。こちらもちょっと故障があったら話せない。人に会おうと思って追い廻したって、会えない時は会えませんからね。あんな奴は顔を見るのもいやだと思うような奴に何べんでも会う、縁があれば……。

いつかも話したが、これは二人とも私の親しい人ですが、非常に仲が悪い。寄ると喧嘩である。これがいつも一方が内務省なら一方は警察、しょっちゅう一緒になる。そして喧嘩しては別れる。何かというとまた一緒になる。とうとうその一人が知事になりました。そして私のところへ挨拶に来て、「これでもうあいつと縁が切れました」といって喜んでいた。そうしたらまた、そのもう一人がそこの内務部長になった。そしてとうとうここで決裂して二人ともやめてしまった。

どうも縁があるというと、いくら憎んでもどうしても、会うことは会う。いくら後を追っても会えないものは会えない。しかもこの悠々たる時間、漠々たる空間の中に、時と所を同じうして会うなどということは、これは実に奇特なことでしょう。これ以上奇特なことはない。何か珍しいことはないかなんて探し廻ることはない。

野良猫や野良犬ではあるまいし、自分がこう話をしている。あるいは自分がこうして坐っている。これくらい奇特なことはないというのがわかった時に初めて生というものがわかる。それが本当にわかれば即ち佛である。それこそ如来である。言い換えれば寸陰惜しむべしということである。いわゆる道になる。こういうのが禅の真髄である。

一日不作、一日不食

独坐大雄峯。だからこの人は非常に時を惜しんだ人です。「一日作《はたら》かなければ一日食わぬ〈一日不作、一日不食〉」ということは百丈和尚の言葉。これをよくする百丈和尚というのはさすが偉い。一日働かなかったら一日食わないと。これは勤労主義、勤労尊重の大先輩であるなんて、そんなあっさりしたものではない。この生、この一時を本当に生きた人で、そこから滲み出た言葉です。そういう勤労の標語なんていうあっさりしたものではない。形式的、手段的なものではない。もっともっと汲めども尽きない瑞々《みずみず》しいというか、生命の言葉です。これが禅である。

不落因果、不昧因果

この人の公案に、「独坐大雄峯」と同じように一番よく世の中に知られているのが、いつかもお話しした百丈野狐《やこ》という公案。この公案はちょっと芝居がかっている。私はこの公案そのものはそれほど好きではない。しかしその中の一対の言葉だけは、実に身にしみて感動する。

それは、百丈和尚がいつも説教する座に必ず一隅で傾聴している老人がいる。かねてから百丈和尚はこれに目をつけていたが、この老人は何もいわない。講止むと黙って去る。あるとき聴衆が散じた後にこの老人が一人残った。これを見つけた百丈が「何か用か」と呼びかけると、改めて、「私は実は人間ではありません。この山の後ろに大昔から住んでおります野狐の精であります」。野狐が姿を変え化けて出たものであります。

「実は大昔、私は大修行底《てい》（修行ができている）の人は因果に落ちざるか、不落因果かと聞かれた」。これは大修行した人は火に入って焼けず、水に入って溺れずとよく言いますね。

因あれば果ありという、因果の法則に支配されないかということです。非常な修行をしたならば因果の法則に支配されない自由を得るか。つまり普通の人間が支配されるような因果律を受けないということに受け取った。そうでなければ修行した甲斐がない。普通の人間が支配されるような因果律に同じように支配されるのなら何のための修行かと、これは俗人が考えるところだ。行者は火をつかんでも火傷しない。忍者は水の中に入って一時間も二時間も生きている。

こういうふうに大いに修行した人は因果に落ちないかと問われて、「無論修行したらそれだけの効果がある、因果に落ちない〈不落因果〉と答えた。そのために生《しょうじょう》生世《せ》世《ぜ》、人間に戻ることができず、野狐に堕してしまった。どうぞ和尚、わがためにー句を与えてこの苦患を救ってください」。これを聞いた百丈、言下に「不昧因果なり」。それで野狐の精は一瞬にして悟った、解《げ》脱《だつ》した云々、とそれからいろいろドラマティックな物語が書いてある。

要するに問題はこの二つ。不落因果、不昧因果。

これは確かに教えられる。不昧因果である。大修行するということは「因果に落ちず」ではない。「因果を昧《くら》まさず」だ。どういう原因にはどういう結果が生ずるということをはっきりさせるのが修行だ。火をつかんだら火傷する。水にとびこんだら溺れるということとをはっきりするのが修行だ。堕落をすれば破滅する。贅沢をすれば病気をする。嘘をつけば人から信用されない。これはみな因果だ、不昧因果だ。人間は因あれば果がある。ところが普通の人間は、その因果の理法というものを知らない。あるいはごまかす。そうではない。因果というものは厳しい。因果の法則というものをはっきりさせる。ごまかさないというのが大修行である。つまり平凡なことだ。ありのままのこと、自然のままのことだ。

不落因果というのは、これは非常なことである。そうではない。平常心是道、不昧因果である。それを知らないで因果の法則を馬鹿にするところに、病気やら、失敗やら、滅亡やら、いろいろのものがある。まあ日本流にいうならば、禅というものは「惟神《かんながら》の道」を説いたものといって少しも差し支えない。「神ながら」は「人ながら」である。これは「唯心、心ながら」である。あるいは「唯我、我ながら」である。

禅修行の組織化

この百丈の時代に大勢の修行者、門徒が集まって、どうしても捨てておけない。どうしても一所に集めて組織を与え体制を整え、一定の規律の下にこれを支配しないと、自然のままに放任しておくことができない。非常な集団になった。そこで百丈は初めて僧堂というものをつくって、ここへ皆を入れ、法堂というものをつくってここで講義をし、ここで坐禅をさせ、ここで運動をさせるというような組織をとった。しかしなおかつ佛堂というものを建てなかった。佛堂を建てるというと、自分を忘れて偶像礼拝的な信仰になる。そういうものは本当の禅ではない、と言って佛堂は建てなかった。

これは、ただ道を求めてくる人が多くなったという以上に社会的背景もある。というのは、その頃不幸にして社会は、国家は、民族は、また大動乱に陥った。

というのは、玄宗皇帝は前半はよかった。殊に彼は帝位について元号を開元とつけた。初めの開元四年（七一六）までは姚崇《ようすう》という大宰相がおった。そして後の四年、開元八年までは宋璟《そうえい》という二人の非常な偉い宰相がいた。唐の太宗の大宰相であった房玄齢《ぼうげんれい》、杜如《とじょ》海《かい》、房・杜に比してこれを姚・宋という。

唐の政治といえば太宗、それから房杜・姚宋という、これはなかなかの名宰相である。こういう名宰相に補佐されて玄宗も非常に政務に精励した。そのために非常に世の中が治まって、文化の偉大な興隆、繁栄があったのですが、こういう人たちが相次いで世を去るとともに、次第に玄宗は反動的に倦んできた。やはりあまり精出すと疲れる。疲れると倦む。人間、終止一貫ということは難しいことです。人間の病気も同じことだ。身体が倦怠に陥ると、そこへガンだとか何だとかいろいろな病気が始まる。それと同じように、政治に倦んでくると必ず問題が起こる。

玄宗も弛《だ》れ出した時に生じたのが例の楊貴妃《ようきひ》溺愛です。楊貴妃も最初は大したことはなかった。というよりは面白いのは、この時にこういう大宰相の後に李林甫《りりんぽ》（唐の宗室出身の政治家。?～七五三）という奸物が宰相となったが、こいつは奸物だけれども、奸物なりに睨みのきいた人物です。

これが死んで、その次に楊貴妃の兄の楊国忠《ようこくちゅう》（?～七五六）という者が政権を握った。これはさっぱりいけない。これから宮廷、政府、軍隊と連鎖反応で腐敗堕落の急坂を転落した。これを見てとったのが奸雄の安禄山《あんろくざん》（唐の節度史。安史の乱の首領。ソグド人と突厥の混じった胡人。七〇五～七五七）、これが北支一帯に兵馬の実権を握って大勢力を養った。これがご承知のように反乱を起こした（七五五年）。一たまりもなく玄宗は楊貴妃を連れて蜀《しょく》に蒙《もう》塵《じん》（天子が戦乱などを避けて逃れること）しました。つまり四川に逃げた。その時に麾下《きか》の軍隊は千人余りに過ぎなかったというのだから、いかに軍隊が四散してしまったかということがわかる。そうして息子の粛宗（玄宗の第三子。唐の第七代皇帝。七一一～七六二）が甘粛省で帝位について天下大動乱に陥ったのですが、幸いに郭子儀《かくしぎ》だとか李光弼《りこうひつ》とかいう名将がいて、塞外民族、いわば蛮族の武力的援助を得てようやく賊に抵抗する。賊軍安禄山の方にも内乱が起こって、安禄山は子供の安慶緒に殺される。安慶緒はまた部下の史思明という部将に殺される。その部将はまたその倅《せがれ》、史朝義に殺されるというように醜悪な悲劇を

安禄山の乱

繰り返して、とうとう安一派の龍頭蛇尾に終わる。

この大動乱が八年続いた。楊貴妃は則天武后《そくてんぶこう》や韋后《いこう》と違って全然政治には無力だった。だから憎さげなところは一つもない。詩やドラマ、小説には持ってこいの女です。特に白楽天の長恨歌《ちょうごんか》で一躍天下に有名になって、玄宗は政治家としてよりむしろロマンティック・ヒーローとして世界に知られるようになったが、まあ文学はそれでよいけれども、民族、国家社会は大動乱になった。

その動乱を逃れ、またその動乱の中にあって懐疑やら苦悩やら、救いの世界を求める者も激増したということが、この頃の宗教の、禅ばかりに限らないが、非常に栄えた一つの原因であり、社会的背景であります。そういう中にあって、禅門は非常な英傑が輩出して栄えた。それが次第に日本へ波及して、唐の後、宋の時代になって今度は日本から入宋《にっそう》してまた新たな人材が続出した。そしてここに日本禅というものができるのでありますが、それはこの後のことにいたします。

諸教は帰するところみな同じ

畢生の大テーマ

「禅と陽明学」というテーマは、他の『東洋人物学』『新版・東洋倫理概論』『新版・東洋政治哲学』『日本陽明学』『朱子学と陽明学』などと同じく、安岡正篤先生が長年胸の裡に温めておられた畢生の著述予定の一つであった。そういう意味で、この講義は先生の学問の根幹をうかがう上でたいへん重要なものである。

ここで「禅」と「陽明学」の二つを取り上げたのは、この両者の成立と発展を詳しく見ることによって東洋思想の大きな流れを具体的に把握できると考えられたからではなかろうか。片や佛教であり、片や儒学の最後発の一学派ではあるけれど、禅はインド渡来の佛教が中国の思想風土の中で中国化したものであり、陽明学は禅の影響を多分に受けているとされている。実際に、この講義では、こうした思想相互の関連性と生成発展の必然性について納得のゆく説明がなされており、読み進んでゆくうちに、佛教、老荘思想、儒教の垣根が低くなったように思われてくる。その結果、原始佛教から陽明学に至る思想の流れを一本の大きな流れとして捉えられるようになる――安岡先生はこのことを企図してこの講義に取りかかったものと思われる。

第一回の講義の終りに、この講義の目的について、次のように示唆している（傍点と振り仮名、注記は山口が付す。以下同じ）。

「（我々は）哲学と修行と合せてやっていかなければならないのですが、これはことごとく大きな精神の流れ、道脈、心脈というものがあって出来ております。それでヨーガも真剣にやれば、これはすぐ佛教に連なるものであります。こういう根底から綿密に入っていったならば、いつの間にか佛教でも老荘でも儒教でも自然に連なってくるもので、いつの間にか真諦、要諦を会得していくことができる。どうしてもこういう大きな思想精神の流れを追っていかないと学問にならない。本当の智慧にならない。（中略）この講座（注・照心講座）も長らくいろいろの精神の王国の風光を見てきたわけですから、この辺で流れの根源に遡って、頭を整頓し、心を深めて行きたいと思います」

さらに数回後の講義では、右の論をおし進めて「諸教帰一」の結論を導いている。

「儒教だとか道教だとか佛教だとかいうものが違うというけれども、なるほど違うことは違うが、少しく中へ入っていったならば、世間普通の人間が軽々に言うような差異ではない。儒教はどこまでも現実的というけれども、そこに命《めい》だ、運だという問題になってゆきますと、これは非常に深遠な問題、深遠な思索であり、それにまた命《めい》に従う、あるいは運を啓《ひら》くというような問題になったら、これは浄土門の佛や、弥陀の慈悲にすがるというのと同工異曲、同じことでもある。だからそういうふうな現るるところ、あるいは調子、形というものは違っても、少し奥へ入って行けば真理は一つ。諸教は帰するところみな同じである。儒から入っても、佛から入っても、あるいは老荘から入っても、深くさらに行くというと融通無碍《むげ》である。容易に同異を論ずるようなことはできないものがある」

こうした壮大な目的をもって、この講義は毎月一回の照心講座で昭和三七年二月から同四一年一一月まで計四〇数回にわたって行なわれた。安岡先生の年齢でいえば、満六四歳から六八歳の頃である。

そういう訳で、この講義はこれにかけた安岡先生の意気込みといい、その円熟した語り口といい、安岡教学を代表する大講義となった。特にこの講義では、それまで個々の講義で取り上げられた佛教や漢学の小テーマが、系統的かつ体系的に整理されて述べられている。これによって読者は安岡教学の規模と特色のあらましを感得されるのではなかろうか。

漢学と宗教の区別なし

「禅と陽明学」講話の筆録は厖大なものなので、上下二巻に分かち、上巻には原始佛教から中国における達磨禅の成立までをおさめた。

この講義で安岡先生は佛教思想の展開を時代背景とともに詳しく説かれている。この点で大方の読者は、「安岡先生は漢学者なのに、どうしてこうも佛教に詳しいのだろうか」との素朴な疑問を持たれたのではなかろうか。

安岡先生は一般には陽明学者として知られている。しかし実際の先生は、一陽明学者にとどまらず、さらに「漢学者」の範疇におさまるお人でもない。先生の学問は、朱子学、老荘、易学、諸子百家等の漢学はもちろんのこと、さらに佛教、神道《しんとう》等の東洋思想全般と人物研究、また西洋思想にも通じるなど、古今東西に広く深く及んでいる。こうした学問領域の広さと、それらの領域を融通無碍に往来する自由さこそ安岡教学の真骨頂であると言えよう。

もっとも、そうしたやり方が実効的であるためには、学者個人の学問のパワーが強大で、かついろいろな分野を統合的に把握する視野と眼力を持ち合わせていなければならない。

では、安岡先生は、学問に対するそうした姿勢とパワーをどのようにして得られたのであろうか。

安岡先生著『漢詩読本』の旧版序文には、旧制中学の頃、島長代さんに勧められ石の上で座禅修行をしたことが書かれている。また旧制高校の時には『維摩経』『碧巌録』を読んで感激したことが『童心残筆』の中の「雲水」に出ている。こうして先生は、旧制中学の頃から、儒学とともに佛教にもずいぶん親しんでいたのである。

安岡先生の代表的著作の一つ『王陽明研究』の新序（昭和三五年執筆）では、旧制高校、大学時代の勉学の姿勢を振り返って次のように記している。

「高校時代・大学時代、私は熱烈な精神的要求から、悶々として西洋近代の社会科学から、宗教、哲学、文学などの書を貪り読んだ。……しかしどうも不満や焦燥の念に駆られ、深い内心の持敬や安立に役立たず、いつのまにか、やはり少年の頃から親しんだ東洋先哲の書に返るのであった。

……

爾来私は出世街道を断念して、ひたすら内心の至上命令にしたがって生活した。学問も一つの目的から資料を集め、これ等を比較検討して、何等かの結論を出してゆくやうな客観的・科学的なことよりも、自分の内心に強く響く、自分の生命、情熱、霊魂を揺り動かすやうな文献を探求し、遍参した。丁度《ちょうど》竹の根が地中に蔓延して、処々に筍《たけのこ》を出すやうに、学問し執筆した。さうして伝習録が縁で、陽明を研究し、……遡って陸象山《りくしょうざん》、朱晦庵《しゅかいあん》、程明道《ていめいどう》、伊川《いせん》、張横渠《ちょうおうきょ》、邵康節《しょうこうせつ》、周茂叔《しゅうもしゅく》などを遍歴し、日本では、藤原惺窩《せいか》、山鹿素行《やまがそこう》、中江藤樹《とうじゅ》、熊沢蕃山《くまざわばんざん》、山田方谷《ほうこく》、春日潜庵《かすがせんあん》、大塩《おおしお》中斎《ちゅうさい》などに参求した。その間に法然、親鸞、日蓮、道元などから深い感化を受けた。」

つまり、安岡先生は「自分の内心に強く響く、自分の生命、情熱、霊魂を揺り動かすやうな文献」であれば、和漢洋、古今東西の別なく探求し遍参したのである。その結果、陽明学のみならず朱子学にも参求し、同じ欲求から江戸時代の日本の学者にも傾倒した。さらに鎌倉佛教の祖師たちをも尋ねている。

こうして見ると、自分の魂を揺り動かすものであれば、漢学であれ、宗教であれ、そのジャンルを問わずに参求するという安岡先生の学問姿勢は、学生の頃から一貫して続いていることがわかる。

さらに、大正一三年に出版した『日本精神の研究』の序文では、学問に対する抱負を次のように述べている。

「世間或は私を以て漢学者と見做し、是の如き道業（注・同書において山鹿素行、吉田松陰、西郷南洲、宮本武蔵等の人物像を通じて日本精神を説こうとすること）を私の学の為に邪路とする者もある。然《しか》しながら、若《も》し所謂学者たることが魂の自由なる飛翔を封ずるものであるならば、私は生涯学者たることを断念するであろう。私はただ自我の奥殿を通じて廓然たる自由の大地に出たい為に縁に随《したが》って儒《じゅ》（注・儒学）に入り、更に道釈（注・道教と佛教）にも泛濫し、また西欧哲学に聴き、神道に参するを楽む者である。其の他更に余念は無い」

右の宣言を裏返して言えば、「自分は魂の欲求に従って自由自在に諸学に参学する。学問は本来そうあるべきで、専門分野に止まれというほうが間違っている」ということになろう。

そういう考え方からすれば、魂の次元において漢学と宗教を区別する理由はない、というのが安岡先生の根本姿勢だったのであろう。

本書（上巻）において、原始佛教の考え方から中国における初期佛教の受けとめ方、中国禅の興隆などが、中国の伝統的思想と関連させながら一つの精神史として描かれている理由はここにあるように思われる。

また、安岡先生が佛教思想にも造詣が深い理由も、右のような学問参求の姿勢と履歴から自ずと浮かび上がってくるであろう。

安岡先生の講義は、汪洋として大陸の山野を流れ逝く万里の長江の趣きがあった。この講義でもしばしば中国文明を黄河の優遊自適に喩《たと》え、遊講を楽しんでおられた。読者諸賢におかれても、儒・仏・道にまたがる先生の遊講をどうか心ゆくまで味識していただきたい。

本書が成るにあたっては、例によってプレジデント社の多田敏雄氏が献身的な努力をつづけて万事を取りしきってくださった。ただただ感謝のほかない。

また「禅と陽明学」という講題のもとで開講するに際し、安岡先生はゆくゆく出版する肚づもりがあったからであろう、講義内容の速記録を作成するよう私に指示された。速記はいつものように脇屋和子さんを煩わせた。併記して敬謝の意を表する次第である。

平成九年四月吉日

安岡正篤記念館・郷学研修所理事
山口勝朗

※この作品は一九九七年五月に刊行されたものを新装版化しました。
著者の表現を尊重し、オリジナルのまま掲載しております。

カバー・表紙写真: ©Martins Vanags/Shutterstock

［著者紹介］

安岡正篤（やすおか　まさひろ）

明治31年（1898）、大阪市生まれ。
大阪府立四條畷中学、第一高等学校を経て、
大正11年、東京帝国大学法学部政治学科卒業。
東洋政治哲学・人物学の権威。
既に二十代後半から陽明学者として
政財界、陸海軍関係者に広く知られ、
昭和2年に㈶金雞学院、同6年に日本農士学校を創立、
東洋思想の研究と後進の育成に従事。
戦後、昭和24年に師友会を設立、
政財界リーダーの啓発・教化につとめ
歴代首相より諮問を受く。58年12月逝去。

〈主要著書〉「支那思想及び人物講話」（大正10年）、
「王陽明研究」（同11）、「日本精神の研究」（同13）、
「東洋倫理概論」「東洋政治哲学」「童心残筆」
「漢詩読本」「経世瑣言」「世界の旅」「老荘思想」
「政治家と実践哲学」「新編百朝集」「易学入門」

〈講義・講演録〉「朝の論語」「活学1～3」「東洋思想十講」
「三国志と人間学」「運命を創る」「運命を開く」ほか。

［新装版《しんそうばん》］安岡正篤《やすおかまさひろ》　人間学講話《にんげんがくこうわ》

禅《ぜん》と陽《よう》明《めい》学《がく》・上《じょう》

二〇一六年一〇月二一日　第一刷発行

著者　安岡正篤
発行者　長坂嘉昭
発行所　株式会社プレジデント社
〒一〇二-八六四一
東京都千代田区平河町二-一六-一
平河町森タワー　一三階
http://president.jp
http://str.president.co.jp/str/
電話　編集　〇三-三二三七-三七三二
　　　販売　〇三-三二三七-三七三一

装丁　岡孝治
編集　桂木栄一
販売　高橋徹　川井田美景
制作　関結香
印刷・製本　中央精版印刷株式会社

落丁・乱丁本はおとりかえいたします。

ISBN 978-4-8334-2192-8 Printed in Japan